京都企業が世界を変える

企業価値創造と株式投資

[編著]
京都大学教授 川北英隆
農林中金バリューインベストメンツ 奥野一成

Genuinely excellent companies in Kyoto

一般社団法人 金融財政事情研究会

いただくことだけをお願いし、それ以外は自由に語ってもらった。学生と一緒に講義を拝聴させてもらったところ、プロと称される日本の投資家にぜひ知っておいてもらいたい内容がいくつも含まれていた。このことから、今回の講義資料とその速記録をコアにして、出版に向けた作業を進めることが世の中に役立つと判断した次第である。

　もう少しだけ、今回の出版に関する経緯を述べておきたい。

　2014年度の京都大学経済学部での講義は、農中信託銀行の寄付によって設けられた。講義名を「企業価値創造と評価」とした。そもそもこの寄付は、農中信託銀行企業投資部長（現在、農林中金バリューインベストメンツ・運用担当執行役員）奥野一成氏の多大なご尽力によっている。

　一昨年、『「市場」ではなく「企業」を買う株式投資』を、奥野氏をはじめとする9名の方々と書き進めているうちに、奥野氏から「本来の株式投資について語る講義を」との提案がなされた。それを受け、農中信託銀行から寄付を受ける手続を進めながら、同時並行的に奥野氏と川北の2人で、京都企業の経営者に講義のお願いに回った。

　また、本書のもう1人の共同執筆者である野村総合研究所上席研究員・堀江貞之氏には、スチュワードシップ・コードおよびコーポレート・ガバナンス・コードに関する実務を熟知した有識者として、『「市場」ではなく「企業」を買う株式投資』に引き続いて寄稿をお願いした。

　本書の構成をごく簡単に記せば、次のとおりである。

　第1章は、5人の京都企業の経営者が京都大学で語った講義内容を掲載するうえでの、導入部分である。5人の経営者の講義をヒントとしつつ、編著者としての川北の分析を多少加えることで、京都企業とは何か、その特徴がどこにあるのか、投資して報われるのか（報われること）をまとめたつもりである。

　第2章～第6章までは、最初に述べた5人の経営者による講義である。登壇していただいた順に、速記録をベースとしてまとめた。それぞれの講義の具体的な内容については、各々盛りだくさんであり、読んでいただく以外に

はじめに

　本書の出発点は、2013年に同じ金融財政事情研究会から出版した『「市場」ではなく「企業」を買う株式投資』にある。当時、積極的に企業を選ぶという、株式投資本来のあり方がすっかり忘れ去られているとの思いがあった。

　その後、政府の主導でスチュワードシップ・コードとコーポレート・ガバナンス・コードの策定が始まった。このこともあり、『「市場」ではなく「企業」を買う株式投資』に込めた本来の投資家への期待が、多少なりとも実現に向かって動いているのではとの手応えが出てきた。

　とはいえ、企業を選ぶために実際何をすべきなのか、依然として十分に認知されているとは言いがたい。長期投資家をにわかに装った雑多な出版物が雨後の筍のように店頭に並ぶにつけ、疑念が沸々と生じる。長期投資をイメージし、投資を実行していたのなら、もっと早く声を出すべきだと。

　そこで、「企業を選ぶ」という投資本来の精神を具体的に示したいとの欲求が生じた。加えて、日本の未来を担う学生には、ぜひ優れた企業の実像を知ってほしいと思った。以上から、エクセレントな企業に京都大学経済学部での講義をと考え、2014年度に地元の京都企業に登壇を願うことにした。講義をしていただいた順に記すと、次のトップ経営者、5名である。

　　立石文雄・オムロン株式会社　取締役会長
　　永守重信・日本電産株式会社　代表取締役会長兼社長
　　堀場　厚・株式会社堀場製作所　代表取締役会長兼社長
　　服部重彦・株式会社島津製作所　代表取締役会長
　　塚本能交・株式会社ワコールホールディングス　代表取締役社長

　この5人の経営者にはきわめて多忙かつ貴重な時間を割いていただいた。深くお礼を申し上げないといけない。

　講義の内容としては、5社の創業時の精神を含めた経営理念を織り込んで

紹介の方法がない。

　第7章は堀江氏の執筆であり、「投資家からみて、どのような企業が魅力的で投資に値するものなのか、その評価基準について」語られる。国内企業と海外企業の区分の是非、キャッシュフローを生み出す能力の有無を判断することの重要性などにポイントが置かれている。

　第8章は本来の投資家の観点から、奥野氏が率いてきた農林中金バリューインベストメンツの考え方が語られる。その投資の本質は、堀江氏の稿にもあるように、企業のキャッシュフロー創出能力を見極めることにある。この観点から、企業とミーティングをし、工場を見学するのである。「投資とは、株券を売買して儲けることではなく、お金を投資先の企業に預け、その企業に儲けてもらうことに近い」と語られる。配当をただ重視する最近の風潮とは明確に一線を画している。

　本書を上梓するにあたり、京都企業の5人の経営者はもちろんのこと、各々関係者にも多大なご尽力をいただいた。

　5社の関係者以外にも、多くの方々や機関の協力をいただいた。

　まずは、京都企業に講演をお願いするに際して、紹介の労をとっていただいた京都商工会議所と稲垣繁博理事、その京都商工会議所を紹介していただいたオムロン株式会社と安藤聡執行役員、京都大学での農中信託銀行寄付講義に登壇いただいた能見公一氏（株式会社産業革新機構代表取締役社長）、佐藤雅典氏（株式会社ジェイ・ウィル・パートナーズ代表取締役社長）、福本拓也氏（経済産業省経済産業政策局企業会計室長）の面々である。

　農林中金バリューインベストメンツ側では、奥野氏のほか、坂田智史氏、岡島翔士郎氏、藤森淳一氏らに講義の準備、速記録の整理などの作業をお願いした。

　京都大学側では、川北の秘書として、楠松彩香さんには講義室や速記の手配をはじめ、雑多な用事をこなしてもらった。経営管理大学院で寄付講座を担当している伊藤美魚さんと岡本なぎ子さん、加えて、岩崎理峻君、塚原祐太君、髙橋祐介君、劉虹璐さんをはじめとする京都大学川北英隆ゼミやワー

はじめに　iii

クショップのメンバーには、講義当日の運営を手伝ってもらった。経済学研究科博士課程に在籍している野田典秀君には原稿の整理という面倒な作業をお願いした。

　末筆にはなるが、金融財政事情研究会出版部の髙野雄樹次長、堀内駿氏には本書の出版計画の段階から大変お世話になった。

　以上の方々に、あらためて感謝を申し上げたい。

2015年4月

執筆者を代表して

川北　英隆

編著者紹介

川北　英隆（かわきた　ひでたか）
京都大学大学院経営管理研究部教授
財政制度等審議会委員、日本価値創造ERM学会会長、日本ファイナンス学会理事、みずほ証券社外取締役、あすかコーポレートアドバイザリー社外監査役等
京都大学経済学部卒業、博士（経済学）。日本生命保険相互会社（資金証券部長、取締役財務企画部長等）、中央大学、同志社大学を経て、現在に至る。
著書として、『株式・債券投資の実証的分析』（中央経済社、2008）、『証券化──新たな使命とリスクの検証』（金融財政事情研究会、2012）、『「市場」ではなく「企業」を買う株式投資』（金融財政事情研究会、2013）他。

奥野　一成（おくの　かずしげ）
農林中金バリューインベストメンツ株式会社運用担当執行役員（CIO）
京都大学法学部卒業、ロンドンビジネススクール・ファイナンス学修士（Master in Finance）修了。（公社）日本証券アナリスト協会検定会員
1992年日本長期信用銀行入行、事業法人融資、長銀証券・UBS証券にて債券トレーディング業務（東京・ロンドン）に従事。2003年に農林中央金庫へ転籍しオルタナティブ投資を担当した後、2007年より現在の原形となる「長期集中投資自己運用ファンド」を開始。2009年、農中信託銀行にプロジェクトを移管し、年金基金等外部投資家向けファンドの運用助言業務に従事（2012年より同行企業投資部長兼CIO）。2014年、より投資業務に特化した体制構築を企図し設立された農林中金バリューインベストメンツに移籍し、現在に至る。

目　次

第1章　京都企業が世界を変える

京都大学大学院経営管理研究部 教授　川北　英隆

第1節　なぜ京都企業なのか……………………………………………………2
　1　高度成長期から京都企業はユニークだった……………………………2
　2　京都企業は世界の先端にいる……………………………………………3
　3　本章の構成…………………………………………………………………4
第2節　日本企業──低成長による業績格差の拡大…………………………5
　1　経済全体の成長力低下が企業間格差をもたらす………………………5
　2　日本の成長率回復は当面考えられない…………………………………8
　3　株価が実証する企業間格差………………………………………………12
第3節　京都の上場企業の概観…………………………………………………15
第4節　京都企業の定性的な特徴………………………………………………18
　1　文化の伝承…………………………………………………………………18
　2　オリジナリティの追求とグローバルな意識……………………………20
　3　技術志向クラスターの形成………………………………………………21
　4　京都企業を支えたその他の要素…………………………………………22
第5節　京都企業（製造業）の定量的特徴……………………………………26
　1　海外での事業展開…………………………………………………………26
　2　利益率水準…………………………………………………………………27
第6節　まとめ──京都企業に対する投資収益率……………………………31

第2章　オムロン　よりよい社会をつくる

オムロン株式会社 取締役会長　立石　文雄

第1節　会社概要………………………………………………………37
第2節　「社憲」の誕生と創業者　立石一真……………………………40
　　1　「社憲」の誕生………………………………………………40
　　2　創業者　立石一真…………………………………………42
第3節　「企業理念」の制定と浸透……………………………………45
　　1　「企業理念」の制定…………………………………………45
　　2　「企業理念」の浸透…………………………………………47
第4節　企業理念実践の過去から現在………………………………52
第5節　経営哲学としての「SINIC理論」と長期ビジョンへの活用………58
第6節　コーポレート・ガバナンスの進化……………………………61
第7節　今後の企業価値のあり方……………………………………65
第8節　質疑応答………………………………………………………67

第3章　日本電産　夢を形にする経営

日本電産株式会社 代表取締役会長兼社長　永守　重信

第1節　創業、そして単身米国へ………………………………………76
第2節　企業理念………………………………………………………81
第3節　買収した名門100年企業に学ぶ………………………………84
第4節　企業買収………………………………………………………87
第5節　新しい事業分野への進出……………………………………88
第6節　環境規制とモーター……………………………………………92
第7節　モーターは「産業の米」…………………………………………94
第8節　絶対に負けないという気概……………………………………96
第9節　グローバル人材の育成（100年企業への布石）………………98

目　次　vii

| 第10節　私の夢のかなえかた……………………………………………101
| 第11節　質疑応答…………………………………………………………103

第4章　堀場製作所　おもしろおかしく

株式会社堀場製作所　代表取締役会長兼社長　堀場　厚

| 第1節　当社沿革・グローバル化………………………………………119
| 第2節　「手間隙をかける」ということ………………………………122
| 第3節　コミュニケーション・京都のこだわり………………………124
| 第4節　マネジメントの差が勝敗を分ける……………………………127
| 第5節　社是「おもしろおかしく＝JOY and FUN」……………………130
| 第6節　欧州企業の買収…………………………………………………131
| 第7節　「はかる」にこだわる…………………………………………138
| 第8節　人財育成…………………………………………………………144
| 第9節　質疑応答…………………………………………………………150

第5章　島津製作所　科学技術で社会に貢献

株式会社島津製作所　代表取締役会長　服部　重彦

| 第1節　京都の企業文化…………………………………………………158
| 　1　ものづくり都市――京都………………………………………158
| 　2　京都ベンチャーの系譜…………………………………………160
| 　3　伝統がベンチャーを生む………………………………………161
| 　4　進取の気象………………………………………………………162
| 　5　深掘り――選択と集中…………………………………………163
| 　6　産学連携――知の集積を目指して……………………………164
| 第2節　島津のDNA………………………………………………………167
| 　1　創業者の精神……………………………………………………167

	2	科学技術で社会に貢献···169
	3	ノーベル賞は突然に··170

第3節　危機を乗り越えて··173
　　1　Slow steady growth···173
　　2　3度の危機··174
第4節　企業の継続に不可欠な要素··176
　　1　トップの決断力··176
　　2　人材を活かす環境づくり··176
　　3　変化と継続——経営の基盤··177
第5節　トップのリーダーシップ——サラリーマンとしての経験から·······179
　　1　経験のなかにしか答えはない··179
　　2　大国米国で··180
　　3　閑職もまた経験··182
　　4　トップの責任··182
第6節　社長として、企業価値向上のために···184
第7節　産業構造の振返り··189
第8節　より高い企業価値創造のために··191

第6章　ワコール　世界のワコールへ

株式会社ワコールホールディングス　代表取締役社長　塚本　能交

第1節　ワコールの歴史・経営理念··197
第2節　みえない資産の蓄積とその活用··204
第3節　ワコールの現状と将来に向けた取組み··212
第4節　質疑応答··223

第7章　グローバルに企業を選び投資する

株式会社野村総合研究所　金融ITイノベーション研究部　上席研究員　堀江　貞之

第1節　一般的な企業の選択基準、「国」と「業種」……………………………227
第2節　国にとらわれずビジネスを評価する……………………………………229
第3節　本社所在地を意識することの課題………………………………………232
第4節　企業の本源的価値の評価基準は何か……………………………………235
第5節　優れた京都企業に投資をするグローバル株式マネジャー………240
第6節　企業価値を正しく評価してもらうための情報開示と投資家と
　　　　の対話の重要性………………………………………………………………242

第8章　長期投資の意義と実践

農林中金バリューインベストメンツ　運用担当執行役員　奥野　一成

第1節　企業価値創造企業の特徴（投資家の視点から）……………………249
　1　企業価値を創出する事業＝素晴らしい経済性を有する事業………250
　2　企業価値を創出する経営者……………………………………………………257
　3　まとめ……………………………………………………………………………261
第2節　価値創造企業への投資……………………………………………………263
　1　長期投資とは何か──投資と投機の違い………………………………263
　2　配当は必要なのか？……………………………………………………………264
　3　市場は価値を正当に反映するのか（その1）……………………………265
　4　市場は価値を正当に評価するのか（その2）
　　　──なぜPBRが機能しないのか…………………………………………268
　5　分散投資の罠……………………………………………………………………269
　6　事業経営におけるキャピタルアロケーションと長期投資…………270
　7　まとめ……………………………………………………………………………271
第3節　企業価値評価の手法──事業の経済性を見極める…………………272

1　分析対象 …………………………………………………………273
　　2　分析内容 …………………………………………………………274
　　3　仮説構築技術 ……………………………………………………277
　　4　ま と め …………………………………………………………281
　第4節　企業と投資家の関係性 …………………………………………282
　　1　戦略的コミュニケーションの重要性 …………………………282
　　2　スチュワードシップ・コードに関する考察／エンゲージメント
　　　の有効性 …………………………………………………………284
　　3　まとめ——車の両輪 ……………………………………………287
　第5節　結論——結びにかえて …………………………………………288

事項索引 ………………………………………………………………………289

第1章

京都企業が世界を変える[1]

京都大学大学院経営管理研究部 教授　川北　英隆

第 1 節　なぜ京都企業なのか

　まずは、筆者自身の感想めいたことから書き始めることをお許しいただければと思う。

　本書の本来の目的の 1 つは、「元気な日本企業とはどのような企業か」を考え、「元気な日本企業がどこで、もしくはどのようにすれば見つかるのか」を探ることにある。その糸口として、本章では京都企業の本質を把握しようと努めている。元気な企業は日本経済に多くの望ましい結果をもたらしてくれるはずだし、そうであるから元気な企業を見つけることに意義がある。

　では、元気な企業の糸口を京都企業に求める理由とは何なのか。ここには筆者の個人的な経験が作用している。

1　高度成長期から京都企業はユニークだった

　筆者の大学生時代（1970年代前半）を思い出すと、嵐山のほうで（正確には仁和寺の近くで）、成長企業としての立石電機（現在のオムロン）の名前が鳴り響くようになっていた。北山を友人と歩いた時、それを明確に意識した。また、鴨川の堤を歩いて下宿に帰る途中、川の向こう側に新築されたワコールの創業者の自宅が鮮やかにみえた。これに加え、大学から三条界隈の本屋街まで（かつてはかなりの数の古本屋があったので）歩くと、途中に島津製作所の立派な、それでいて色合いの淡くて美しい石造りの本社ビルがあった（いまはレストランになっている）。そこには「丸に十の字」の家紋というか社

1　本章は川北（2015）に加筆、修正を施したものである（章末の参考文献参照）。

章が目立った。

　学生だった頃の京都の企業はというと、関西出身の筆者にとってなじみ深い大阪の企業、たとえば松下電器産業（現在のパナソニック）と比べて規模が小さかった。言い換えれば、高度成長期に日本経済を牽引していた重厚長大な企業や家電企業は、京都に見当たらなかった。とはいえ、ユニークさゆえに、注目せざるをえない企業がいくつもあったことになる。もちろん、学生であった当時、そこまでは考えなかった。当時を振り返り、現在の状況を見回せば、「やはり、そうだったのだ」と思うのである。

2　京都企業は世界の先端にいる

　その後、現在に至るまで、京都企業のユニークさが続いてきたと感じている。京都市は、東京や大阪と比べて小さな都市であるから、小粒であったとしても、個々の企業の活躍が目立つのかもしれない。それでは今日、京都企業の規模が依然として小さいのかといえば、「小さい」とは決していえなくなっている。

　今日の日本経済を概観すると、これまで経済基盤を支えてきた重厚長大企業や家電企業が新興国との競争で四苦八苦している。そんなようすを尻目に、京都企業のなかから世界の最先端に立つ企業がいくつも登場している。ユニークさが大輪の花を咲かせるようになったと考えるべきだろう。

　株式投資において、長期投資の視点から成功するには（高い投資パフォーマンスを得るには）、投資先の企業を選ばなければいけない。より長期的な投資になる可能性の高い就職においては、なおさら企業を選ぶことがポイントとなる。これら長期投資における企業選びにおいて、京都企業の特徴を考えることがおおいに参考になる。

　同時に、今後の日本にとって大きな課題である地方経済の再生と発展を考えるとき、京都企業と地域経済や文化との関係がよい事例となりうる。京都を地方都市と表現すると京都人から非難の嵐が沸き起こると思えるが、東京

周辺地域以外という意味で、京都においてユニークな企業が発展してきた事実は重要である。それも、最初に指摘したように重厚長大ではなく、それだけに巨額の資本力を必要としない企業が京都に目立つ。

この事実は、京都以外の非東京地域にとって朗報であろう。

もっとも、京都の場合、社寺に代表される文化活動もまた経済活動に大きな影響を与えている。このため、京都の状況をそのまま他の地域に活かすのは無理かもしれない。しかしながら、参考になりうる点が多いのではないだろうか。少し飛躍して考えると（後でもう一度述べたいが）、筆者としては、現在、日本の多くの企業が東京という一極にこだわっていることにどの程度の意味があるのかと疑っている。意味がないどころか、かえって有害ではないのか。このことを多少でも示すことができれば幸いである。

3　本章の構成

以下、本章の構成は次のとおりである。

最初に、株式投資の視点に立ち、日本企業の業績格差が拡大していることを示す。企業を選択することが重要になってきている証しでもある。

そのうえで、京都の上場企業の特徴を概観し、定性的な観点を中心に京都企業のユニークさをまとめる。

次に、京都企業の定性的なユニークさについて、できる範囲内で定量的な裏付けを得たいと考え、分析する。

最後は、本章のまとめとして、このような京都企業の株式に投資をしたとして、報いられたのかどうかの検証である。このまとめから、筆者の感想もしくは主観から出発して京都企業を選び、分析したことが正鵠を射ていたのかどうか、判明する。

第2節　日本企業
――低成長による業績格差の拡大

　株式投資の視点から京都企業を取り上げる理由がどこにあるのか。日本企業であれば何でもいいのではないか。というのもアベノミクスで、今後も全日本企業の株価が上昇するはずだから。このような疑問があるかもしれない。

　まずは、この疑問に答えておく必要があるだろう。

　結論は、高度成長期ならいざ知らず、現在の日本経済においては企業を選ぶことこそが重要だというものである。この結論とは逆に、企業を選ぶことがナンセンスだと判断した瞬間、何が生じるのか。

　この点は実のところ、本書の出発点となった『「市場」ではなく「企業」を買う株式投資』（以下、前書という）の基本テーマであった。日本の株式市場の場合、主流となっている東証株価指数（TOPIX）ベースでのインデックス運用[2]を行うことは、価値創造企業と価値破壊企業をごちゃ混ぜに買うことになる。果物屋の店先に並んでいる果物を、「果物だから」という理由だけですべて買うことに等しい。その結果、新鮮なのも腐ったのも区別なく買うことになりかねない。

1　経済全体の成長力低下が企業間格差をもたらす

　多少、繰り返しになるが、前書において指摘した日本企業の企業間格差の拡大と、そこからの示唆を簡単に紹介しておきたい。

　企業間格差の拡大の現象を端的に表現しているのが、名目経済成長率と上

2　インデックス運用については、本節3項も参照のこと。

場企業の利益率との関係である。これが図表1－1である[3]。

図表1－1では、1つは名目GDP（国内総生産）の成長率（逆目盛り）の推移を示している。成長率として名目GDPを用いたのは、比較することになる企業業績（売上高や利益額）が名目ベース（通常の金額ベース）だからである。

もう1つは、各年度決算（連結ベース）におけるROA（営業利益率／資産合計）について、その変動係数（標準偏差／平均値）の水準を示している。ROAを計算した対象企業は、2014年5月時点における東京証券取引所（東証）第一部上場企業である。また、各年度の決算数値としては、前年6月決算企業から当該年5月決算企業を対象に集計している。

なお、利益率として流行りのROE（株主資本利益率）を用いなかったのは、ROEは資本構成（有利子負債と株主資本での調達割合）の影響を受けるため、企業の利益率水準を純粋に示す指標として適切でないからである。

図表1－1　経済成長率と総資産営業利益率（ROA）の格差

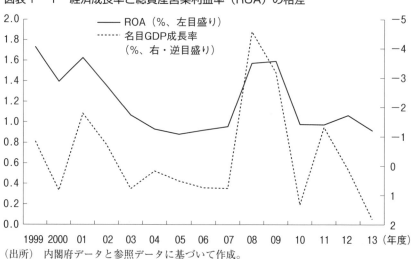

（出所）　内閣府データと参照データに基づいて作成。

3　図表での変動係数の水準は、前書で示した同趣旨の図表と異なっている。この差異は対象企業の違いが要因である。

図表1-2　経済成長率と売上高営業利益率の格差

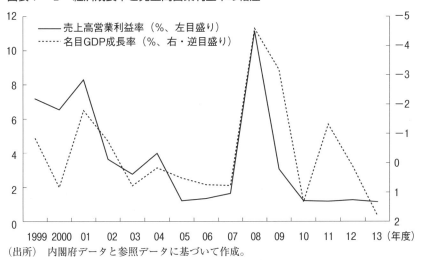

（出所）　内閣府データと参照データに基づいて作成。

図表1-3　経済成長率と総資産回転率の格差

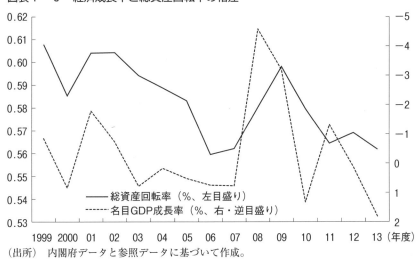

（出所）　内閣府データと参照データに基づいて作成。

　この図表から明らかなように、成長率が低下すれば、企業間の利益率格差が拡大する。ちなみに、分析期間の相関係数を計算すると、−0.70となり、

第1章　京都企業が世界を変える　7

強い負の相関性が確認できる。

　この分析を過去10年間以上続けているが（数値として1985年頃から得ているが）、結果に大きな変化はみられない。

　企業間の格差が拡大する要因として考えられるのは、低成長の状態において、企業経営の巧拙が表面化することである。もちろん、毎年の利益率（ROA）の水準から直ちに企業経営の巧拙が判断できるとはいっていない。長期的な利益率水準と、その傾向値が重要だとの意味である。

　ROAを売上高営業利益率（営業利益／売上高）と総資産回転率（売上高／資産合計）に分解し[4]、それぞれの変動係数を図示すると図表1－2、図表1－3のとおりとなる。両者ともに経済成長率との間に負の相関性がみられるものの、売上高営業利益率の負の相関性（相関係数は－0.66）と比べて、総資産回転率の負の相関性（相関係数は－0.37）は弱い。

2　日本の成長率回復は当面考えられない

　それでは今後、日本経済の成長率は高まるのだろうか。図表1－1から観察できた関係が今後も続くとした場合、成長率が高まればROAの水準が高まり、さらに企業間格差が縮小する。そうであれば、どの企業の株式を買ったとしても優良株を買うことになる可能性が高い。

　しかし、日本経済の成長力が高まるとは、当分の間は考えられないとするのが妥当である。

(1)　人口問題の重さ

　安倍政権の成長戦略がある程度の効果をもたらしたとしても、日本の人口構成の高齢化と人口そのものの減少は厳然たる事実である。人口問題を解決するには、まず少子化問題を解決しなければならない。それが解決して出生

---

[4]　売上高営業利益率と総資産回転率を掛け合わせるとROAになる。

率が上昇したとしても、その子どもたちが生産活動に貢献するには（すなわち働けるようになるには）四半世紀という長い時間が必要になる。このことは、人口問題の経済に与える重さとなる。

現在の日本の人口構成の変化と人口そのものの減少には、次の2つの意味がある。

1つは労働供給量の減少がもたらす経済成長率（生産量ベースで計測した実質経済成長力）への影響である。生産量の成長をもたらす要素は、労働力の投入量の増加、資本の投入量の増加（言い換えれば生産に用いる機械設備の増加）、そして技術進歩である[5]。これらの要素のうち、労働供給量の減少が日本の経済成長力にマイナスの影響を与えることは必然である。労働力が減少することは、「潜在的な経済成長力」の低下を意味している。

もう1つは、供給された物やサービスへの需要が伴わなければ、いくら生産しても仕方ない。すなわち、需要の減少を考えなければならない。人口が減少し、日本国民の口数が減ることが消費にマイナスの影響を与えるのは自明である。また、人口構成の高齢化も、高齢者の消費活動が消極化することからすれば、やはり需要の減少をもたらしてしまう。

(2) 国内投資は増えるのか

潜在的な経済成長力の議論に戻ると、労働力が減るのであれば、資本の投入量の増加に期待することはできないのだろうか。

日本企業の力が強いとすれば、資本投入量が増えることで日本経済に高い成長をもたらすのではと期待できそうだが、実のところ、そう単純な話ではない。投資の意思決定は企業に委ねられる。そこで、企業経営者としてどこに投資するのが合理的なのかと（いちばん儲かるのかと）考えてみたい。日本に投資することもありうるだろうが、需要のある地域に投資するのがいちばん望ましい。米国企業が工場を含めてグローバルに事業展開している事実

---

[5] いちばんシンプルな生産関数（コブ・ダグラス型生産関数）に基づく議論である。

を思い起こせばいいだろう。

　それでは、日本で生産し、輸出でもって活発な需要のある地域に対応する戦略のどこが望ましくないのか。この戦略の問題点を指摘しておくと、輸送費や関税の問題がある。日本と需要地域との間に摩擦を生み出す。本当の需要（ニーズ）が何なのかを把握することもむずかしい。また、資本を投入して設備を増やせば、何がしかの労働力の投入も必要となるが、その労働力を日本国内で十分に確保できないかもしれない。このように、輸出戦略が望ましくない要素はいくつもある。

　かつてのように日本製品の競争力が圧倒的なら輸出も有力な選択肢だったであろう。しかし、日本製品の競争力が抜群とはいえない現状からすれば、輸出という選択肢よりも現地生産を選択する企業が多くなると考えるほうが正しい。

　さらにいえば、輸出は為替レートの影響を直接受けてしまう。企業業績が為替レートによって大きく変動することになる。ファイナンス的に表現すれば、企業としてのリスクが大きくなる。投資家からすると、リスクの大きな企業に資金提供することは望ましくなく、より高いリスクプレミアムを要求したくなる。企業側からすると、資本コストが高くなる。

　この点を肌身に感じている企業が日本でも多くなっているだろうし、今後も増えるだろう。そうであるから、人口と人口構成が日本経済にマイナスの影響を与える限り、安倍政権の政策が功を奏したからといって、日本国内での投資が劇的に増えるとは考えられない。

(3)　技術進歩に過大な期待はできない

　最後に技術進歩についてはどうだろうか。

　日本は欧米にキャッチアップする高度成長の段階において飛躍的な技術進歩を遂げた。しかし、欧米にキャッチアップすれば、技術進歩が欧米並みになってしまうのは必然である。人間の能力に大差があるわけでないから、日本だけが、それもすべての日本企業が高い技術進歩を遂げるというのは思い

込み以外の何ものでもない。

　もしも、何年か先、人類に画期的な影響を与える技術が出現すれば、日本の成長力は高まるだろう。しかし、その恩恵を受けるのは日本だけではないのも確実だろう。

　また、需要のある先に先進国が積極的に投資をすれば、それに伴って技術も自然と移転する。事実、新興国が日米欧に急速にキャッチアップしてきている。

　いずれにしても、技術進歩に過大な期待をするのは問題が大きい。画期的な技術の出現が救いになることはありうるだろうが、そうだとしても、少なくとも5年や10年という年月が必要である。

(4)　よい物価上昇はむずかしい

　以上は実質経済成長力に関する議論である。実質（生産量）ベースでの成長率が高まらないとしても、物価が上昇すれば名目ベースでの経済成長率は高まるはずである。しかしながら、「よい物価の上昇」はむずかしい。

　物価が上昇して日本国民が幸せになる状況とは、生産活動が活発なために労働需給が逼迫し、賃金単価が上昇して物価の上昇をもたらす場合である。日本では、高度成長期にこの状態が出現していた。賃金が上昇していたし、製品やサービスに対する需要も旺盛だったため、企業も賃金の上昇を価格に転嫁することが容易だった。

　そうではなく、海外から輸入する一次産品価格（代表的には原油価格）が上昇して物価が上昇するのでは、以前と同じ量の原油を確保するために日本国民は余計に働かないといけない[6]。日本にとっての「交易条件の悪化」でしかない。

　円安による物価上昇もほぼ同じである。円安によって海外からの輸入製品の価格が上昇するのは、たとえば原油をイメージすると、国内での賃金や製

6　代表的には1973年に始まった第一次石油危機の状況である。

品価格が変化しないとすれば、原油価格だけが上昇したのと同じである。

とはいえ、円安の場合、輸出に対する「円での手取り」が増える。この結果、国内賃金の上昇をもたらすかもしれず、また企業利益も増えるため、プラスの効果もある。しかし、日本の貿易の現状は貿易収支が赤字であり、輸出よりも輸入のほうが多い。このため、円安は輸出を介したメリットをもたらすよりも、輸入を介したデメリットをより多くもたらす。

結論として、経済に活力があり、それが賃金上昇をもたらし、物価上昇に結びつくのであればともかくも、潜在成長力の低い現在の日本に、この状況が生まれる余地は限定的である。すなわち、名目ベースにおいても、理想的な高成長率が近い将来に生じるとは考えがたい。

3　株価が実証する企業間格差

日本の大企業のすべてに投資することが望ましくない端的な事例を示しておきたい。

東証株価指数（TOPIX）は東証第一部上場企業のすべての株価を、それぞれの企業の時価総額を用いて加重平均している。TOPIXが表現する日本の株価の変動（それに基づく投資収益）は、ほぼ日本の株式市場全体を表現しているとして、また投資理論にも信頼を置いて実施されるのがTOPIXを模倣するインデックス運用である[7]。このTOPIXベースのインデックス運用では、TOPIXに採用されている企業の時価総額構成比率を模倣することになる。

それでは、本当に、模倣すべきインデックスとしてTOPIXが最良だったのだろうか。そこで、もう1つの代表的というかいちばん有名な株価指数である日経平均株価とTOPIXとの比較を行う。単純に、日経平均株価とTOPIXとの割り算を図表1－4で示した。

---

[7] 証券投資理論（capital asset pricing model）に準拠した投資手法だと信じられている。

図表1−4　日経平均株価とTOPIXの比較

(出所)　参照データに基づいて筆者作成。

　この図表によれば、2009年頃を境に、日経平均株価の上昇率がTOPIXを傾向的に上回ってきている。この要因はいくつか考えられるが、最大のものは日経平均株価でのウェイトの大きいファーストリテイリング、ソフトバンク、ファナックなどの株価上昇率が高いことである。これらの企業の株価の上昇は、企業業績が好調なことを反映している。

　それでは、これら特定の企業株価に依存することによって、ポートフォリオとしてのリスク（株価の上下による時価の変動）が大きくならないのだろうか。実際のところは、日経平均株価のほうがTOPIXよりも多少変動が大きいものの、株価上昇率の高さと比較すれば危惧するほどのものではなく、日経平均株価を模倣するほうが望ましい[8]。

　また、2014年1月から実際の計算が開始された新しい株価指数、JPX日経400とTOPIXの比較を行っても、まだ1年間しか経過していないので強い結

---

[8]　日経平均株価を模倣すれば、TOPIXの模倣と比較して、投資理論でよく用いられるシャープレシオ（リスク当りの超過リターン）が高く、効率的な投資となりうる。川北英隆ゼミに所属していた京都大学経済学部・岩崎理峻君の卒業論文での計測結果である。

論は引き出せないものの、やはりTOPIXの上昇率が劣後している。JPX日経400は全上場企業のなかで（東証第一部上場かどうかを問わず）、ROEの水準やコーポレート・ガバナンスに優れた企業を400社選び出し、計算される株価指数である。TOPIXがJPX日経400に負けているということは、やはり投資対象を厳選することの重要性を示唆していると考えていいだろう。

第 3 節　京都の上場企業の概観

　投資企業を厳選する一例として、京都の上場企業を選んでみたい。この選択は、最初に述べたように主観に基づくものである。この主観の正当性の確認も意図し、以下の京都の上場企業（以下、京都企業という）について、いろいろな角度から分析していきたい。

　最初に、選択した京都企業の特徴を把握しておきたい。このため、2014年10月時点において東証第一部に上場する企業（金融業を除く）から、京都に本店のある企業（本社事務所所在地が京都府にある企業）を抽出した[9]。

　京都の場合、上場企業以外にも多くの企業や法人が経済的、文化的活動を展開している[10]。このことは承知のうえで、大企業に属する企業の特徴をみるため、上記のように東証第一部上場企業からの抽出を行ったところ、35社の名前が得られた[11, 12]。本章において、この35社を京都企業の代表とし、考察対象とする。

　35社という企業数は、京都の経済規模からして非常に多いというほどではないだろう。東京都、大阪府、愛知県はもちろんのこと、神奈川県（83社）、兵庫県（65社）よりも少なく、埼玉県（33社）、福岡県（24社）より少し多い程度である。企業数の順位としては6位である。

　とはいえ、都道府県単位の総生産では京都は13位であるから[13]、この経済

---

[9]　データはQUICK社のAstra Managerによる。
[10]　京都の経済において、観光関係の産業、宗教法人などの占める割合が大きいと考えられる。これらは大企業の活動とは直接関係がない。
[11]　登記上の本店所在地が京都府にある場合では38社である。
[12]　抽出された京都企業35社と、金融業2社、本社事務所所在地が京都府にはないものの登記上の本店所在地が京都府にある企業3社、計40社のリストを本章の最後に付表として掲載しておく。
[13]　矢野恒太郎記念会（2013）。

第 1 章　京都企業が世界を変える　15

規模からすれば、京都の上場企業数の順位は高い。後ほど定性的特徴において考察するように、東京を意識せず、世界に挑戦する気風が、ここにも表れていると考えられる。すなわち、企業規模が大きくなったとしても、本店をあえて京都のままにしておく企業が多いと考えられる。

さて、京都企業の特徴の1つは、製造業に属する企業の割合が高いことである。数字で示すと、抽出された35社のうち製造業は28社にのぼる。

比較しておくと、東証第一部上場企業（金融業を除く）では[14]、1,825社のうち製造業は862社である。都府県別にみると、静岡県（19社のうち15社）や兵庫県（65社のうち50社）においても製造業の割合が高いものの、京都はこれらよりもまだ少し高い。また、これら以外の他の都府県と比べると、京都は圧倒的に製造業に集中している[15]。

さらに京都の場合、その製造業のなかにおいても特徴がみられる。

図表1－5は、製造業に属する京都企業28社の業種を東証33業種に基づい

図表1－5　京都企業（製造業）の業種分布

業種	社数
食料品	1
繊維製品	2
化学	3
医薬品	1
金属製品	2
機械	3
電気機器	11
輸送用機器	1
精密機器	2
その他製品	2
合計	28

（出所）　参照データに基づいて筆者作成。

14　京都企業の抽出と同様、2014年10月現在である。
15　上場企業数の少ない県を比較の対象としていない。

て細分類したものである。これによれば、電気機器が圧倒的に多い。これに機械、輸送用機器、精密機器を加えた広義の機械関係に17社が属している。これらの機械関係企業の多くは部品や産業用機器の製造を行っており、汎用製品を大量に生産するスタイルをとっていない。このことが、京都企業の大きな特徴として浮かび上がる。

　また、これらの機械関係企業の創業年は、多くが第二次世界大戦前後から高度成長期に集まっている[16]。きわめて若いとはいえないものの、まだ創業者が存命か、もしくは創業家が経営者として残っている場合が多い。

　もう1つの京都企業の特徴は、銀行取引だと考えられる。

　京都企業35社について、取引銀行上位5行を抽出すると、35社のうち京都銀行の名前のある企業が31社にのぼる[17]。京都の場合、京都銀行が唯一の地銀ではあるが、もともと都市銀行（主に現在の3メガ銀行）の力が強く、さらには有力な信用金庫との競争もある。このことからすれば、京都銀行の浸透度は相当のものだと評価せざるをえない。銀行取引に関しては、後でもう一度考察する。

16　章末の付表を参照のこと。
17　データはQUICK社のAstra Managerによる。

第 4 節　京都企業の定性的な特徴

　本章第3節で概観したように、京都企業には他の地域にない特徴がある。すなわち、製造業が多く、なかでも部品や産業用機器の製造を行う企業が多い。別の表現を用いると、独自の技術を用い、精度の高い製品をつくっている。

　それでは、このような京都企業の特徴が生まれたのには、なんらかの背景があるのだろうか。あるとすれば、具体的には何なのか。さらには、概観ではみえなかった京都企業の特徴として、追加すべきものがあるのだろうか。

　京都企業の定性的な特徴について、本書の「はじめに」で述べた京都企業5社の講義内容を主要な材料としつつ、まとめてみた[18]。それが、次に示す3つの特徴である。

1　文化の伝承

　1つには、長い年月にわたって京都に都が置かれていたことから、「質の高い物づくり」という資産もしくはノウハウが存在していたことである。「文化の伝承」と言い換えられる。

　この点、最初に島津製作所を取り上げるべきだろう。島津製作所の創業者は江戸時代には仏具師であり、金属の精密加工をしていた[19]。島津製作所に限らず、食品、繊維、印刷技術、陶器技術[20]などの「文化の伝承」が京都企業の事業基盤になってきたのは確かな事実である。

　特に島津製作所は、発見された直後のX線をはじめとして[21]、西洋の技術

18　特に島津製作所の講義資料に負うところが大きい。
19　服部重彦・島津製作所代表取締役会長の講義に基づく。

を積極的に取り入れることで、京都に精密加工技術を業とする企業群（本章第4節3項で述べる技術志向クラスター）を形成していくうえでのさきがけとなった。その軌跡は、現在の島津製作所だけではなく、兄弟会社としてジーエス・ユアサ コーポレーション[22]を起こしたことにも明らかである。

さらに付け加えれば、X線の応用であるレントゲン撮影技術に関して、戦前から戦後にかけての先駆的な企業として大日本レントゲン製作所の名前が登場する。この大日本レントゲンの創業者は京都大学卒業後に島津製作所に入社し、その後に独立して大日本レントゲンを創業した[23]。また、創業当時のオムロン（当時の立石電機）は、この大日本レントゲンにタイマを納入していたという[24]。

この京都企業の物づくりのノウハウは、単に質の追求だけではない。関連先から素材や部材などをうまく集めて製品化するノウハウであり、また製品に対する「芸術的な味付け」でもあると指摘される[25]。前者は、多くの部品メーカーを下請けとして使い、ゲーム機をつくりあげた任天堂に典型的であるという。後者は、特許ではなく（特許として出願するとノウハウが周知の事実となるので）、原料の混合具合や焼き加減にノウハウを封じ込めた村田製作所の製造方法に典型的だという。これらは、江戸時代の文化において、京都が製造業やサービスの、さらには文化全般の頂点に立っていた影響が大きい

---

[20] 陶器技術は京セラ、村田製作所の製品に生かされている。太田（2013）のように、これらの工業としての技術は伝統的な陶器技術とはまったく異なっていたとの主旨の指摘があるものの、伝統技術の基盤がない「無の状態」から新たな工業技術が生まれたとの主張をするのであれば、あまりにも飛躍しているだろう。

[21] X線は1885年に発見されている。島津製作所の講義資料によると、翌年に二代目島津源蔵がX線写真の撮影に成功している。

[22] ジーエス・ユアサ コーポレーションは2004年、日本電池と湯浅電池の合併によって設立された。前者の日本電池は、1917年に島津製作所が株式会社に改組するに際し、蓄電池部門を分社化することによって設立されている。また、ニチユ三菱フォークリフトの前身会社である日本輸送機は日本電池によって設立された。

[23] 日外アソシエーツ（2004）の「室馨造」の項目による。

[24] オムロンからの情報による。

[25] この特徴は、ユキ・インベストメント押谷孫行代表取締役の、企業アナリストとしての視点からの評価である。

だろう。

2　オリジナリティの追求とグローバルな意識

　2つ目の定性的な京都企業の特徴として、オリジナリティ（独自性）の追求を指摘できる。よい意味でのプライドの高さ、気位の高さと言い換えていいだろう。これらは、逆に短所ともなりうるのだが、長所として活かしてきた企業が京都に多かったのではないだろうか。長所として活かせたのは、「文化の伝承」という基盤があったからだろう。

　この京都の気質は、すぐ隣の大阪とは、実のところ大きく異なっている。大阪が商人の町であったのに対し、京都はそうではなかった。

　推察するに、商人としての大阪は儲けることが第一であったから、物まねを含むあらゆる事業戦略を用いてきたのだろう。これに対して京都では、物まねで儲けることに意味はなく、むしろ通常は恥であるから、一家相伝的な[26]独自性を発揮することに最大の努力が積み重ねられたのだろう。

　このオリジナリティの追求が、現在の京都企業が提供するような、個別性があり、高い技術を必要とする製品群を生み出してきたと考えられる。また、気位の高さは、「東京を意識しない、追いかけない姿勢」「京都がいちばん（東京は田舎）との意識」につながったのだろう。これらがあわさり、京都企業には、「世界が市場」「世界に挑戦する」意識が早くから根ざしていたと推察できる。

　たとえばワコールの場合、創業から4年後の1950年に「十年一節の50年計画」を発表している。そのなかに、1970年代は海外市場の開拓、1980年代は海外市場の確立、そして1990年代に「世界のワコール」実現と記されたとのことである[27]。このワコールは現在、世界第2位の女性下着メーカーとして、欧米やアジアに事業展開している。「十年一節の50年計画」を実現して

26　京都に住むと、一家相伝という言葉に出くわすことが多い。
27　塚本能交・ワコールホールディングス代表取締役社長の講義に基づく。

きたのである。また、製品に「難度の高い縫製工程」[28]が用いられているのは、やはり京都の「文化の伝承」だと推察される。

もう1つの例は日本電産と堀場製作所である。両社はともにグローバルな事業展開を強く意識し、世界を相手に積極的なM&A戦略を展開してきた。製品の価値を正当に評価してくれる需要者を日本ではなくグローバルに求め、そのうえで製品市場が日本に限定されないことを早い段階で正しく認識し、さらには一国の経済動向に左右されない業績と事業活動を達成したいとの意識が生み出された[29]。これが、現在における積極的な海外展開の原動力となっているようだ。

3　技術志向クラスターの形成

3つ目の定性的な京都企業の特徴として、京都企業が相互に情報交換し、協力してきたことを指摘できる。その1つの証拠に、2014年、世界的な半導体製造装置企業の経営トップに会って京都大学での京都企業5社の講義が進んでいることを伝えたところ、すぐさま、「京都の企業は仲良しだから」とのコメントが返ってきた[30]。

京都企業は互いにライバルであり、激しく競争している。しかし、その競争は互いに1つのパイを食い合う消耗戦的な競争ではなく、たとえばだれがいち早く世界的企業になるのか、売上高で1兆円企業になるのか、営業利益で1,000億円を達成するのかといった競争である。

オリジナリティを追求する京都企業としては当然であろうし、互いの製品が異なっているから、仲のよい競争が可能となるのである[31]。この結果生まれるのは、有益な情報の共有だと考えられる。シリコンバレーのような、一

28　注27と同じ。
29　永守重信・日本電産代表取締役会長兼社長および堀場厚・堀場製作所代表取締役会長兼社長の講義に基づく。
30　東哲郎・東京エレクトロン代表取締役会長兼社長による。
31　仲の良さのもう1つの証拠として、京都企業の場合、株式の相互保有が目立つ。

種のクラスターの形成と表現していいかもしれない。

　この傍証として、京都において、第二次世界大戦前後に多くの京都企業がベンチャー的に創業し、それらのなかから成功企業が出現した後、その成功企業が京都において、新たなベンチャー企業の発展を支援した事実がある。特にオムロン（当時の立石電機）の役割が大きかったようだ。

　1966年、当時の京都経済同友会の代表幹事を務めていた立石一真氏（オムロンの創業者）が「中堅企業研究委員会」を立ち上げ、それが1972年の京都エンタープライズディベロップメント（KED）の設立に結びついた[32]。

　KEDは日本で最初の民間ベンチャーキャピタル・ファンドであり、技術志向の強い企業の支援と育成を意図していた[33]。このKEDへの出資者は京都経済同友会のメンバーを中心としており、戦後の京都でいち早く成功していたオムロンやワコールをはじめ、金融機関として京都銀行、京都の２つの信用金庫の名もある[34]。一方、KEDの投資先の１つとして、日本電産があった[35]。

　なお、KEDは1980年に清算された。しかしながら、その後も財界活動を通じた京都の経営者相互間の交流は続けられ[36]、また京都企業の創業者個人を中心とした研究支援活動も積極的に行われている。これらが、京都企業の仲のよい競争もしくは技術志向クラスター形成の底流にある。

4　京都企業を支えたその他の要素

　これまでのところをまとめると、京都企業の定性的な特徴は、文化の伝承、オリジナリティの追求とその延長線上にあるグローバルな経営意識、技術志向クラスターの形成の３つにある。

32　太田（2013）、桐畑（2013）による。
33　桐畑（2013）による。
34　桐畑（2013）による。
35　太田（2013）による。
36　太田（2013）によるが、同様の指摘は関係者からも得られる。

これらの特徴から、独立独歩、自前主義、挑戦する勇気、深掘りといった特徴[37]も派生すると考えていいだろう。また、既得権益に執着しない（代表的には社会インフラ事業に関心がない）ことにもつながるだろう[38]。

　既得権益に執着しない点は、本章の付表・京都企業のリストに建設業がないことに象徴的である。京都のような、ある程度大きな経済規模の地域にあって、京都出身の上場建設会社がないのは不思議である。

　半面、政治的な動きが苦手となる[39]。これらは、東京を素通りしていきなりグローバルを目指す京都企業の活動と相通じるところがあると考えられる。

　もっとも、以上の定性的な要素から少し離れるが、追加で指摘しておくべき点が2つある。

　1つは京都独自の政治的な時代背景である。もう1つは京都における金融、とりわけ銀行の役割である。

　最初に政治に関して、京都府政の特異性が京都企業の結束につながったとの指摘がある[40]。政治的な特異性とは、1950年5月、社会党公認の蜷川虎三氏が京都府知事に就任し、その後1978年までの28年もの間、「革新」府政を担ったことである。

　蜷川府政は、当時の中央政府（すなわち自由民主党主導）の産業政策とは方向感を異にしており、同時に京都企業にとっては逆風として働いただろう（少なくとも追い風としては働かなかったに違いない）[41]。この府政に反発するかたちで、当時若くて伸び盛りだった京都企業の結束が高まったのは想像にかたくない。同時に、京都という歴史的、地理的な位置が中央政府との交流

37　島津製作所の講義資料において指摘されている。
38　注37と同じ。
39　ユキ・インベストメント押谷孫行代表取締役の指摘である。
40　文献としては太田（2013）によるが、この点の指摘は関係者からも得られる。
41　他方、京都の伝統産業や中小企業には優しい府政だったと考えられる。検証していないものの、京都に古きよき時代の商店街が比較的元気に残っていて現在の観光にもつながっているのは、日本の高度成長期を越え28年間続いた蜷川府政の貢献だと思える。

に恵まれなかったため、政治に期待しない企業風土が強まったとも考えられる。

　もう1つは金融、特に京都銀行の役割である。京都銀行の本店はいまでこそ京都市内にある。しかし、そもそもの京都銀行は1941年に丹波および丹後地方の銀行が合併して発足した丹和銀行（合併後の本店は福知山市）が前身である。京都市内に最初に支店を開設したのは1943年だった。

　戦後、蜷川府政発足直後の1950年10月、京都銀行は京都府の本金庫業務を受託した[42]。このことにより、京都府の地銀としての地位を確立したといえる。その後、1951年に丹和銀行から京都銀行に改称、1953年には本店を現在の京都市に移した。

　しかし、当時の京都市内の銀行業務は都市銀行（大銀行）が圧倒的に強かった[43]。また、市内には京都信用金庫と京都中央信用金庫というライバル的な地域金融機関も存在していた。さらに、京都には「都としての京都の高いプライド」があるため[44]、既存企業との金融取引を獲得するには時間を要した。このため、京都銀行としては新規の取引先を積極的に開拓せざるをえなかった[45]。

　同時に、都市銀行の場合、京都市内で集めた預金は大企業へと流れ、新興企業はもちろんのこと、京都府や京都市の中小企業にもなかなか流れなかった。このため、京都地域にいかに資金を流すのかに、地銀としての京都銀行の役割があった[46]。

　この金融的な環境が、戦後間もない頃にベンチャー企業的に活動していた多くの京都企業と、京都銀行が積極的に取引する契機となった。同時に、京都銀行はそれらの企業の株式も積極的に保有した[47]。第3節「京都の上場企

---

[42] 京都銀行（1992）pp.175-176。
[43] 京都銀行（1992）pp.150-151。
[44] 「京都にとって先の戦争とは応仁の乱（1467年）」と同じ類で、「10代住まないと京都人とみなしてもらえない」ともいわれる。
[45] 関係者からの聴取による。
[46] 京都銀行（1992）pp.186-187。

業の概観」で示したように、京都企業35社のうち31社に、取引銀行上位5行として京都銀行の名前があるのには、このような歴史的経緯が影響していると考えていい。

　この点を象徴しているのが、京セラとの取引であろう。京都銀行と京セラとの取引は、稲盛和夫氏が京セラ（京都セラミック）を創業した1959年から始まった[48]。その後、稲盛和夫氏は、1978～84年に京都銀行の非常勤監査役を務めている[49, 50]。

　戦後の京都府の産業構造はといえば、周知のように京都の伝統産業であった繊維業が縮小し、その一方で機械関係が発展した。これは日本全体としての流れでもあった。京都銀行がそれを予期したのかどうかはともかくも、順風が吹いたことは確かである。実際、京都銀行の場合、その預金規模と比較して株式保有残高が多いのには、以上のような経緯がある。

---

[47] 当然のことながら、京都銀行がすべての企業と万遍なく取引したわけではない。次にみる京セラのような例もある一方、十二分な銀行融資を受けられなかった企業もあったようだ。太田（2013）を参照のこと。
[48] 京都銀行（2011）による。
[49] 京都銀行（1992）p.761。
[50] 京都銀行（2011）によれば、2011年の京都銀行創立70周年記念式典において稲盛和夫氏が、京都銀行顧問・京セラ名誉会長の肩書で記念講演を行っている。

第 5 節　京都企業（製造業）の定量的特徴

　以上で述べてきた京都企業を数値的に把握すれば、どのような姿になるのだろうか。ここでは、次の2つの視点から、数値的に京都企業を分析したい。

　1つは京都企業がグローバル化を達成したのかどうかである。このことを知るため、海外での業務展開の比率を分析したい。

　もう1つは、京都企業の事業活動が利益を生み出しているのかどうかである。この観点からROAを中心に分析したい。

　分析対象として選んだのは、京都企業としては製造業28社（図表1－5）である。この意味は、京都では非製造業よりも製造業の活動に特色があるはずだから、製造業の28社を選ぶのが適切と考えたことにある。一方、この京都企業と対比するために、東証第一部上場企業のうち、京都企業を除く製造業全社を選んだ[51]、[52]。

　分析期間は2001～13年度であり、会計数値は連結決算ベースである。

1　海外での事業展開

　最初に、海外での業務展開に関して、海外・輸出の金額と売上高との比率を計算し、比較を行った[53]。この結果が図表1－6に示されている。

　この図表によれば、京都企業（製造業）の海外での業務展開は、東証第一

---

[51]　データはQUICK・Astra Managerおよび日経財務データDVD版から得た。
[52]　集計における年度の区切りとしては、前年6月期決算から当該年5月期決算までを1事業年度とした。比率の計算においては、該当する各社の会計数値を集計したうえで対象となる比率の計算を行っている。すなわち、加重平均値となっている。
[53]　海外・輸出金額がブランクの場合はゼロとして扱った。

図表 1 − 6　海外での業務展開比率（％）の比較

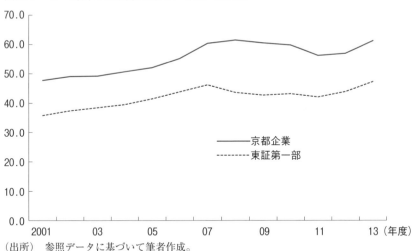

(出所)　参照データに基づいて筆者作成。

部上場企業（製造業）と比較して毎年10％ポイント以上高い状態が続いている。

　日本電産や村田製作所のように80％、90％が海外での事業という企業もあるが、平均水準としても（注52に示したように単純平均ではなく、加重平均において）、足元の2013年度に60％を超えているのが京都企業（製造業）の特徴である。さらに、過去を振り返ると、10年前から50％以上が海外での事業であったことも判明する。

　京都企業（製造業）の事業の特色の１つが電子部品にあり、また海外での関連企業の完成品の組立てが急速に伸びた事実があるとはいえ、それに対応する製品力と、グローバルな企業意識があったからこその、海外での業務展開の高さであろう。

2　利益率水準

　次にROAの比較を行った。ここでのROAは「営業利益／資産合計」であ

第１章　京都企業が世界を変える　27

る。この結果が図表1－7に示されている。

　この図表によれば、京都企業（製造業）のROAは2008年度に急速に低下し、2011年度以降、東証第一部上場企業（製造業）を下回っている。2007年度に急激に高くなっているのは任天堂の効果である。その後の急速な低下は、任天堂の効果が逆回転したことと、京都の電子部品企業の利益率が低迷したこととがあわさった結果だと考えられる。もっとも、2013年度には東証第一部上場企業（製造業）に追いつきつつある。

　なお、図表1－8によってROE（税引き後当期純利益／株主資本）を比較すると、リーマンショック以前は2001、02年度と07年度を除き、東証第一部上場企業（製造業）のほうがわずかに高いこと、リーマンショックによる落ち込みは京都企業（製造業）が軽微であること、その後はROAの状況を反映して東証第一部上場企業（製造業）のほうが高いこと、以上が判明する。京都企業（製造業）の株主資本比率が高いため[54]、ROAとは少し異なった結果に

図表1－7　ROA（％）の比較

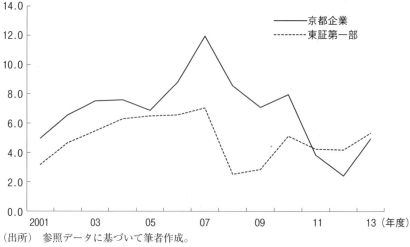

（出所）　参照データに基づいて筆者作成。

---

[54] 2013年度の株主資本比率は、京都企業（製造業）が67.7％、東証第一部上場企業（製造業）が41.4％である。

図表1-8 ROE（%）の比較

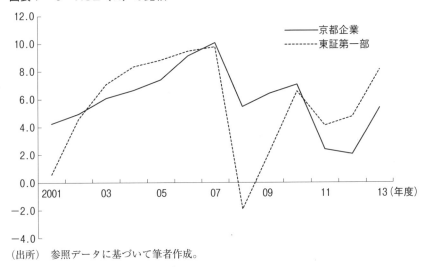

（出所）参照データに基づいて筆者作成。

図表1-9 売上高営業利益率（%）の比較

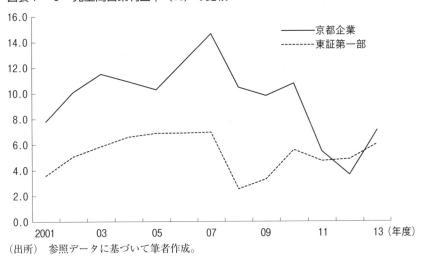

（出所）参照データに基づいて筆者作成。

なっている。京都企業の株主資本比率が高いことの要因として考えられるのは、M&Aを含めた事業拡張に備えてきたことに加え、多くの京都企業が若

く、創業者が資金調達で苦労を重ねた体験が強く残っている影響もあるだろう。後者は一種のリスク意識の高さである。

　また、売上高営業利益率の傾向は、ROAの場合とほぼ同じである（図表1－9）。しかし、ROAの場合よりも、2001年度以降の平均値において、京都企業（製造業）のほうが東証第一部上場企業（製造業）よりも一段と高い水準にある。2012年度だけは京都企業（製造業）の水準が東証第一部上場企業（製造業）を下回ったものの、2013年度には再び上回ってきている。京都企業の場合、製品の独自性が高いため、製品1単位当りの利益率も高いと考えられる。

第6節 まとめ
——京都企業に対する投資収益率

　まとめを兼ねて、京都企業に投資したとして、十分なリターンが得られたのかどうかを検証しておきたい。

　京都企業としては、これまでの定量的分析で対象とした京都企業（製造業）の28社のうち、下で示す期間において連続してデータのとれる24社とした。比較対象は東証第一部上場企業（製造業）である。

　投資収益率は各企業の配当込みの数値を計算し、それを単純平均した[55]。計測期間は、始点として日本の金融システム不安が収束する直前の2003年4月とリーマンショック直後の2008年10月の2つを、終点として今回の株価上昇が本格化した2012年12月と昨年度末の2つを用いることとした。これらの時点は、昨年度末を除き、いずれも株式市場にとって大きな転換点だった。

図表1-10　投資収益率（配当込み、年率）の比較

	京都企業（製造業）	東証第一部（製造業）
2003/4 -2012/12	1.57 (0.87)	1.87 (1.38)
2008/10-2012/12	1.02 (0.34)	1.12 (0.60)
2003/4 -2014/3	2.42 (1.50)	2.71 (2.18)
2008/10-2014/3	1.57 (0.69)	1.62 (0.89)

（注）　上段は始点を1とした場合の終点での投資資産価値、下段はその標準偏差である。
（出所）　筆者作成。

---

[55] 投資収益率のデータはQUICK社のAstra Managerによる。

結果は図表1－10のとおりである。

これによれば、京都企業（製造業）の投資収益率は東証第一部上場企業（製造業）よりも、わずかとはいえ劣っている。京都企業の場合、株主資本比率が高く、これを要因としてROEの水準が見劣りしている結果だろう。

しかしながら、投資収益率の標準偏差は京都企業（製造業）のほうが明らかに小さい。パフォーマンスの指標として用いられるシャープレシオを計測すると、京都企業のほうが明らかに高いことになる[56]。つまり、京都企業（製造業）のほうが投資対象としての当たり外れが小さいことになる。逆に、東証第一部上場企業（製造業）では、投資対象として望ましい企業と望ましくない企業の混在割合が高いことを意味する。

なお、長期的な投資収益率（2003年4月～14年3月）は、スタート時点の株価が低いとはいえ、京都企業（製造業）が年率9.5％、東証第一部上場企業（製造業）が10.8％である。この間の東証株価指数（TOPIX）の上昇率が年率4.4％であるから、TOPIXには配当が含まれていないとはいえ、日本の製造業の平均的な投資収益率が高かったことになる。

結論として、投資収益率の水準において京都企業（製造業）と東証第一部上場企業（製造業）に大差がないのであれば、当たり外れの小さい分だけ、京都企業が望ましい。この結果は、グローバルな事業展開の達成と、技術志向クラスターを形成してきた京都企業の特徴がもたらす結果だと考えても大きな間違いはないだろう。また、本章の冒頭において、直感的、主観的に京都企業を選んだことが間違いではなかったことにもなる。

本章の結論は、企業を選ぶことの重要性をあらためて認識させる。これに加えて、東京を意識しない経営、すなわち日本の平均値を意識せず、独自性を維持した経営が成功しうることを示唆している。

---

[56] リスクフリーレートとしてのクーポンレートは、計測期間において10年国債の平均で1％程度、5年国債平均では0％に近い。シャープレシオは、2008年10月～12年12月の期間を除き、京都企業のほうが高い。

付表　京都企業のリスト

コード	企業名	東証33業種区分	創業年月	上場年月
2531	宝ホールディングス㈱	食料品	1925.09	1949.05
3002	グンゼ㈱＊	繊維製品	1896.08	1949.05
3551	ダイニック㈱＊	繊維製品	1919.08	1949.07
3591	㈱ワコールホールディングス	繊維製品	1949.11	1964.09
3607	㈱クラウディア	繊維製品	1976.12	2004.05
4406	新日本理化㈱＊	化学	1919.11	1949.09
4461	第一工業製薬㈱	化学	1918.08	1949.05
4471	三洋化成工業㈱	化学	1949.11	1968.05
4923	コタ㈱	化学	1979.09	2002.09
4516	日本新薬㈱	医薬品	1919.09	1949.07
5957	日東精工㈱	金属製品	1938.02	1968.02
5985	サンコール㈱	金属製品	1943.06	1964.10
6315	TOWA㈱	機械	1979.04	1996.09
6387	サムコ㈱	機械	1979.09	2001.05
6482	㈱ユーシン精機	機械	1973.10	1996.12
6594	日本電産㈱	電気機器	1973.07	1988.11
6640	第一精工㈱	電気機器	1963.07	2006.11
6641	日新電機㈱	電気機器	1917.04	1949.05
6645	オムロン㈱	電気機器	1948.05	1962.04
6674	㈱ジーエス・ユアサ コーポレーション	電気機器	2004.04	2004.04
6856	㈱堀場製作所	電気機器	1953.01	1971.03
6963	ローム㈱	電気機器	1958.09	1983.11
6971	京セラ㈱	電気機器	1959.04	1971.10
6981	㈱村田製作所	電気機器	1950.12	1963.03
6996	ニチコン㈱	電気機器	1950.08	1961.10
7735	㈱SCREENホールディングス	電気機器	1943.10	1962.05
7105	ニチユ三菱フォークリフト㈱	輸送用機器	1937.08	1949.05
7701	㈱島津製作所	精密機器	1917.09	1949.05
7979	㈱松風	精密機器	1922.05	1963.07
7915	日本写真印刷㈱	その他製品	1946.12	1961.10
7974	任天堂㈱	その他製品	1947.11	1962.01
8248	㈱ニッセンホールディングス	小売業	1970.04	1988.10
9936	㈱王将フードサービス	小売業	1974.07	1993.03
8369	㈱京都銀行	銀行業	1941.10	1973.10
8515	アイフル㈱	その他金融業	1978.02	1997.07
9319	㈱中央倉庫	倉庫・運輸関連業	1927.10	1970.12
4295	㈱フェイス	情報・通信業	1992.10	2001.09
4728	㈱トーセ	情報・通信業	1979.11	1999.08
4671	㈱ファルコホールディングス	サービス業	1988.03	1997.04
4696	ワタベウェディング㈱	サービス業	1971.04	1997.12

(注1)　2014年10月現在、東証第一部上場企業。
(注2)　企業名の最後に「＊」を付した企業は、本社事務所所在地が京都府にはないが登記上の本店所在地が京都府にある企業。
(注3)　ジーエス・ユアサ コーポレーションの設立に関しては本文注22を参照のこと。
(出所)　参照データに基づいて筆者作成。

【参考資料】
京都5社（オムロン株式会社、日本電産株式会社、株式会社堀場製作所、株式会社島津製作所、株式会社ワコールホールディングス）の講義録・講義用資料・有価証券報告書・ホームページ
その他の京都企業各社の有価証券報告書・ホームページ

【参考文献】
太田耕史朗（2013）「京都における近代産業の形成と発展─6人の起業家の役割─」広島修道大学「経済科学研究」16(2)、pp.7-24
川北英隆編著（2013）『「市場」ではなく「企業」を買う株式投資』金融財政事情研究会
川北英隆（2015）「京都企業は世界を意識してきた」日本証券アナリスト協会「証券アナリストジャーナル」第53巻第1号、pp.19-29
京都銀行（1992）『京都銀行50年史』
京都銀行（2011）「ミニディスクロージャー誌 2011年9月中間期」
桐畑哲也（2013）「我が国ベンチャーキャピタル業界と新技術ベンチャー投資」立命館大学「立命館経営学」第52巻第2・3号、pp.343-357
日外アソシエーツ編集（2004）『20世紀日本人名事典』日外アソシエーツ
矢野恒太郎記念会（2013）『データでみる県勢2014』（第23版）

【参照データベース】
日経財務データDVD版
QUICK・Astra Manager

　なお、本章で使用したデータ等は主に科学研究費助成金（課題番号23243051）によって購入している。

第 2 章

オムロン
よりよい社会をつくる

オムロン株式会社 取締役会長　立石　文雄
（講義日：2014年5月15日）

皆様、おはようございます。

オムロン会長の立石でございます。今日は皆様とお会いできるのを本当に楽しみにしておりました。今日、このように京都大学で京都企業の1社であるオムロンの活動についてお話をさせていただくことを本当に光栄に思っております。

少し自己紹介をさせていただきたいと思います。私は1949年7月、京都生まれでございます。小学校は御室小学校、双ヶ丘中学校、嵯峨野高校とローカル路線を突っ走りまして、その後、東京のほうの大学に行きました。25歳から立石電機で仕事をやってまいりました。立石電機はいまのオムロンのことです。海外での駐在生活がシカゴとトロント、アムステルダムで13年ございます。

本日は、私どものオムロンの経営のあり方についてご紹介をして、ご参考になることがあれば非常にうれしく思います。なお、今日はそういう経営のあり方についての話ですので、事業の財務的な数字の話はほんの少しだけでございます。詳細をお知りになりたい方はホームページをご覧いただければと思っております。

今日のアジェンダですが、まずは会社概要として若干数値の話、事業の話をします。2つ目は経営のあり方の話です。まずは社憲の誕生と創業者立石一真についてお話をしたいと思います。3つ目が企業理念の制定とその浸透の方法について。4つ目は企業理念実践の過去から現在までのところ。5つ目にSINIC理論について。私どもの経営の羅針盤としてSINIC理論という未来予測の手法を創業者立石一真がつくりました。それをいまでもベースにしております。そのご紹介をします。6つ目がコーポレート・ガバナンス、いわゆる企業統治について。最後に少しだけですけれども、今後の企業価値のあり方について私の意見を述べさせていただきたいと思います。

第 1 節　会社概要

　まず立石電機製作所の創業でございます。創業記念日、私どもではFounder's Dayといっていますが、1933年5月10日でございます。ちょうど、先週の土曜日だったのですけれども、創業81周年目を迎えております。

　1933年に創業者はレントゲン用のタイマを初めて開発しまして、事業をスタートいたしました。当時、大日本レントゲン製作所様へ納入させていただいたと聞いております。これがわが社の原点です。実は、本当の創業は大阪の野里工場でありまして、大阪市西淀川区で産声を上げております。この工場は第二次大戦で焼けてしまいましたが、創業者は焼ける直前に工場移転の決断をして京都に移ってきたということでございます。

　発表させていただいたわが社のこの2014年3月期の売上高が7,730億円、

図表2－1　「継電器の専門工場」立石電機製作所の創業
[レントゲン撮影用タイマの誕生]

レントゲン用タイマ

1933年、立石一真はレントゲン写真撮影用タイマを開発しました。
商機ありとみて、大阪は東野田に立石電機製作所を創業、オムロンの基礎を築きました。
このタイマは、後に大口受注へと発展しました。それはオムロンのチャレンジ精神の原点であり、挑戦するべき技術の方向を見定めた点でも、記念すべき第一歩となりました。

[汎用型継電器の開発]
レントゲンタイマの生産が軌道に乗ったのを機に、タイマに使用していた継電器を改良して一般向け配電盤用の継電器を開発し、販路を拡大しました。

野里工場（大阪市西淀川区）

第2章　オムロン　よりよい社会をつくる　37

図表2－2　全社組織図（2014年4月1日現在）

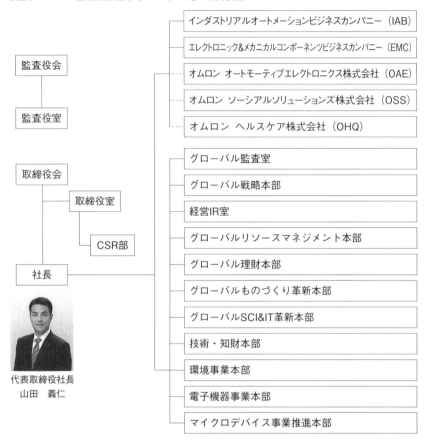

営業利益が681億円、当期利益が462億円でございました。従業員数は約3万6,800名でございます。

　わが社は、監査役会設置会社でございます。私は取締役会の議長をしておりますので、組織図では取締役会のところにおります。執行側として、社長兼務をしているのが山田といいまして、2011年6月に就任をしております。49歳の若さで社長に就任しました。いま、執行役員が二十数名おりますけれども、平均年齢は54歳と、ものづくりの会社で私どもの規模としては結構若

いほうではないかなと思っております。それから、ポイントとしてはCSR部は、通常の会社の場合、執行側のラインのなかに入れているのですけれども、私どもの場合は全社経営のところに入れているというのが特徴でございます。

　事業別の売上構成についてでございます。ファクトリーオートメーションの制御事業と電子部品事業、車載用部品事業という３つの事業で、先ほどの売上高7,730億円の約３分の２が産業分野の事業でございます。

　社会システム事業については、皆様に毎日使っていただいている可能性が多いと思うのですけれども、自動出改札システムがあります。後ほどご紹介申し上げますけれども、世界で初めてわが社が開発したシステムでございまして、約40〜45％のシェアで日本でトップです。それから、交通管制システムも日本でトップクラスの35〜40％のシェアをもっています。

　健康・医療機器事業については、皆様まだお若いですから早いですかね、電子血圧計の事業や体脂肪計もやっております。電子血圧計の分野では世界ナンバーワンのシェアで50％をもっております。わが社では、このような事業をやっております。本日の数字はもうこれだけでございます。

第 2 節　「社憲」の誕生と創業者　立石一真

1　「社憲」の誕生

　次から経営についての話を順番にさせていただきたいと思います。まず、「社憲」の誕生の話をこれからさせていただきます。それと、創業者である立石一真についてお話をさせていただきます。立石一真は実は私の父でございますので、子どもからみた創業者像を若干お話ししようかと思っております。

　創業者は1900年9月生まれでございます。1900年生まれですので年齢をいうときに非常にわかりやすいです。私は創業者の7番目の子どもとして生まれております。

　創業者は、日曜画家であり、油絵とかスケッチとか、絵をかくのが大好きでございました。実は、そのスケッチブックを使って1959年に社憲をつくりました。書いたり消したりしているところがみえると思うのですけれども、オムロンの社憲は、「われわれの働きで　われわれの生活を向上し　よりよい社会をつくりましょう」というものでございます。CSRは皆様ご存じだと思うのですけれども、現代のCSRとかCSV（共通価値の創造）にまで通用するような社憲であるのではないかと思っております。ということで、当社の社憲は石碑ではなくてスケッチブックでつくったという逸話でございます。

　その経緯でございますけれども、実は1948年に京都に移ってから労働争議になりまして、創業者は窮地に陥ったと聞いております。その後、創業者は労使一体で取り組んでいくためにはやはり労使が共有できる社憲が大事ではないかということでいろいろ悩みました。後ほど詳しく述べますけれども、

図表2－3　創業者　立石一真と社憲のスケッチ
創業者　立石一真が1959年に社憲を制定

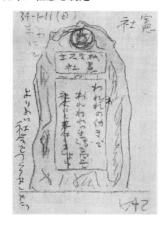

〈社憲〉
われわれの働きで
われわれの生活を向上し
よりよい社会をつくりましょう

　創業者はJEMA（日本電機工業会）が主催した米国視察団に入りまして、米国の星条旗であったりフロンティア精神、キリスト教の精神、といった米国企業の源泉に刺激を受けました。その後、東京の経済同友会が開いた「経営者の社会的責任の自覚と実践」というセミナーで聞いた「企業の公器性」という言葉に非常にぴんと来て、労働争議以来8年間悩み続けて3年間準備をして、1959年に社憲をつくったということでございます。このセミナーは、もう半世紀近く前のことなのですけれども、現在にも通じるテーマが議論されていたということで、すごいなと思っております。

　このようにつくった社憲を浸透させるために、わが社では各フロアはもちろんそうですけれども、各オフィス、各応接間すべてに社憲と企業理念のパネルを置いております。それから名刺は、グローバルベースで各国の言葉で必ず名刺の下に社憲を刷って宣言をしております。また、毎朝9時には全員が朝礼で社憲を唱和しております。こういうことを毎日繰り返しているわけでございます。

　1959年がオムロンにとってどういう時代であったかというと、実は売上げはほんの4億円ぐらいの時でした。それから従業員数が800人ということ

第2章　オムロン　よりよい社会をつくる　41

で、とにかく中小企業の走りの頃に社憲をつくりこんだということです。この社憲がなければ、いまのオムロンはなかったというのを、創業者が回顧録のなかでいっておりました。

2 創業者　立石一真

　次は立石一真について私の独断と偏見で、子どもからみた父親像ということで少しお話をさせていただければと思います。
　実は、私の祖父は父が小学校1年の時に病気で亡くなっております。その後、1950年8月に、私の母が胃がんで亡くなっております。私が1949年、母が亡くなる1年1カ月前に生まれておりますので、私は母の顔を全然知らないのです。昔はかなりの人数の方が2歳までに亡くなっておったのですが、父も子どもを4人亡くしております。ということで、本当に健康についての思いが非常に強い父でした。そういう面がわが社の健康事業につながっていったということでございます。
　それから、父は小学校1年で私からみて祖父を亡くしましたもので、祖母と叔父の2人の生計を立てなければならないということで、小学校5年から新聞配達をするようになりました。いまでいう熊本大学の工学部の卒業まで新聞配達をして生計を立て、2人の生活のサポートをしていたということでございます。それだけに新聞配達の皆さんに対する思いが非常に強うございまして、私も小さい時に年に1回クリスマス・イブの日に、朝とか夕方にみんな兄弟が並びまして、ケーキを1箱ずつもって、当時新聞を10紙ぐらいとっていましたから、順番に兄弟が新聞配達の人1人ずつに、「ありがとうございます。本当に新聞配達1年ご苦労様」という声をかけてケーキを渡すのが恒例でございました。非常に喜んでもらえたのではないかなと思っております。そういうことを父は子どもたちにさせておりました。
　また、熊本大学工学部、旧熊本高等工業へは奨学金で入らせていただきましたもので、社会への感謝が芽生えてきたということで、当時の立石電機の

図表2－4　旺盛な好奇心

ハモンドオルガン

ソニーの日本初のトランジスタラジオ

新しいもの好きで、趣味の幅も広い文化人。日曜画家、能楽、茶道、小唄、音楽等々。
ハモンドオルガンを直輸入。
大型ステレオアンプを組み立て、ミニ音楽鑑賞会を自宅で開催。

〈日本初のトランジスタラジオを購入〉
ソニーのトランジスタラジオを枕元に置いていた
▼
スイッチにトランジスタを採用することを発想
▼
世界初の無接点近接センサを開発

社憲の言葉とか、その後の企業理念の「企業は社会の公器である」というところに結びついております。

　父は非常に好奇心が豊かでございまして、とにかく趣味の幅が広い文化人でした。先ほど申し上げました日曜画家であったり、能楽、茶道、小唄、クラシックも好きなのですけれども、実はカラオケも大好きでございました。1991年1月に亡くなっているのですけれども、当時子どもに、「100歳になったらNHKのど自慢に出るんだ」ということをしきりにいっておりました。

　それから、あと思い出すのが、父の枕元にあったソニーのトランジスタラジオですね。これは日本初で、父はそれを枕元に毎日置いていたのを私も覚えています。ただただ音楽を聞いていたのかなと思ったらトランジスタに非常に興味があったようでございまして、実はそのトランジスタを使って無接点の近接センサというスイッチングできる制御の機器を世界で初めてつくったというところに結びついているということでございます。

　それから、新聞配達をしてとにかく新聞が大好きだったというのもあると思うのですけれども、毎日夜中まで10紙近くの新聞をずっと読んでおりまし

第2章　オムロン　よりよい社会をつくる　43

た。私はその背中をみていたのですけれども、新聞の切り抜きをしたり、次の朝にメモを書いてその事業部内のトップに送ったり、父はとにかくメモ魔でございました。

第3節 「企業理念」の制定と浸透

1 「企業理念」の制定

いままでは社憲と創業者についてお話ししました。これからは企業理念の制定についてお話をさせていただきたいと思います。

先ほど申し上げたとおり1959年に社憲を制定しました。そして1990年に実は立石電機からオムロン株式会社に社名も変更しております。その同年同時期に企業理念も初めて制定しました。企業理念は4つの体系からなっております。「基本理念」「経営理念」「経営指針」「行動指針」というようになっておりまして、基本理念が、「企業は社会の公器である」と。それから、経営

図表2－5　「企業は社会の公器である」を基本理念に
　　社名を「オムロン株式会社」に変更した1990年に企業理念を制定し、
　　2006年5月に改定

[社憲]（1959年制定）
われわれの働きで
われわれの生活を向上し
よりよい社会をつくりましょう

[企業理念]

基本理念
企業は社会の公器である

経営理念
● チャレンジ精神の発揮
● ソーシャルニーズの創造
● 人間性の尊重

経営指針
● 個人の尊重
● 顧客満足の最大化
● 株主との信頼関係の構築
● 企業市民の自覚と実践

行動指針
● 品質第一
● 絶えざるチャレンジ
● 公正な行動
● 自律と共生

創業者　立石一真

第2章　オムロン　よりよい社会をつくる　45

理念が3つございます。「チャレンジ精神の発揮」「ソーシャルニーズの創造」「人間性の尊重」という、この3つの経営理念がこれからのストーリーになりますのでぜひとも覚えておいていただければと思います。企業理念を1990年につくりまして、1998年に一度改定して、さらに2006年に改定して、いまのこの体系になっているということでございます。

　なぜ改定をしてきたかということですけれども、特に2006年のお話をさせていただきますと、やはり外部環境が変化してきたということでございます。2006年までは企業というのは経済的価値で評価されておりましたけれども、2000年を越えてITバブルとかいろいろ経験して、やはり社会的な価値をステークホルダーが重視する時代になりました。それから、内部的にも先ほど申し上げましたが従業員が3万6,000名に至り、海外事業も実は55％になっているのですけれども、そういうことで判断基準も価値観も多様になったことから、新たなコーポレート・ガバナンスのバックボーンが要るということで、2006年に改定をした次第でございます。

　2006年の5月、取締役会で企業理念を改定した時に、いままでの求心力は創業者であったり創業家であったのですけれども、これからは企業理念をわが社の求心力にするという宣言をしました。と申しますのは、創業者は1991年までしか生きておりませんので、ほとんど、特に海外の社員は創業者を直接知らないということですね。ですから企業理念を求心力にして、いかに事業を遠心力として拡大していくかということであえて宣言いたしました。経営も2003年に生え抜きの作田社長が4代目の社長になっています。

　次は、企業理念とは何かということです。皆様はすでにいろいろと勉強なされておられますのでご存じだと思いますけれども、企業理念というのは、社内外に企業の使命と活動の仕方を宣言するものです。また、経営・事業・行動の判断基準にもなり、よき社会人・企業人としての「よりどころ」です。もちろん企業理念のない企業でもそれなりに決断はなされています。でも、わが社の場合は、企業理念をもっていて、社員が悩んだときには、企業理念というよりどころに戻っていろいろ考えることができるというのが非常

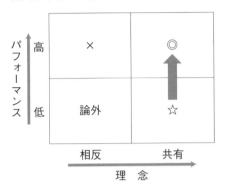

図表2-6 企業理念共有の必要性
パフォーマンスはもちろんであるが、
「企業理念」も共有してくれる社員を優先したい
賛同者を増やし続けたい

に強みではないかなと思っております。

　私どもはちょっとユニークなのですけれども、たとえばAという社員は、実力があって一生懸命売上げもあげて利益もあげていて、もちろん素晴らしいのですけれども、そこはやはりわが社の社憲とか企業理念も共有してくれる社員であってほしいということで、あえてこの図を出して説明しています。いちばん右上がいちばんいいわけですね。パフォーマンスが縦、横は企業理念を共有してくれるかどうかで、右上はいちばんいいのですけれども、その次はどちらに行くかというと、右下に行きます。若干パフォーマンスがまだなくても、社憲とか理念を共有してくれている社員は必ずや将来パフォーマンスを上げてくれるだろうと思っているからです。

2　「企業理念」の浸透

　私どもには社憲があります。それから企業理念があります。企業理念は経営的なところが大きいのかもしれませんけれども、経営トップから現場の社員まで一気通貫で企業理念を浸透させながら事業を加速、事業を回している

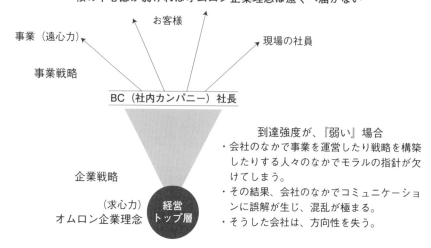

図表2−7　企業理念を太陽光に例える
核の中心部が弱ければオムロン企業理念は遠くへ届かない

という、私がいうのも恐縮ですけれども、結構ユニークな企業ではないかなと思っております。

　ここからは私が社内でよくいっているのですけれども、まずはいま申し上げました整理になりますが、私どもの求心力は企業理念に置いているということです。遠心力はもちろん事業の拡大ということで、お客様に近いところですね。お客様の手前には現場の社員がずらっといます。

　やはり中心にある企業理念という求心力が強くないと、糸の切れた風船のようにどこかに行ってしまいますよね。そうなっては困るわけで、いかに求心力を強めておくかということをしておかないと、事業が強化されればされるほど遠心力が働くなかで社員の思いはばらばらになってしまいます。私は企業理念を太陽の光に例えています。太陽の光をやはり強くしたいということです。

　企業理念の太陽光が強い場合には、社員が同じ方向を向いて、求心力である企業理念を社員にも理解してもらいながら事業を拡大してくれているということです。ということは、会社のなかでのコミュニケーションが良好と

図表2−8　企業理念を太陽光に例える

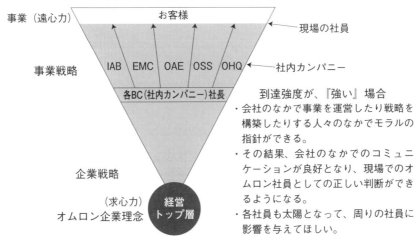

なって、それぞれの現場でオムロン社員一人ひとりとして正しい判断ができるということなのです。要するに、上司にお伺いをたててという手間が要らなくなり、とにかく顧客満足のために一刻も早くお客様にいろんな私どもの考え方を述べ、行動に移すことができるので、それが大事になってくるのだと思います。

　それともう１つは、私どもの社員３万6,000名の個人一人ひとりも太陽になってほしいといっております。社員一人ひとりが太陽になって周りを照らして、周りにいい影響を与えながら、企業理念を一緒になって理解し合ってほしいという思いでおります。

　こういう活動を、2006年の企業理念の改定以降、2007年度から、会長が中心になってやっているのです。私どもの社長も含めて社内取締役５名が現場に出向いて、現場のメンバーと新しい企業理念についての理解をお互いに深め、それから経営の思いなどを伝えて理解をしていってもらうという活動をずっとやっております。私は、去年の３月から上海を皮切りにシンガポールや韓国、欧州３カ所、米州も回っています。とにかく経営トップが現場に行

第２章　オムロン　よりよい社会をつくる　49

けるか、いかに経営者が現場と近くいられるかというのが非常に大事だと思っています。

　この取組みは、いまでは「企業理念ダイアログ」という名前に変わっているのですけれども、私が出向いて各現地幹部と議論をし、その幹部がまたその会社のなかのメンバーと企業理念の議論をしていくということで、ずっと現場まで3万6,000名と、基本的に毎年このアプローチのもと、議論して理解を深める体制になりました。

　それからもう1つ、先ほどの山田社長の発案で、「TOGA」という企業理念実践のプログラムをスタートしました。私どもは2020年までの10年間長期ビジョンをつくっておりまして、それを2020年に達成するためにはチャレンジ精神の発揮、先ほどの企業理念の経営理念の話ですね、それからソーシャルニーズの創造をしていかないと絶対達成できないという強い危機感で、社長がこのTOGAというプログラムを発案したわけでございます。これはThe OMRON Global Awardというのを略してTOGAということですけれども、約3万6,000名を対象にして、エントリー方式で自らの仕事と理念を結びつけることによって事業を加速させるということ、それと理念体現の事例をグ

図表2-9　2012年から『TOGA』で企業理念実践を推進
"TOGA": The OMRON Global Award

[背景]
オムロン長期ビジョンVG2020の達成に向けて、『チャレンジ精神を発揮して、ソーシャルニーズを創造する』ことが鍵！
→企業理念の理解者を増やす→進むべき方向への共感
＝コーポレート・ガバナンスの強化策としても大きな役割を果たす！

[目的]
① アワードにエントリーすることにより、自らの仕事と理念を結びつけることを加速
② 素晴らしい理念体現事例をグローバルで共有することにより、実践レベルを向上

[テーマ数、参加者数]
2013度、2,519件、2万3,533人がTOGAに参加

ローバルに社員で共有させるという取組みとなっております。実は先週2年目のプログラムの表彰が終わりまして、本社に世界のゴールド賞13チームが来てくれました。

　昨年（2013年）度は、テーマ数の応募が2,519件、それからエントリー人数は約3万6,000名のうち、工場の現場の社員も入れて何と2万3,533名がTOGAに参加しました。2012年度と比べてエントリー人数が13％増えています。

第 4 節　企業理念実践の過去から現在

　それでは、企業理念実践の過去から現在ということです。先ほど申し上げましました企業理念の3つの話を順番に歴史から解きほぐしていきたいと思います。チャレンジ精神とソーシャルニーズと人間性の話ですね。
　まずはチャレンジ精神の発揮です。いうまでもないですけれども創業ですね、チャレンジをしての創業でございました。
　次が、先ほど申しましたJEMA主催の米国視察に行った時です。私どもは1955年をオートメーション元年といっておりまして、制御事業を日本で初めてスタートしております。現在、国内での日本制御機器工業会の私どものシェアは四十数％でトップでございます。
　次が研究開発への積極投資ということで、1960年に資本金の7倍の資金を

図表2－10　チャレンジ精神の発揮

研究開発への積極投資
資本金の7倍の資金を投入して中央研究所の建設を決心

▼当時の中央研究所は「大部屋方式」セクショナリズムが排除され、他の技術との融合が促進された

▲巨費を投資して中央研究所を建設（1960年）

〈目指したもの〉
エレクトロニクスへの挑戦を可能にし、他に先駆ける商品を開発！

出しまして、いまでいう京都の長岡京市に中央研究所を建設しました。当時では相当大きかったようで、外部では技術屋さんの道楽ではないかと揶揄されていたようでございます。でもこれを建てて研究開発のテーマ数が相当増えたということで、ここから事業が軌道に乗り出したということでございます。

　研究所というとそれまでは個室のように細切れの部屋だったのですけれども、日本では多分初めてこういうレベルで大部屋方式を実現しました。これによって縦横斜めの技術者が自由に議論しながら開発をできるようになりました。これはドラッカー教授も非常にほめていらっしゃいました。米国のテレビ局も取材に来られました。

　いまでは京阪奈イノベーションセンターというかたちで研究開発をすべて統合して京阪奈に集めております。いまでも大部屋方式のオープンコンセプトでやっております。

　次に、先ほど申し上げました自動改札の話をさせていただきますと、1967年に、阪急の北千里駅で世界で初めて、自動券売機、自動改札装置の無人駅システムを開発しました。これが米国の電気電子学会、有名なIEEEから2007年にマイルストーン賞を受賞しました。

　また、ニューヨークのキャンティーン社へ、1965年当時にクレジットカード用の自動販売機システムを初めて開発し、導入しております。1969年に、これも世界初のオムロンの現金自動預金支払機を開発しました。

　それから、これは皆様意外だと思われるかもしれませんが、交通管制システムも世界で初めて、実は京都の河原町三条の交差点に1964年に開発して設営をしております。1971年に交通事故の死亡者数が1万7,000名とピークになっていたのですけれども、それからいまは、まだまだ多いですが4,000名台にまで減少してきており、若干でも私どもがお役に立ててきたのではないかなとも思っております。

　次がヘルスケア事業ですね。実は、創業者は申し上げたとおり健康に強い思いをもっておりました。1960年頃に当時悲しい出来事がありまして、妊婦

図表2-11　ソーシャルニーズの創造
自動改札装置・現金自動預金支払機の開発

▲自動券売機、自動改札装置による世界で初めての無人駅システムを実現（1967年3月）

1969年

米国のオートマチック・キャンティーン社の▲要請に応えて、「クレジットカード用自動販売機システム」の開発に成功（1965年）

OMRON現金自動預金支払機

さんがサリドマイド剤という胃薬を服用されて、手足に障がいをもたれたお子さんが生まれていらっしゃった時代がございました。1967年に創業者は徳島大学医学部と一緒になって、要請を受けて電動義手を確か当時100台製作したと聞いております。これも当時NHKの特集番組で、「こずえちゃんに手ができた」ということで反響を呼びました。

　自動電子血圧計も実は1970年に発売をしてからもうすでに44年間続いてます。十数年前にやっと医師会も家庭での測定を了解なされました。それから体温計「けんおんくん」を使っていただいている方も多いと思うのですけれども、これも1982年に発売をしました。

　そのほかにも、現在はいろいろな健康機器、医療装置をつくらせていただいております。

　ファクトリーオートメーションの制御のところでは、いままでは生産現場

における生産性とか効率性の向上だけがフォーカスされておりました。しかしながら21世紀になり、20世紀での"工業社会の忘れもの"として、安心とか安全とか環境がおざなりになったという反省があります。現在はものづくりでも作業者の安心とか安全とか環境が重視されております。わが社のファクトリーオートメーションのビジネスはそちらのほうにも力が入っているということでございます。

　次に、わが社の綾部工場で実際に私どもが実験をしながら進めたのですけれども、これは悲しい出来事の原発の件もありますが、電力のエネルギーの不足に対して今後いかに省エネを加速していくかという課題がございます。その面で、私どもはいろいろな制御機器、センサーからコントローラーまでを使って省エネ環境モデルラインをつくって皆様にご覧いただいています。綾部工場では、実際にたとえば今日はクリーンルームでの話ですけれども、電力消費の４割カットを実現しました。実は、これについて一昨年度（2012年度）の経産省の経産大臣賞をおかげさまで受賞しております。

　次が太陽光の発電のところですけれども、電源を直流から交流、交流から直流に変えるものをパワーコンディショナーというのですが、そこを私どもがやっております。これがおかげさまでいま、家庭用のパワーコンディショナーのところではシェアが約40％でトップになっております。この技術は非常にむずかしい技術でございまして、マンションの各部屋のなかにあるノイズを拾って電源が落ちたりするのを防ぐためにAICOTという技術、これは特許になっていますけれども、こういうものを開発して、お使いいただき、皆様に喜ばれているということで、このパワーコンディショナーも実は一昨年に経産大臣賞を受賞しております。ダブル受賞をさせていただきました。

　次からは人間性の尊重。先ほどの経営理念の３つ目の「人間性の尊重」のところを少しお話をさせていただきたいと思います。

　私どものバックボーンとして、３つの経営理念がございます。チャレンジ精神の発揮、ソーシャルニーズの創造、人間性の尊重でございます。このチャレンジ精神とソーシャルニーズのベースを人間性の尊重に置いていま

す。これの最たるものとして「オムロン太陽」のお話をこれからさせていただきたいと思います。

実は、1972年に私どもは日本初の重度障がい者雇用を目的とした会社を設立いたしました。名前がオムロン太陽株式会社というのですけれども、大分県の別府市にございます。そこの別府市にいらっしゃいました整形外科医の中村裕先生が、肉体的な障がいをもった方が治っても働くところがないということで、それをずっと切々と訴えていらっしゃいました。300社近くの大手企業を訪問されたのですけれどもどこにも受け入れられなくて、最後に創業者立石一真を訪問されました。中村裕先生としては、"障がいはあっても仕事に障害はない"という哲学をおもちで、それを創業者に話しかけられたところ、創業者もオムロンの社憲がある限りはお受けしましょう、ということでスタートしました。

いまは2つの工場がございます。京都にオムロン京都太陽という会社も1985年につくっております。

図表2-12　人間性の尊重

1977年に「特例子会社」に認定される

[「特例子会社」の施行]
1977年に日本で初めて法令が誕生。「オムロン太陽」がシャープ子会社様とともに、日本で最初の認定を受けた。この施行を促した背景には、「オムロン太陽」の存在が大きかった。

オムロン太陽（別府）

・いまでは日本全国に「特例子会社」が391社まで増加。
・一般のオフィスや生産現場でも障がい者の皆様が活躍。

オムロン京都太陽（京都）

1972年のオムロン太陽の設立から5年後、1977年に国として障がい者雇用の促進をするために「特例子会社」という制度が施行されました。施行されたその背景にはオムロン太陽の存在が非常に大きかったということをいっていただいております。いまや特例子会社は全国で391社ございます。これが多いか少ないかはちょっとわからないのですけれども、一般のオフィスとか生産現場でも、今日、障がい者の皆様が生き生きと働いていらっしゃる姿のあるのを私としても非常にうれしく思っております。オムロンが設立した後、ソニー様、ホンダ様、デンソー様、三菱商事様など、いろいろな会社が設立されておられます。

第5節 経営哲学としての「SINIC理論」と長期ビジョンへの活用

　実は創業者は1970年、「国際未来学会」が京都であった時、未来予測の理論として「SINIC理論」を発表しております。創業者は戦後ずっとオムロンを発展させていくなかで、「もう欧米の企業の後追いではなくて、自らどう未来を切り開いていくかということを考えていく時代になった。だから今後は世界で勝負をしていくんだ」ということを決意しました。

　そこから、やはり未来をいかに考えるかというのが今後大切になるということで、1968年から研究をスタートしました。いまでいうビッグデータではないですけれども、ITを駆使して、コンピュータをどんどんいろいろ回してつくりこんだようでございます。

　創業者は60年代初めからドラッカー教授と非常に懇意であり、日本にいらっしゃったときには必ず創業者にお会いになられていました。またSINIC理論にも相当興味を示しておられました。ソニーの盛田様ともドラッカー教授は非常に懇意になされたと聞いております。私も実は自宅で一緒にお話しさせてもらったり、嵐山で船に一緒に家族同士で乗ったり楽しくさせていただいた記憶があります。

　SINIC理論については、今日は詳細をお話しできませんけれども、ご興味のある方は私どものホームページでいろいろと書いてございますので、また読んでいただければと思います。要するに、科学と技術と社会、これが円循環して、科学が技術に対して刺激を与え、技術は市場に対して刺激を与え、また市場からのいろいろな新しいことがまた技術に刺激を与えて、その技術はまたそれを受けて科学に刺激を与える、というように回っているのですね。産業革命からずっと工業社会のところまで、こういう円循環で説明しております。

図表２－13 『社会の変化』をどうとらえるか——SINIC理論

科学の発展を予測したのがSINIC DIAGRAM

2005年には効率や生産性を追い求める工業社会的な価値観から、次第に人間としての生きていく喜びを追求するといった精神的な豊かさを求める価値観が高まる「最適化社会」そして「自律社会」に移行するとしています。

オムロン創業者・立石一真が1970年4月、第1回京都「国際未来学会」で発表した未来予測理論。これを経営の「羅針盤」としている。

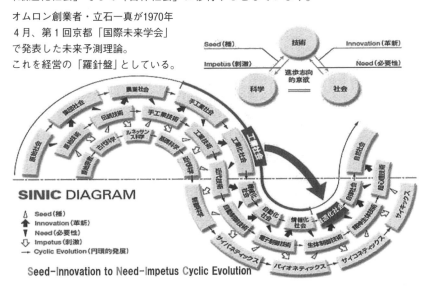

これを1970年に発表させていただいた時に、米国の著名な未来予測学者、ポール・サフォー教授がいらっしゃいました。1954年生まれですから、その当時は16歳というお若い時にSINIC理論を聞いていらっしゃったようで、SINIC理論に非常に興味をおもちで、その後、スタンフォードで未来研究所をつくられたのですけれども、その時に大変参考になったというお話を聞いております。

工業社会の後、私どものSINIC理論では2005年からいま、最適化社会に入っております。要するに、「個にあわせた情報と機能の選択」です。たとえばスマートフォンは個に対して情報と機能をいろいろ駆使して、より幸せな生活を求めていくということになろうかと思っております。ですので、やはり最適化社会のような時代になっているということですね。その後、2025

図表2-14　工業社会から最適化社会、そして自立社会へ

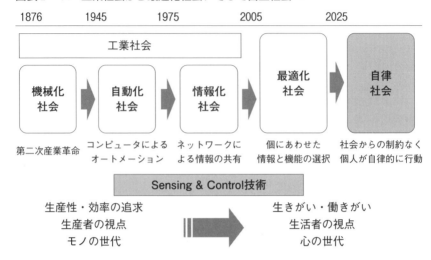

年からはさらにそれが進んで、個人個人がいろいろな情報を集めていろいろな活動をし、それがばらばらのように感じますけれども、全体的には同じ方向で世界が進んでいくという時代になるというのが自律社会の時代でございます。

　私どもの経営の仕方は、このSINIC理論を経営の羅針盤に置いております。オムロンには社憲と企業理念があります。それを実践するための羅針盤としてのSINIC理論があります。それをもとに、長期ビジョンを10年ごとに走らせています。そして中期計画、短期計画というようにずっとつなげております。ということで、現状は、2011年度から2020年に向かってVG2020という長期ビジョンをスタートしておりまして、これをつくる時にもこのSINIC理論のなかでの未来予測を入れ込んでおります。

第6節 コーポレート・ガバナンスの進化

　ちょっとこれは堅苦しくなりますが、企業統治について一般的な話を述べさせていただきます。企業統治、つまりコーポレート・ガバナンスとは、企業の最高意思決定機関の枠組みをいかに構築していくかを論じるということです。1990年代に世界的にコーポレート・ガバナンスに関する議論が深まってまいりました。それ以前の冷戦構造の崩壊や、東西ドイツの統合とか、その後、資本主義間でのいろいろなガバナンス体制のあり方も変わってきております。ですので、このあたりでどのようにして世界的にコーポレート・ガバナンスを統一するかという議論はあったのですが、なかなか結論は出ておりません。いろいろな議論が1990年代からずっと続いているというのが現状です。

　日本におけるガバナンス議論ですけれども、バブル崩壊の後、大手企業にも不祥事がありました。1990年代初頭ぐらいからですね。この反省として、いかにコーポレート・ガバナンス体制を日本の企業のなかに入れ込んでいくかというので、実は米国のガバナンス体制を学ぼうとしておりました。その矢先に、今度は2001年に米国で、エンロンとかワールドコムの事件とかが発生してしまいました。ですので、米国流だけではだめだなというのがまたございまして、いまだにいろいろ議論が分かれております。

　それに対してわが社のコーポレート・ガバナンスの推移についてですが、私どももご多分に漏れず、バブル崩壊を受けて、社会的な要請としてやはりもっと透明性を高めるとか、それから構造改革を阻害するキーとして、もたれあい構造を解消するとかいろいろございました。こうした反省をふまえ、いかにしてよりよいコーポレート・ガバナンス体制にするかということで、1996年ぐらいからわが社は議論をスタートしました。

その1つの活動として、1996年にOECDが日本でのコーポレート・ガバナンスに関する基準を作成する諮問委員会を設立されまして、そこに私どもの元会長の立石信雄が日本代表の委員の1人に入りました。そこでガバナンスの議論が日本でもスタートしました。

　次にわが社のコーポレート・ガバナンスの系譜を、時代を追ってご説明します。取締役会議長と社長を分離したのが2003年度、作田社長が就任した後、会長が取締役会議長、執行のトップが社長ということでやっております。現在、3つの諮問委員会と1つの委員会をもっております。人事諮問委員会、報酬諮問委員会、社長指名諮問委員会、そしてコーポレート・ガバナンス委員会でございます。それらをご説明します。

　わが社のコーポレート・ガバナンスの考え方がございます。ここでポイントを2つだけ申し上げますと、先ほどの諮問委員会がございます。このなかで、2006年に社外取締役を委員長としまして社長指名諮問委員会というのをつくり込みました。これは客観性をもたせて新社長を選ぶということでございます。後ほどご説明申し上げます。

　それから、2008年度に社外取締役を委員長とするコーポレート・ガバナンス委員会をつくりました。取締役会議長に諮問するのではなくて、ここが主体的に委員会としてマネージするということで、委員4名全員とも社外の取締役と社外の監査役で構成されています。

　私どもは非常にユニークなガバナンス体制をもっておりまして、監査役会設置会社でありながら委員会設置会社のよさを取り入れております。一般的には圧倒的にまだまだ監査役会設置会社が多いのですけれども、わが社の場合は、横に諮問委員会として、いま申し上げました人事諮問、報酬諮問、社長指名諮問、それから委員会としてコーポレート・ガバナンスがあるということです。その下に執行側があるということで、わが社は経営と執行の分離を社内的に結構強めて経営をしております。

　社長指名諮問委員会をご説明しますと、今回、2011年6月に就任した山田社長もここから誕生してきております。諮問委員会で議論をずっと繰り返し

図表2-15 コーポレート・ガバナンスを強化

「監査役設置会社」のもと、
「委員会設置会社」のよさも取り入れた
オムロン独自の"ハイブリッド型"を追求

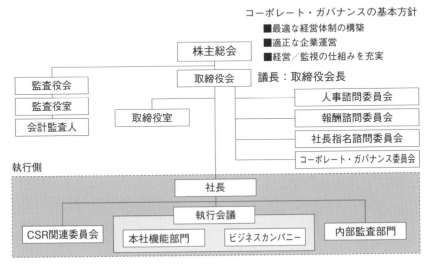

て候補を数名まで絞って、さらに議論をして、最終的に山田になったということです。

それから、いかによりよいコーポレート・ガバナンス体制があるかというのを、常に社外の取締役と監査役の皆様だけで議論をしていただき、その後、取締役会で議論をさせていただくという体制にしております。ということで、私どもはオムロン独自のハイブリッド型のガバナンス体制を敷いているということです。

私どもの取締役は7名、そのうち社外取締役が2名です。1名は元産業再生機構COOで、現在、経営共創基盤CEOの冨山様です。産業再生機構時代は、カネボウ様の再生とかいろいろなされた方です。それから、もう1名は伊藤忠商事取締役会長の小林様になっていただいております。あと執行側の兼務も3名おりますけれども、7名のうちの4名は取締役の任務100%のメ

第2章 オムロン よりよい社会をつくる 63

ンバーをマジョリティーにもって運営しております。ということは、議決時には必ず公平に判断等ができる4名がいるということです。執行兼務になると執行側のビジネスに引きずられた意見になる可能性を否定できないので、そこをカバーするために、少なくとも4名は純粋に取締役の業務を担っている者があたるというアプローチをしております。

　いままでの経営としての組立て方は、社憲、企業理念、SINIC理論を羅針盤として長期ビジョンを立てるかたちでやってきております。その集大成として私として非常にうれしかったのは、2012年3月に「誠実な企業」賞の最優秀賞をいただいたことです。これはCSRとか企業理念とかコンプライアンスとか内部統制などに優れた取組みを行っている企業が選出されるものです。日本の上場企業の全3,600社が選考の対象になっておりまして、そこの頂点の1社に選ばれたということでございます。選ばれた理由は、グローバルレベルで企業理念の浸透と推進をしているということ、それからグローバルコンパクトなど、国際的なイニシアティブにも積極的に参加して、日本企業のなかでもいろいろと中心的な役割を果たしているということでございました。

第 7 節　今後の企業価値のあり方

　いままではわが社の過去から現在までの企業価値のつくりこみ方についてお話をさせていただきました。最後に、やはり将来があっての私どもですから、将来に向かってこの企業価値のつくりこみをどのようにしていくかについて、簡単に私の意見を申し上げさせていただきたいと思います。

　いままでは企業価値の決定要因というのは成長性と収益性と安定性でした。つまりは財務的価値、見える資産の経済的価値ですね。

　これからはこのなかに社会的な価値も入れて、見えない資産も大事だということになってくると思います。やはり企業の持続的な成長、持続可能性を追求するには、財務指標の見える資産だけではなくて、非財務指標である見えない資産、すなわち、規模と質と、いちばん大事なのが持続性ですね。長

図表2－16　見えない資産をベースとした企業価値も重要

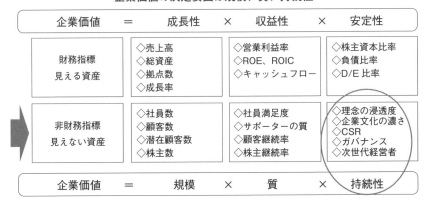

期的価値として、これが非常に大事だと思います。
　つまりは、企業理念の浸透をいかにできるか、それから企業文化の濃さですね。それからCSRの入れ込み、いまはマイケル・ポーター教授のおっしゃっているCSVに近いかもしれませんが、そのCSVの活動。それから企業それぞれにあった先進的なガバナンス体制をどのようにしていくかということ。最後に次世代の経営者をいかに客観的に、第三者としてのステークホルダーに理解を得ながら選んでいくかということが非常に大事だと思っております。
　これにて私のお話を終わらせていただきたいと思います。どうもご清聴ありがとうございました。

第8節　質疑応答

学生　貴重なお話をありがとうございました。貴社について会長は自分の会社のなかに何かまだ足りないことがあるとお考えでしょうか、そして今後どう対応していくのかについてお伺いしたいです。よろしくお願いします。

立石会長　どうもありがとうございます。

　私どもの海外事業比率が55％とか、従業員も3分の2は海外のメンバーであるという面では多様性の文化というのは結構受け入れているほうだとは思っているのですが、実は反省するところは多々ございます。海外のメンバーの執行役員は1名おりますが、まだ日本人以外の取締役はおりませんので、そうしたところはまだまだこれからだと思っております。

　それから、女性の皆様のスキルをいかに企業の事業拡大に活かすかというところもまだまだできていないと反省しております。言い訳ではないのですけれども、どうしてもものづくり企業の場合はものづくり現場ということが昔からございましたので、なかなか女性がそのなかで活躍するというのは少なかったのは事実です。そういう面ではスキルのある女性の皆様をいかにスピードを上げてそういうトップ層、執行役員、管理職になってもらい、ダイバーシティをさらに加速してより強い企業にもっていくかというのは、これからぜひとも推進していきたいと思っております。

学生　お伺いしたい点が2点あります。企業理念のなかにチャレンジ精神という言葉がありましたが、それはイノベーションにつながると思っています。グローバリゼーションが進んでいるなか、イノベーション能力の

ある人を確保し続けることがむずかしくなっていると考えていますが、いかにしてイノベーションを持続させておられるかについてお伺いしたいと思います。2点目は、京都というのは千年の都だったわけですが、イノベーションと何か関係があるのかというところをお伺いしたいと思います。

立石会長 ありがとうございます。

チャレンジ精神とおっしゃっていただきました。私どもの経営理念のなかでチャレンジ精神とソーシャルニーズと人間性についてうたっているのですが、あまり具体的な言葉をそのなかに入れていないのが1つのポイントでございます。ちょっと話は前段になりますけれども、やはりチャレンジの仕方というのは社員それぞれのアプローチの仕方がありますので、あえてあまり絞り込んだ、何とかのチャレンジをしてほしい、というのをいっていないというのが理由の1つです。

チャレンジ精神はおっしゃったようにイノベーションに結びついています。でも、イノベーションという定義は、私どもは開発だけがイノベーションとは思っておりません。たとえば私からいわせていただくと、エンジニアリングチェーンでいうと、開発から設計、生産の現場ですね。それからサプライチェーン・マネージメントでいったら、部品の供給を受けるサプライヤー様から工場、それから工場のなかで生産してそれを販売してお客様に届けるのがサプライチェーンですね。それぞれのファンクション（機能）でイノベーションはあると思っておりますので、開発者のイノベーションだけ素晴らしい、もちろん素晴らしいに越したことはないのですけれども、それだけではなくて、このエンジニアリングチェーンとサプライチェーンの各ファンクションをいかに淀みなく全体最適で、スピードを上げてお客様へ満足をお届けできるかというアプローチが大事なのではないかなと思っております。

京都とイノベーションについてですが、私は京都に高校までしかおりませんでした。また仕事で京都へ戻ってはきたのですが。海外からみて

の話からさせていただくと、海外に合計13年駐在生活を送って、京都に50歳過ぎに戻ってきましたけれども、京都は素晴らしいなと思うのですね。何が素晴らしいかというと、目とか耳とか口とか、五感をくすぐる都市だなと思っております。神社仏閣の素晴らしさ、川のせせらぎの音、美味な京料理、嵯峨野の竹やぶのなかを流れる風とか、やはり本物をつくれる都市だなと思います。要するに、京都のなかにいると本物を五感で感じられるから、それが結果的にはイノベーションに結びついて、イノベーションというのは先ほど申し上げたすべてのエンジニアリングチェーンの縦とサプライチェーンの横の全体最適のところに結びついているのではないかなと思っております。

学生 ダイバーシティに関してお話があったので、それに関してご質問させていただきたいと思います。

女性の活躍や障がい者の活躍の面で御社ではどういった人材開発や評価システムを社内でおもちになられているのでしょうか。

立石会長 ありがとうございます。

まず女性の活躍のところは、採用のところでの女性の社員比率も増やしつつございます。それから教育体系も、もちろん男性も含めての同じ教育体系もしておりますけれども、それプラス女性のスキルを活かすような教育トレーニングということも実施しております。

それから、ちょっと話はそれますが、働き方のバラエティといいますか、妊娠、出産なされて、出産後の育児休暇というのもいろいろなプログラムをもっていて、いかに家庭と両立しながら働きやすくできるかとか、そういうプログラムはかなり充実させております。引き続きいかに企業としてサポートしていくかは、もっと考えていかなくてはならないと思います。

それから、障がい者の採用の話は、皆様ご存じかもしれませんけれども、2013年から障がい者の法定雇用率が1.8%から2.0%に引き上げられました。2018年からは猶予期間付きではありますが、精神障がい者の方

の雇用を義務づけられることになっております。私どもは1972年から障がい者雇用の工場をスタートしておりますので、いろいろなノウハウをもっております。

　障がいの程度が軽度から重度の方がいらっしゃいますが、軽度の方まで同じ工場に就職していただくわけではなくて、これは日本政府の2.0％も同じように、一般のオフィスとか一般の生産現場で働くことが可能な方はそちらのほうで働いてもらうというようにしております。中度、重度の障がい者の方は、たとえば私どもの場合であれば別府市にあるオムロン太陽であったり、オムロン京都太陽のようなところで、障がい者一人ひとりにあわせた働きができるような工夫、アプローチでやっております。

　結論的には、軽度の障がい者の皆様は一般のオフィスで、それから中度、重度になると私どもの身障者工場で働いてもらう、そのようにして推進をしているということです。

学生　ドラッカー教授とお親しいということで、経営学を学ぶことと、経営の実践というのは大分乖離があるとは思うのですけれども、そのあたりの折合いについて会長はどのようにお考えでしょうか。経営学を学ぶ者としてご意見を伺いたいと思います。

立石会長　むずかしい質問をありがとうございます。

　経営学というのは、もちろん「学ぶ」ですから学問ですので、いろいろな理論をつくりこんで、それに対してどのようにしていくか、それから結果をどう学んで次にもっていくかということをやりますよね。ですけれども、それを実業に置き換えると、ほろ馬車だと思っているのです。要するに実業はレールが敷かれていないということです。電車のなかに皆様乗っているとしますと、電車であればレールがありますので、同じことを学ぶということですけれども、経営の実業というのはそういうレールもないところで、一人ひとりが障害物をいかに避けたり飛び越したりしながら目的に向かって前へ進んでいくかということなのです。

ほろ馬車は、要するに一人ひとりのコーチングですね。コーチというのは英語でいうほろ馬車の座るところですから、いろんなところにある障害を縫って飛び越したりしながら目的のところにいかにたどり着くかということだと思います。トレインというのはいま申し上げたように、レールが敷かれているからトレーニングといいます。皆様、聞いたことがあると思います。ところが、コーチャーといいますように、コーチングというのはほろ馬車の座るところで、要するに、じゃじゃ馬がとにかく道のないところをいかに走っていくかということだと思うので、実業というのはそういうことではないかなと思っております。

立石会長　どうもありがとうございました。皆様、頑張ってください。よりよい社会づくりのために、おおいに期待をしております。

第 3 章

日本電産
夢を形にする経営

日本電産株式会社 代表取締役会長兼社長　永守　重信
（講義日：2014年5月29日）

皆様、おはようございます。

いま紹介いただきました、日本電産の永守です。

1995年、私が初めて米国の投資家向け説明会に行った年を起点にして、多くの日本企業の時価総額が横ばいか下がるなか、われわれの時価総額はすでに30倍になり、3月末で1兆8,219億円になっています。これは、ものすごい勢いで会社の価値が上がってきたということを示しています。いかにしてこういう成長を実現してきたのかという話を今日はしていきたいと思います。

私は今日、「夢を形にする経営」ということで、ホラではなくて夢は必ず最後は実現するという信念のもとに、この話をしたいのです。

まず自己紹介です。小学校の理科の時間にモーターをつくる時間があって、その時にクラスでいちばんモーターがよく回ったとほめられました。そのことがきっかけとなってモーターに興味をもち、この分野に進むこととなりました。後からいいますけれども、いま、モーターの世界はとても大きくなってきています。しかし、残念ながらモーターの技術者は非常に少ない。

図表3−1　Nidec時価総額の推移

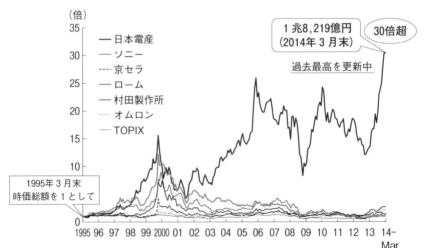

図表3-2 「回るもの、動くもの」が大好き

小学校の理科の授業で製作したモータを「いちばんよくできている」と担任にほめられたのがきっかけでモータに夢中に。

京都の小学校で毎年、この体験を元にしたモーター製作授業を開催

だから最近私は、小学校にどんどん技術者を行かせて、私がかつて体験したようなモーターの授業を提供しております。

第 1 節　創業、そして単身米国へ

　日本電産は、1973年、自宅の納屋を改造して4人で創業しました（写真は創業直後に民家の1階を借りて確保した桂工場）。そして日本の場合はいまでもそうですし、かつてはもっとひどかったのですが、われわれが日立とか東芝とかいう会社にものを売込みに行きますと、聞かれることは非常に単純、製品のことは聞かれません。まず「あなた歳はいくつや」と。「28歳です」と答えると、「若すぎるな」と。それから、「従業員何人や」「3人です」。「資本金何ぼや」「20万円です」。全部だめです。小さな企業はまったく相手にされない。だから私は米国へ行ったわけです。いちばん最初のお客様も米国のスリーエム社という会社でした。非常に巨大な会社です。そこのマネジャーに、降りたばかりのニューヨークの飛行場から「あなた会ってくれますか」

図表3－3　1973年

日本電産株式会社
西京区にて創業

桂工場全景

桂工場、ワニス含浸室前で

と突然電話しました。彼はすぐに会ってくれました。彼は、あなたの歳はいくつだとか、それから資本金はいくらだとか、従業員は何人だとか、そういう質問はまったくしませんでした。彼が聞いたことは、「あなたは私に対してどういう貢献をしてくれるんだ」ということだけでした。私は、「あなたはいまテープレコーダーをつくっておられますね」といいました。いまはもうつくっていませんけれど、当時スリーエムはテープレコーダーをつくっていたのです。「あなたがいまつくっておられるモーターは大きすぎますね」「これをわれわれのモーターに置きかえていただいたら、ものすごくコンパクトないいものができますよ」と提案いたしました。

　すると彼は、「なるほど、それならば一度サンプルを試してみましょう」ということで、そこからビジネスが始まり、大きなビジネスにつながっていきました。それから5年、10年たって、次の大きなお客様はIBMでした。IBMとのビジネスをきっかけに、コンピュータの分野にどんどん入っていきました。そのようななか、コンピュータのショーがシカゴで行われ、日立とか東芝とか、それから富士通とかのエンジニアがやってきて、自分たちの競

図表3－4　1976年

単身、米国へ

米・セントポールでの営業活動

米大手電機メーカーのスリーエム社にて

争相手のコンピュータを買っていくわけですね。買ってきてなかを分解すると、いちばんの心臓部についているそのモーターに「Nidec」というマークがついていて、「KYOTO JAPAN」となっているわけです。慌てて彼らはわれわれのところに電話をしてきました。「あなたはいまIBMにこういうモーターを売っていますね。それと同じものをお売りいただけませんか」といってくるわけです。10年前、われわれはIBMよりも先にこれらの企業に行っているわけです。その時は門前払いを食わされていたのですけれどね。だから最新鋭のものをわれわれは先にIBMという会社に供給したわけですよ。

　日本の多くの会社は、皆、同じようなことを経験しています。なぜなら日本では小さな会社は相手にされませんから。米国は規模で企業の良し悪しを判断しませんから、米国に出て行く会社が多いです。米国は、いいものを

図表3－5　2001年

ニューヨーク証券取引所へ上場

ソニー、ホンダ、トヨタ等に続き、日本企業として15社目にニューヨーク上場

NYSE上場当日、オープニングベル

バルコニーに日章旗を掲揚

もってくればちゃんと買ってあげますよというマーケットですからね。

　1988年に株式を大阪証券取引所第二部に上場いたしました。最近は株式の上場なんて簡単、売上げ10億円でも上場できますが、その当時は、だいたい上場するのに平均で30年かかりました。当時の証券取引所はいかに審査で落とすかということに全力をあげていましたからね。私たちはたった15年で上場したから、当時からしたら非常に驚異的な速さでした。その時の初値は50円株が5,150円でした。大変高く評価されて株が発行されたということです。

　2001年には、ニューヨーク証券取引所に上場しました。もちろんその前に東京証券取引所第一部に上場しています。ちょうど2001年というのは、9月11日に例のテロがあった時です。テロがあったその後最初に上場したのがわれわれの会社です。ニューヨーク証券取引所に大きな日の丸の旗を掲げて、本来は、私がそこでベルを鳴らすのですけれども、その時はテロがあって消

図表3－6　2003年

創業30周年
京都一高い新本社

新本社（京都市南区）

新社屋竣工式

1階ロビー・ショールーム

第3章　日本電産　夢を形にする経営　79

防士とか警察官の士気を上げるために彼らにボタンを押させました。それが9月27日です。ちなみに初めてニューヨーク証券取引所に上場した日本企業はソニーです。その後、ホンダ、トヨタに続いて、15社目にわれわれがニューヨークに株式を上場しました。今後、グローバルに事業展開していくために、日本のような甘い会計基準ではなく、世界に通用する会計基準で会社の経営をすることを目的としました。上場審査は大変厳しいものでしたが、15社目の日本代表としてニューヨークに上場いたしました。

2003年は創業30周年でした。新本社として京都でいちばん高いビルを建てました。高さは100.6mです。2番が京セラの95m。3番が村田製作所の85mです。最近、京都が条例をつくって高さ制限をしましたので、今後ともわれわれのビルよりも高いビルは絶対に出てこないです。ずっと1番です。

そして、現在われわれは世界33カ国に工場をもっております。世界33カ国に、230社のグループ会社があります。世界の国々の、欧州、アジア、米州に、今後もどんどん進出していきます。目標は2030年までに75カ国。75カ国といいますと、人口が1,000万人以上の国には全部工場ができるくらいです。いま、そういう展開に入っています。

第2節　企業理念

　われわれは、3つの経営基本理念をもっています。
　1つ目は、最大の社会貢献は雇用の創出であるということです。いかにたくさんの働き場所をつくるかというのが、3つの基本理念の1番にあがっています。海外進出先を決めるときには、自分たちの国には働けない若者がいっぱいいる、働く場所がほしい、だからぜひ工場をもってきてほしいという国に進出することにしています。だから、何も別にマーケットがどうとか金がどうとかは関係ありません。最大の社会貢献は雇用の創出だということです。
　2つ目は、世の中でなくてはならない製品を供給することです。どうでもいい商品はやりません。あなたのところの商品がなかったら、明日から社会が混乱するという製品をつくります。こんなことをいったら何ですが、明日トヨタの商品がなくなっても、だれか困りますか。日産もあるし、BMWもあるし、ベンツもある。はっきりいって、だれも困りませんよね。われわれは現在、月3億個のモーターを世界に供給しています。いま、日本電産に何

図表3-7　Nidec企業理念
[3つの経営基本理念]
一．最大の社会貢献は雇用の創出であること。
二．世の中でなくてはならぬ製品を供給すること。
三．1番にこだわり、何事においても世界トップを目指すこと。
[3大精神]
「情熱・熱意・執念」
「知的ハードワーキング」
「すぐやる、必ずやる、出来るまでやる」

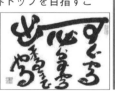

かあれば、世界の車のラインから、パソコンのラインから、医療のラインから全部止まります。われわれは生産量が月3億個の世界最大のモーターメーカーです。モーターというのはあらゆる製品の心臓部ですから、ありとあらゆるところに必要です。われわれは、世の中になくてはならない製品を供給しているということです。

そして3つ目は、1番にこだわることです。私の理念は「1番以外はビリ」です。2番は1番の次ではなく、ビリです。だから、1番にこだわって、何がなんでも世界でトップを目指します。創業以来、非常に強いこの企業理念をもっています。世界ナンバーワンは中途半端なナンバーワンではありませんよ。世界シェア75％とか、70％、60％、このように50％以上のシェアをもっているものはいっぱいあります。

その結果として、高い利益がとれるわけですね。値段を下げないと売れないという商売はやっておりません。いいものは高く買ってもらうという商売をやります。われわれは、必ず世界ナンバーワンをとるという方針でやって

図表3-8 世界シェアNo.1の製品群

圧倒的シェアを有するNidecブランド

HDD用スピンドルモータ

光ディスク装置用モータ

振動モータ
（携帯電話・スマートフォン用）

デジタルカメラ用シャッタ

カードリーダ
（銀行端末用）

液晶ガラス基板搬送用ロボット

おります。われわれのモーターは全部どれも心臓部です。皆様方は、われわれの会社を知っておられなくても、家に帰られれば、あるいはいまもっているもののなかにもわれわれのモーターはたくさん入っています。アップルのスマートフォンのモーターにおいてもわれわれは100％のシェアをもっています。ですから、「日本電産なんて名前知らんなあ」と思っていても、家庭のなかには深く入り込んでおります。いろんな製品の中身を開けてみると、モーターだらけですね。どれもこれもモーターが入っていない機械は探すのがむずかしいです。家庭でもオフィスでも、モーターが入っていない製品はないというぐらい、ものすごい勢いでモーターは増加しています。ありとあらゆるところにモーターが入っていますね。それも非常にスペックの高いといいますか、性能要求の非常に厳しいものがどんどん入っていっています。

　だから売上げは一貫してずっと伸びています。もちろん若干のアップダウンは景気の悪いときにありますけれども、ダーッと伸びていっています。いろんなことがありますけれどもそれを理由にはしません。ほかの会社は伸びなくてもわれわれは一貫して伸びていくということですね。

第 3 節　買収した名門100年企業に学ぶ

　われわれはたくさんの会社を買収しており、最近買収したなかには100年以上歴史のある会社が3社あります。会社というものが、100年以上続くというのは大変ですね。だいたい企業寿命は、いまから20年くらい前は30年といわれていました。最近は18年といわれています。18年たっても同じものをやっていたら全部なくなるということですから、どんどん新しい商品に変えていかなければいけないということになります。ですから、企業が100年を超えても永遠に成長するということは非常にむずかしいです。パソコンも

図表3-9　買収した名門100年企業に学んだこと

エマソン・エレクトリックのMotors & Controls事業
製品：家電・商業・産業用モータ
設立年：1890年
買収：2010年9月

ミンスター・マシン・カンパニー
製品：高速高剛性プレス機器
設立年：1901年
買収：2012年4月

アンサルド・システミ・インダストリアーリ
製品：大型発電機やオートメーション
設立年：1853年
買収：2012年5月

企業が100年を超えて永続、成長する秘訣

1　世界のマーケットの変化にあわせ、おそれることなく先んじて事業ポートフォリオ（収益構造）を変え続けてきた。
2　好不況にかかわらず研究開発投資を怠らなかった。
3　好不況にかかわらず頑張る人材を大切にし、育成してきた。

減ってタブレットになってきたし、カメラも携帯電話に置き換わってきました。車なんていまものすごい技術革新を起こしています。だからわれわれは、世界のマーケットの変化にあわせ、おそれることなく先んじてどんどん変えていく、その事業行動力が大切だと考えております。われわれはその考え方のもと、従来は精密小型モーターの1本柱であったものを、ご覧のとおりの4本柱にするべく、事業ポートフォリオの転換に向けて取り組んでおります。

また、100年企業は好不況にかかわらず研究開発投資を怠りませんでした。不況だから研究費を削減するとか、人の採用を減らすとか、そういう会社は全部100年はもっていません。必ずいいときも悪いときも何も変わらない経営姿勢を貫いてきたのが100年企業です。要するに、好不況にかかわらず頑張る人材を大切にして、リストラはやりません。いまの日本の会社は、皆様方が入りたいと思っている会社、すなわち人気企業ランキングなどがありますけれども、今年も人気企業ランキングの100社をみていたら、100社のうち85社がリストラをやっています。大赤字の会社が人気企業ランキングの上にあります。いかに学生諸君が会社の財務内容などを研究せず、知名度だ

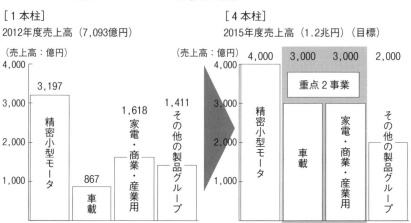

図表3－10　事業ポートフォリオの転換を実現する

けで会社を選んでいるかということがわかると思います。

　100年企業に学んだとおり、われわれは事業行動力をもって、いまどんどん新しい分野に出ていっております。収益の柱をどんどんつくっていって、売上げを伸ばしていくというステージにあります。

第 4 節　企業買収

　一昨年2012年度は6社の会社を買収しています。中国、米国、韓国、それからイタリアの会社ですね。どういう会社を買っているかというと、敵を買っているわけです。これまでに競争相手45社を買いました。企業として、競争に勝つ方法には2つあります。相手を買収するか、さもなくば相手を潰すかのどっちかです。私は毎年1月1日、現在残っているモーター会社の社長に「私にあなたの会社を売りませんか」と必ず手紙を出します。私から手紙をもらっていない会社はないはずです。よっぽど小さい会社は別ですが。ほどなく返事がやってきまして、「いまのところは売る気はありませんが、将来またありましたら連絡します」。それで5年後、6年後に相手企業はやる気をなくして、われわれがそれを買います。最近は、残念ながら独占禁止法により、少し買えなくなってきております。これは、ある一定のシェアをとったら、もうそれ以上は買えませんよというルールです。こうなっていますから、もう買えない会社は潰しにかかるしかないということですね。潰してそのシェアをとっていくということです。どのように潰すかというと、その会社よりいいものをつくって、その会社のシェアを全部とってしまうのです。このようにM&Aを次々に展開して、これまでにその国では歴史のある名門会社ばかりを統合して、さらに強い会社をつくりあげていくということをやってきました。昨日の敵は今日の友ですね。

第 5 節　新しい事業分野への進出

　皆様方、最近あまり車にお乗りにならない方が多いらしいのですけれども、車はいま、過去何十年ぶりの大変な技術革新を起こしています。まず安全・安心、前に人が来たら止まるとか、自動運転をやるとか、それから、燃費改善でリッター当りの走行距離をどんどん伸ばしていくとか、そういう技術革新が起きています。技術革新が起きる時は、われわれみたいな新規参入企業のチャンスです。ワイパーを回したり、椅子を動かしたりするいままでの技術は、だれにでもできるモーターです。そんなところに入っていったって、まったく儲かりません。われわれは、過去にはない技術を使って、まったく違うところに、たとえば人が前に来たらパーンと止まるとか、そういうところにどんどん新しいモーターを導入していき、そしてその市場シェアをぐんぐん上げていくというかたちで取り組んでおります。車載用モーターの市場規模は現在 3 兆円ですが、おそらく2025年ぐらいには10兆円ぐらいになっているといわれています。そういうところにいま入っていこうとしています。

　車のなかで、いままで使われていなかったところにモーターが使われ始めています。従来のようなどうでもいいモーターはあまり興味ありません。バックミラーを動かしたりというのはそのうちなくなりますよ。カメラをつけて、後ろの景色を全部映して、フロントガラスのところのヘッドアップディスプレイで後ろが全部みえるようになります。だから、おそらく2017年以降の新車になったらバックミラーは全部なくなりますよ。ブレーキもそうでしょう。ブレーキはいままでディスクブレーキといって、鉄と鉄とを重ね合わせて摩擦でブレーキをかけます。これでは、人が突然出てきたときに止まりません。新技術のモーターブレーキではすぐに止まります。だから、ブ

レーキも全部、モーターを使った電動ブレーキに変わっていきます。パワーステアリングは当然油圧からモーターに変わっていますしね。ゆくゆくはフロントガラスのところに、ヘッドアップディスプレイといって、行き先やスピードなどが全部表示されるようになります。だから、車の前にあるような計測器といいますかね、スピードメーターもそのうち全部なくなります。フロントガラスモニターもモーターなしにはできません。このように、いま、ものすごい勢いでモーターの需要は増えています。だからおそらく、これから出てくる新しい車のなかには、過去になかった装置とともに、モーターがどんどんついていくという時代になっていきます。

　おそらくこれからはわが社のモーターがついていない車を探すほうがむずかしいですよ。わが社のモーターがついていない車は買わないようにしてください、そうでないと危ないですよ。モーターは最新鋭のものにどんどん切り替わっております。もともと、これだけ世界に車のメーカーがたくさんあって、そこにはモーターを供給してきた会社がごまんとあるはずです。ところがそうした会社がモーターを供給できなくて、われわれのモーターがどんどん新しい車に採用されています。このことこそが、われわれのもつ技術優位性の何よりの証明です。これまでとはまったく違うレベルのものを提供

図表3－11　車載用モータはグローバルで3兆円の市場規模

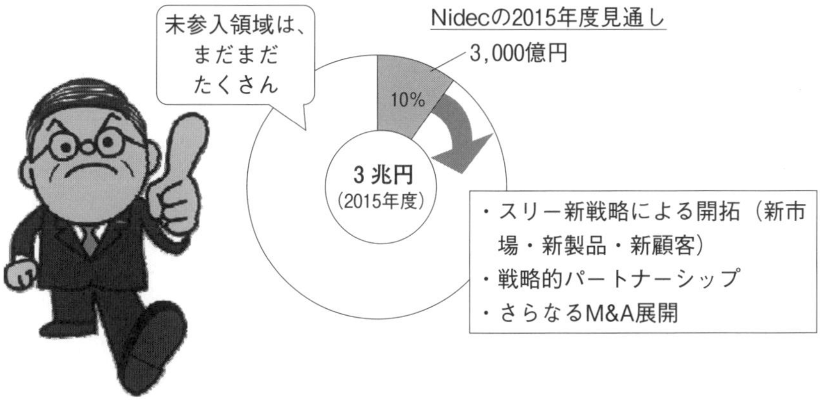

未参入領域は、まだまだたくさん

Nidecの2015年度見通し
3,000億円

10%

3兆円
（2015年度）

・スリー新戦略による開拓（新市場・新製品・新顧客）
・戦略的パートナーシップ
・さらなるM&A展開

してきているというのがはっきりしております。

　ほとんどの世界の有名ブランドの車のなかには全部、だいたいいま車1台に100個ぐらいのモーターが載っていますけれど、将来は200個ぐらい載るのだと思います。中国における自動車台数はいまはまだ年間1,500万台ですが、中国は人口が12億人いて、要するに毎年3,000万所帯が1台ずつ車を買っても年間3,000万台にまで増える。計算していくとこれだけの数の車に提供するモーターをいまからどのようにつくっていこうかという悩みが出てくるくらいのマーケットの大きさですね。さらにハイブリッドカーがどんどん出てきます。ついこの前まではリッター当り10kmとか15kmしか走らなかったのですが、いまリッター当り36km走るようになっています。2020年までにはリッター当り50km走る車が出てくるといわれています。ということは、ガソリンを20リッター入れたら1,000km走るわけですよ。将来もちろんこれらはEV（電気自動車）に変わっていきますが、EVをもっと普及させようと思ったら、充電のステーションをつくらないといけないから社会インフラの整備が要りますね。だからこれからしばらくはハイブリッドカーが急速に伸びると思ったわけですね。ハイブリッドカーにせよEVにせよ、これはすなわち、車のなかの機構が全部電動化していくということです。電動化ということは、モーターを使わないとできませんから、車のなかのより多くの部分をモーターが占めていくということになります。世界一のシェアをもっている自動車会社はどこかといったらトヨタです。トヨタは世界シェアがたかだか10％なのですよ。われわれはこのなかにおける部品の分野で60％、70％、80％のシェアをどんどんいまからとっていくということになりまして、したがってわれわれのモーターがなかったら車ができませんよという、まさに「intel inside」と一緒ですね。インテルは、パソコンの部品屋ですね。半導体をつくっている会社です。ところがパソコンの表には全部「intel inside」というシールを貼らせたわけですね。そのシールを貼らなかったらわが社の部品はおたくに売ってあげませんよと、こういっているわけですね。その部品を買わなかったらパソコンができませんから、みんな貼るわけですね。だ

から皆様のもっておられるパソコンにはみんな「intel inside」というのが貼ってあるのです。われわれも将来は車のフロントガラスのところに「Nidec inside」というのを貼っていただかないとモーターを売りませんよというようなことを、夢みております。

　昨年は三菱マテリアルシーエムアイという、オートバイ用モーターのトップメーカーを買収しました。この会社は、ホンダに対して100％のシェアをもっております。これからはこの会社のもつ技術や製品をホンダのみならず、世界中の企業に提供していきたいと考えております。

　さらにその後、2014年3月31日には、ホンダの子会社であったホンダエレシスという会社を買収いたしました。ホンダが初めて売却した会社です。いままでホンダは絶対に会社を売らなかったですからね。この会社はECUといいまして、車の電子制御ユニットにおける日本のトップメーカーですが、いままではホンダエレシスですから、ホンダとしかビジネスをしてきませんでした。すなわち、お客さんはホンダ1社のみだったのです。われわれがこれを買収したことによって、今後は世界の車メーカーとのビジネスをどんどん拡大できます。したがって、この会社はいまから急進的に成長を遂げていくと思います。ホンダエレシスの技術と日本電産の技術をあわせることにより、いまからどんどん新技術、新製品を車のなかに組み入れていくということを考えております。

第 6 節　環境規制とモーター

　世界の国々がどんどん省エネの法規制をつくっています。いま、日本も原子力問題で揺れていますが、世界的にいっても電気が足りません。電気が足りないのなら、新しい発電所をつくったらいいのではないかというのですけれども、原子力問題にぶち当たっています。実は、発電所をつくらなくても電気不足を解決できる方法があります。電気を消費しないものをつくればいいのです。世界全体の電力量の53％はモーターが消費しています。世界中のモーターの効率を１％上げただけで、日本一国の電気がまかなえるのです。原子力がどうといま騒いでいますけれど、そんなことよりもわが社のモーターに全部変えれば、もうそれで問題は解決するのです。

　ですから、われわれは、家電・商業・産業の分野において、電気を食わない、非常に小さな効率のいいモーターをこれからどんどん普及させていこうと取り組んでいます。われわれのモーターが使われているインバータエアコンという、電気を食わないタイプのエアコンの普及率は北米ではまだ18％、中国では44％、欧州では51％です。これをいまから100％にしていこうと思ったら膨大な数の効率のいいモーターが必要になります。

図表３－12　家電・商業・産業用ではモータの省エネ規制が本格化

・世界電力量の50％超をモータが消費
・世界の省エネ法規制は急拡大中
　① 米国：省エネ規制法を2010年に発効
　② 中国：エアコン用途で非効率モータの販売を禁止
　③ 日本：経産省方針、省エネ規制の導入を決定（2015年度）

ビルに入っても、エレベーターやエスカレーターなどモーターだらけですね。ゴルフ場に行ったらゴルフカート。モーターがついていないものがまったくありません。これらもいままで全部エンジンで動いていたのです。けれども環境問題といわれて、排気ガスを出すようなエンジンはだめだということになって、電動に変わってきております。いまガソリンで動いているものは全部モーターに変わっていきます。先ほどの説明のとおり、車は当然そうですね。将来的には、列車、船、飛行機も全部電動に変わりますよ。エンジンはなくなります。

　中国はPM2.5の問題で苦しんでいますが、だからいま、国が規制をしてきて、要するに電気を食わないモーターを使えとなっています。われわれはいま中国でものすごい勢いで伸びているわけですね。

　われわれは、いまから順番にそのマーケットに入っていくところです。消費電力の少ない、排ガスを出さない、高効率なモーターを提供することにより、われわれは、環境問題に非常に大きな貢献をしているのです。

第 7 節　モーターは「産業の米」

　モーターは自動車以外の分野でもどんどん広がっており、わが社では家電・商業・産業用のモーターにも力を入れております。家電では斜めドラム式洗濯機が出てきました。あれはわが社のモーターによって実現したものです。ほかにも、巨大な建設機械のなかにも非常に巨大なモーターが入っておりますし、豪華客船のなかには、さらにもっと大きな、人間が通れるくらいのモーターが入っております。発電機とモーターは原理としては表裏一体のものですから、いま急速に増えている風力発電用の発電機にももちろんモーターが使われています。

　1980年までは、産業の米といわれたものは何だったか、それは、鉄でし

図表3−13　モータは「産業の米」に

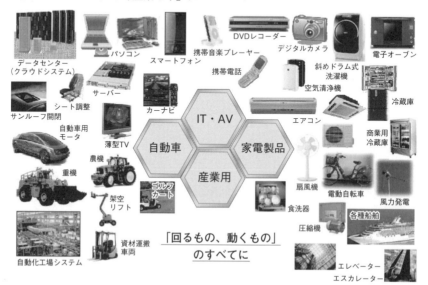

た。鉄が産業の米といわれて、ありとあらゆるところに鉄が使われて、建物をつくるのも、橋をつくるのも全部鉄でしたね。それから1980年以後、今度は半導体が産業の米にかわりました。ありとあらゆるところに半導体を使いますね。半導体がなかったら産業は成り立たないということになっておりましたが、おそらく2025年ぐらいになってきたら、モーターが産業の米にかわってくるというようにみております。ありとあらゆるところにモーターがどんどん普及していって、いままでモーターにまったく縁がなかった商品のなかにもどんどんモーターが入っていって、モーターの数がどんどん増えていくと考えております。モーターとはこういう分野になってきております。ただ、モーターというのは中身に入ってしまって表からみえないですからピンときませんけれども、きわめて重要なキーコンポーネントです。

第 8 節　絶対に負けないという気概

　これからの時代にモーターは必須であり、モーターの需要はどんどん増えていっています。しかしながら、世界的にモーターの技術者はどんどん減っております。ですから、今年創業40周年記念事業で、モーターの基礎研究所をつくりました。ホンダも40周年、日立も40周年でだいたいつくっています。不思議なものです。会社をつくって40年もたってくると規模が大きくなってくるから、やっぱり自前で基礎研究をやらなければいけないというところへきまして、だいたい創業して40年ぐらいの時に基礎研究所をつくっています。偶然にも一致しているのです。それで日本の川崎に基礎研究所をつくりました。同時に台湾とシンガポールにも基礎研究所をつくりました。何で台湾につくったかといいますと、いまや日本の大学のなかにモーター学科がみんななくなってしまったからなのです。われわれの時はありましたよ。米国もなくなってきて、欧州もなくなってきた。全部ソフトウェアとかに変

図表３－14　モータ専門の基礎技術研究所を開設

日本
2014.1 開所
グローバルに人材を集め真似のできない次世代製品を開発する

世界初のモータに特化した基礎技術研究所を世界3拠点に同時期に開設

電機、半導体など中国・韓国に逆転され続けてきたが、モータだけは負けてなるものか、という気概！

台湾工業技術大学院
Industrial Technology Research Institute

A*STAR
シンガポール科学技術研究庁
Agency for Science, Technology and Research

わって、いま残っているのは台湾とシンガポール。大学にモーター学科が残っている数少ない国ですね。したがってそこにはモーターの研究者がいっぱいおります。そういうところに基礎研究所をつくっていくということです。

　電機とか半導体とか、日本の会社は、ことごとく中国や韓国にこてんぱんにやられました。もう大リストラをやっています。そういう企業が就職先としては人気で、皆様方は行かれるのですけどね。

　しかし、モーターだけは絶対負けていません。サムスンにもLGにも中国にも絶対負けません。圧勝しています。サムスンもLGもわれわれのモーターを使って製品をつくっています。モーターだけは、絶対に中国や韓国、今後出てくる国々にも負けないぞということですね。われわれは世界最大、最強のモーター会社をつくりあげていくという方針でビジネスを行っております。

第9節 グローバル人材の育成
（100年企業への布石）

　日本の市場が縮小するなか、これからは世界に出ていかないとどの会社も成長できません。つまり世界の企業と戦って勝たなくてはならないということです。そのためには、「突破力」「雑談力」「英語力」が非常に大切で、これがなかったら、社会に出ても役に立たないということですね。

　逆にこれがあったら学校時代の成績はどうでもいいです。だから、われわれのところは学校の成績というのは気にしていません。学校の成績には何の価値もありません。というのは、いままで何千人という新入社員を採用してきて、学校時代の成績とその後の活躍や貢献をみたときに、何の関係もない。40年間、6,000人くらいのサンプルがありますかね。一流大学を出たからといっていいとも限らないし、その逆も一緒です。要するに、特に会社の

図表3－15　真のグローバル人材を育成

経営なんて頭は要らないのですよ。頭でっかちになってくると先がみえてきて、あれもだめ、これもだめ、これもリスクがある、全部そう思えてきます。経営というのは1番は志、2番は気概、3番は執念です。この3つがあればだれでも経営に成功できると思いますよ。この3つをもって「突破」することが大切ということです。

　だから、日本の代表的な会社をつくった人をみたらわかるでしょう。松下幸之助、本田宗一郎、みんな志が高かったですね。気概があった、執念があった。そして必ずできるまでやる。この志、気概、執念によりこうした日本企業はいまや世界を代表する会社になってきたわけですから、「突破力」というものがいかに大切かわかりますね。「突破」すること、すなわち、必ず勝ちにこだわることが大切です。負けて何とも思わなかったり、自分の開発した商品が競争相手より劣っていても何とも思わないようではだめです。「あそこには負けるよな」「あの会社はうちよりも大きな会社だしな」とか、そんなことをいって諦めている人は、絶対グローバルで通用しません。どこまでも勝ちにこだわる、絶対に勝つ、勝つまでやる、それが大切です。

　それから、私が海外に行って外国人からいわれる最大の問題は、日本人はおもしろくもおかしくもないということです。「日本人は仕事の話しかしない」「めしを食いに行ってもまだ仕事の話をしている」「めしを食いに行ったら、もっとその国の歴史の話とか、政治の話とか、あるいは自分の趣味の話とか、何でできないのか」「何でユーモアあふれたジョークの1つもいえないのか」ということをいわれます。すなわち「雑談力」が足りません。雑談ができません。「そこに立って10分くらい話してわれわれを20回笑わせてみよ」といわれたら、いえませんね。そういう人ばかりが世の中に出てきます。

　われわれは世界33カ国に進出しているわけだから、英語が通じる国ばかりではありません。ポーランドへ行けばポーランド語ですし、ハンガリーへ行けばハンガリー語です。だから当然お互いに意思の疎通をやろうと思ったら、「英語力」がないとだめです。英語は運転免許みたいなものです。し

がって、われわれは「グローバル経営大学校」というのをつくる構想をしています。世界33カ国から人材が集まってきて、マネジメント研修をやるわけです。当然英語でやっていきます。大講義場もある宿泊施設つきの研修センターに泊まり込んで、ここで国籍に関係なく同じレベルのマネジメント教育をして、世界にわたる人事異動をやっていく、という構想ですね。これからは、日本のマーケットはそんなに大きくありませんから、世界にどんどん出ていかなければいけないということになります。ありとあらゆる国の人たちを集めて同じ教育をして、同じ力であれば同じペイを払ってちゃんと処遇をしていくということをいまからやっていくということです。

第10節　私の夢のかなえかた

　最後に、これはものすごくいい話ですね。私の夢のかなえかた。経営者はまずホラをふけということです。最近、私がホラで負ける人がいますけどね。ソフトバンクの孫さんのホラは巨大すぎて私は負けます。
　だいたい、大ボラ、中ボラ、小ボラとあって夢があるのですよ。私がいま、大ボラを吹いているのは、2030年に売上高10兆円ということです。10兆円というと、世界ランキングでいってもメーカーとしてトップ50までに入ります。
　中ボラはB to Cへの進出です。もちろん部品メーカーなのでB to Bから始まっているのですけれど、部品だけでは３兆円ぐらいのところが限界ですから、完成品に出ていかなければいけません。当然B to Cに出ていくということになりますね。
　2020年にはB to Bで売上高３兆円でしょう。夢は2015年売上高1.2兆円、これはもう視野に入っています。これは夢だから実現するものです。これが

図表３－16　私の夢のかなえかた

> 経営者はまず、ホラをふくことから始める。
> 最初は根拠の少ない大ボラだが、次第に中ボラ、小ボラとし、いつしか夢に変え、現実化していく。

　　　　　　　　大ボラ　　2030年　　売上高10兆円
　　　　　　　　中ボラ　　B to Cに進出
　　　　　　　　小ボラ　　2020年　　B to Bで売上高３兆円
　　　　　　　　　夢　　　2015年　　売上高1.2兆円

> 京都から売上高10兆円の世界的大企業を出すことが、愛する京都への最大の恩返しと思っています。

第３章　日本電産　夢を形にする経営　101

実現できると小ボラが夢に落ちてきて、中ボラが小ボラになって、大ボラが中ボラになる、という人生です。

　皆様方は、何かしら一生懸命勉強して、大きな会社に入ってそこで終わろうという方が多いのですけれども、それほどつまらないものはないですね。もっともっと活躍する場がありますよ。私は京都から売上高10兆円企業をつくりたい。いまはありません。私は京都生まれの京都育ち、生粋の京都人ですから、10兆円なら世界的な大企業になるわけでして、そういった企業を京都からつくるということ、それをちゃんと自分でやりたいということです。

　以上、むしろいまからの質疑応答のほうが大事ですね。こんな話、一方的に聞くのは何もおもしろくありません。質疑応答に最も多くの時間配分をしております。質問は何でもいいです。いまの話でなくてもいいし、プライベートの話でも何でもオーケーです。答えられないという話は1つもありませんから。

第11節　質疑応答

学生　貴重なご説明どうもありがとうございました。お伺いしたい点が2点ございまして、1点目が、先日の報道であったのですけれども、今度ソフトバンクの社外取締役になられるということで、M&Aの能力とか経営戦略というところを評価されてということだったのですが、M&Aの意義というのを永守社長はどう考えていらっしゃいますか。

永守会長兼社長　まず、日本電産のM&Aは「イチロー式M&A」といわれています。ソフトバンクのM&Aはホームラン方式です。バーンと打つか大三振かどっちかです。わが社はイチロー式ですから、必ずヒット、ヒットで確実に点数を稼ぎます。あるいはフォアボールでもいい、着実に点数を稼ぐ、全部成功させるというやり方です。もちろんいつまでもその方式ではありませんよ。ある一定の規模になって、リスクをちゃんとカバーできる段階にきたらもっと大きいのをやりますけどね。いままでだったらだいたい買収金額が500億〜1,000億ぐらいのところを買っていったのですね。最近は今回のホンダのケースのように、少し利益のあがっている会社を売ってくれますけれども、特に日本の場合はいままでは赤字会社しか売られなかったのですよ。だいたい潰れかかって、銀行がギブアップしてお願いしますといってもってくるのが多いのです。だから、買収したらまず再建しないといけません。再建をして収益を高めていって、それからその会社を活かしていくということになります。普通は業績が悪いから、そこの従業員をまずリストラして、絞って利益を出すでしょう。わが社の場合はいっさいリストラなしです。借金の棒引きもありません。それで再建しています。再建の1つとして、M&Aにおけるシナジーがあります。違う技術をもっているとか、違うマーケッ

トをもっているとか。先ほど、たとえば三菱マテリアルシーエムアイという会社を買ったといいましたね。この会社はオートバイ向けでものすごく強いのです。一方でステッピングモーターはわれわれが世界シェアの6割をもっています。ところがわれわれはオートバイ関係が弱かったのです。技術はあるのだけれどもマーケティングが弱かったのですね。だから、あの会社を買ったわけです。そうすると、われわれは製品をもっていますからオートバイ業界へ入っていけます。こういうふうにしてオーガニックな成長を達成することが再建の1つの方法です。われわれの成長をみると、オーガニックとM&Aでだいたいいままで50％：50％です。これがまさに両輪ですね。片方がオーガニックの成長、片方がM&Aです。

　M&Aは何を買うかというのが問題になります。オーガニックの成長を買う、時間を買う、人を買う、技術を買う。なかにはたとえばマーケットを買うなんていうのもあります。いままで全然入れていない、たとえばインドに入るのだったら、そのインドの会社を買って入っていきます。問題は、何を買うのかで、それをねらって買いにいくわけですね。同じものを買っても仕方ないから、自分たちと違うものをもっている会社を買わないといけません。したがって、もちろん時間を買うのです。その製品をいまから開発したら5年かかりますという、その製品をもっている会社を買います。そうすると明日からその製品はわが社のものですね。だから、M&Aというのは何を買うかということを明快にして買いにいかないと、ただ会社を大きくしたいからとか、そんなことで買いにいくとみんな失敗しますね。日本の企業がM&Aで失敗するのは全部それですね。競争相手がやっているからわが社もやらないといけないとか、そういう判断ではないのです。

学生　いまのお話と関連して、M&Aをした後、M&Aをした会社に「3Q6S」というのをお願いしているということを、御社のホームページで拝見させていただきました。そのなかできれいとか清潔とか、当たり前

の話なのですけれども、そういうところを買収先の方たちに求めるというのが特に印象に残りました。振り返って自分の研究室とかスタディルームをみたら、まわりが結構汚かったりしまして……。

永守会長兼社長 これはなかなかいい質問だと思いますよ。私は会社を買うときに、相手の会社をみにいきます。決算書をみてもだいたい粉飾が多い。どうなっているかわからない。だから何をみるかというと、いまの工場とか事務所の整理整頓、清潔清掃、しつけをみるのです。われわれはいま230社あります。230社の３Ｑ６Ｓを100点満点で、だいたい３カ月に一度、全部専門家が回って点数をつけます。その点数と業績とが完全に連動しているのです。不思議なものでしょう。だから、いっておきますが、整理整頓、清潔清掃ができていないけれども、ものすごく儲けている会社があるというところを今日紹介していただいたら、私が１億円差し上げます。１億円ですよ。昔は１万円とか10万円とかいっていたのが、だんだん上がってきた。１億円でなく、10億円でも、100億円でもいいのです。そんな会社は１社もありません。いい会社に行くと、ぴしっとしています。要するにどのような業種かにかかわらず、その３Ｑ６Ｓができている会社がやっぱり業績がいいのです。逆にいうと、悪い会社になってくると、それがいちばん乱れるのです。だから、私は会社をみにいって何もみなくて、「ああ、この会社を買おう」と決めるわけです。なぜかというと、汚い、社員のしつけはぐちゃぐちゃ、もうどうしようもない、ということは、いまからよくなるのです。ところが、みにいって、社員のしつけはばっちり、もう工場はきれい、事務所もきれい、そんな会社のどこを改善するのか、何もありません。そんな会社はいっさい買いません。その会社は本当に悪いのです。

　40年間のデータが残っていますから、私は自信をもっています。「いやあそんなことありませんよ。私が知っている会社でものすごく社員は横柄やし、工場は汚いし、事務所もむちゃくちゃだけど、利益をあげているのです」という会社を今日教えてもらったら、直ちに１億円を振り

込みますよ。自信をもって申し上げるのは、そんな会社はないということです。わが社の研究所にも来てもらったら、どんなきれいか。だから、ぽんぽん新製品が出てきます。汚い研究室からいいものは出ませんよ。研究も営業も何も変わりません、一緒です。

　それから、営業は完全に訪問件数です。わが社は1カ月に100件回っているのです。買収した会社へ行くと平均20件です。20日稼働だから1日1件です。1日1件しか回っていない会社と5件回っている会社が戦ったら5件が勝つに決まっています。しかし、1件しか回っていない会社に皆様方が就職で入っていくから大リストラを起こすわけです。きわめてシンプルな話ですね。

学生　今日から整理整頓をするようにします。

永守会長兼社長　まあ、続かないと思います。継続するのがむずかしいですけどね。

学生　お話ありがとうございました。
　M&Aについてもう1つ伺いたいのですけれども、創業100年以上の海外の名門企業を買われているということで、日本企業であれば社長が再建に行って「3Q6S」ができると思うのですが、海外の企業は語学の壁であったり、プライドであったり、なかなかむずかしい点があると思うのですけれども、どのように改善をしているのでしょうか。

永守会長兼社長　これはもうはっきりしているのです。どれぐらいの時間で再建できるかという時間軸があるのです。日本の企業は1年です。1年あったら十分再建できます。まったく同じことをやっても、アジアの企業は2年、欧州の企業は3年、米国の企業は5年かかります。だから、米国の企業のほうが再建に時間がかかるのです。

学生　それはどうしてですか。

永守会長兼社長　米国人というのは、すぐに辞めるからです。何かいうと、マネー。マネー社会ですね。だから、どんなに仕事に不満がなくてもペイの高いところに行きます。そういう考えの人たちにこちらの考え方を

理解してもらうには少し時間が必要なのです。それにはやっぱり２、３年はかかります。日本の場合は言葉の壁もないし、生活様式も一緒ですから、説明したらすぐわかります。「あなたの会社とまったく同じものをつくっている会社がここにあるでしょう」「いままで競争相手でしたね」「この会社をみてみなさい」「これだけきれいにするとこんなに利益があがっていますよ」「しかし、もともとはあなたの会社と同じ赤字でしたよ」、というのをみせるとすぐにやりますね。アジア人もやります。これは結構速いです。欧州は３年だからまあまあ速いですね。米国は５年。米国の会社が買収するときいちばんむずかしいです。だから、米国の赤字会社はあまり買わないようにしています。最低でも少し利益が出ている会社を買うほうが無難です。日本はできる限り赤字の多い会社を買います。赤字が多いということは、会社の価値が安いわけですね。会社を安く買って再建すればものすごく価値が上がることになるでしょう。だから、いま申し上げたように条件がそろっていたらすぐ買います。デューデリとか何もしなくても、必ず再建できます。

学生 海外の企業も実際にほとんど回られるのですか。

永守会長兼社長 回りますよ。必ずといっていいほど回っています。いいところは行きませんよ。問題のあるところに行きますからね。だから、最近あちこちから来てくれ来てくれといわれるから、「そんなに来てほしかったら赤字にしろ。赤字にしたら明日から行くよ」といっているわけです。いいところに行く必要はありません。そんな時間はありませんからね。任せて終わりです。

学生 組織や従業員に関する質問として、従業員の採用や教育に関する考え方をお教えいただければと思います。

永守会長兼社長 まず大事なことは、先ほどのM&Aの話も一緒ですが、買収するのはお金さえあったらできるわけです。ところが、後の経営にエネルギーが必要なわけで、買収が20％としたら、残りの80％はPMIといってその会社の経営をやることに重点を置かないといけません。日本

の企業が失敗するのは、買ったら終わりという考えで、買った後のことは考えていないからですよ。われわれの場合は買うというのは全体の2割、残りの8割にエネルギーがいるのだという考えをもってやっています。従業員の場合も同じです。最初1973年に会社をつくったときは、それは募集してもろくな人間は来ませんよ。昔も学生を集めて一応説明会をやりました。今日は20人くらい来てくれるかなと思ったら、1人だけ来ました。それを捕まえてがんじがらめにして、ほかに就職が決まっているといっていたけれども、「そんな企業には行くな、わが社へ来い」、といって入れました。その人間がいま、役員になっているなかの1人です。まあいったら悪いけど、零細企業にもともといい人材が来ると思っているほうが間違っています。だから入ってきた人たちをどうするべきかが大切です。能力は低いけれども、彼らにほかの会社ができないような社員教育をしていくのです。たとえば、零細企業だからこそ社長が毎日毎日面談をして教えるというチャンスがあるわけですから。そしてその人間を育成していってどんどん人材を増やしていったわけです。もともとわが社は、同族経営を否定しています。3大方針というのがあって、その1つは非同族です。私には息子がいますけれどもまったく関係ない仕事をしています。同族者はいっさい入れません。それから、もともとグローバルを目指しています。下請けはいっさいやりません。この3つの方針を堅持しているわけですね。苦しい時に、「どうや、うちの下請けになったら楽になるぞ」といわれましたが、それは昔からいっさい拒否しました。わが社のブランドのついたものしか売りません、自分のところの技術で開発するんだ、というものにずっとこだわってきました。

　したがって、話をもとに戻しますけれども、入るときに、たとえば一流大学を出ているから頭がいいとか、そういう基準ではとらないのです。今日お話ししたようなわれわれの考え方をきちっと説明して、それに賛同できる方に集まっていただくというのが主眼です。だから、頭が

いい、成績がいい、ということなんか全然みません。ここは京都大学ですから、何年か前にあった話を例にして話します。2人の学生が面接に来ました。1人は京都大学です。もう1人はあまり名前をいったらいけませんから天橋立大学としておきましょう。天橋立大学の学生は日本電産に入りたくて入りたくてしようがないわけですよ。片方の京都大学の学生は、「まあ別にどこでもええ、ほかにも行けるしな」という感じで来たけれども、両方とも採用したのです。「採用です」といったとき、天橋立大学の学生はもう飛び上がって喜んで、お母さんに電話したら、お母さんが、「念願のところに入れてよかったね。今晩は鯛と赤飯を用意して待っているから」と。両方とも会社に入ったらどっちが働くと思いますか。それはもう天橋立大学の学生に決まっています。そういう人たちを集めてきて、世界的な特許をとって世界ナンバーワンになっているわけです。その会社を愛し、自分の仕事を愛する人が集まってくる会社にしないといけませんよ。そうすると定着率も高くなります。最初から一流ブランドを集めて、それで10月1日の内定式にはホテルでご飯を食べさせて囲い込んだり、そんなことをしているからだめなのです。逃げる人間は逃がしたらいいではないですか。それでもわれわれはそういう自信のもとにちゃんとやってきました。だからいまはどんどん人が来ます。最近は、昔の天橋立大学みたいな懐かしいのが全然来ません。困ったことです。

　世の中にないものを開発するとか、世の中に絶対できないことをやるというクリエイティブな能力は、時間の関数なのです。できるまでやったらそうなるのですよ。最近頭のいい人がたくさん入ってきますが、「こういう製品開発しろ」というと、頭がいい人は先がみえるから、いうことは「社長、それは不可能です。なぜならば……」と、自分は頭がいいからって黒板にできない証明を書くわけです。できない証明してもらって会社に何かいいことがありますか、ありません。そこで、「いまからできると思え」とか、「いまからできるできると100回いうからおま

えも一緒にいえ」といいます。100回いって、「どうや」と聞くと、「いやあ」と。「もう500回いえ」といって、いっているうちに「できる感じになってきました」と。そうやって世界の製品を開発してきました。これは昔の話でいまはそんなことはありませんけれども、そんなものですよ。こういうふうにしてわれわれは日本を含む世界の名だたるモーターメーカーを全部やっつけたわけです。最近、決算説明会があって、そこにアナリストがいっぱい出てきて、「次は車の業界でも世界で1番になる」といったわけです。そうしたら、「永守さん、デンソーとかそれからBOSCHとかいう会社に勝つというのですか」と。「そうです」と。「そんなこと不可能でしょう」といいます。「へえ、1973年に自宅の納屋を改造して4人で出発した会社がいま世界一のモーター会社になっているじゃないか。何でいまからじゃあデンソーに勝てないんだ。何でBOSCHに勝てないんだ。何でそれが言い切れるんだ」といったら、「まあ、そうかもしれませんね」と話は終わったけれども、そのようなものです。だから優秀な頭のいい、地頭があって、気概とか執念のない人が大企業に行ってくれるから、われわれが勝つわけです。

　人材というのは、頭ではありませんよ。なかには基礎研究のように、どうしても頭の必要な分野がありますよ。それは必要なものの、多くの仕事は、志と気概と執念です。現にホンダだって昔、本田宗一郎がバーンと殴って人を育てたわけでしょう。それがいまのホンダになっています。

　われわれはいまからどのような会社と戦っても勝てるという自信があります。なぜかというと、ベクトルのあった人が集まっているからです。わかりますか。日本電産の理念というものに共鳴した者が集まっているから勝つのです。桶狭間の戦いと一緒です。織田信長は2,000の軍勢で5万の軍勢を倒したでしょう。何で2,000だったら5万に勝てないのか。われわれは勝ってきました。これからも勝ちます。そのうち、あっという間にわかります。ホラではありません。現にいまどんどん成

長しているわけですから。

学生　実践していきたいなと思います。

永守会長兼社長　うそだと思ったら、インターンでわが社に来てみたらどうですか。インターンで来たら、すさまじいばかりの仕事のやり方を教えますから、こんなこといわなくてもどんなものかわかりますよ。

学生　お話ありがとうございました。すごくわくわくするようなお話が聞けて、非常にうれしくて楽しかったです。後継についてお伺いしたいのですけれども、たとえば集団指導体制に移るとか、永守社長が会長になられて院政をしかれるとか、組織体制の変更に関するお話を耳にしたことがあります。このように組織が変わると、永守社長が大きく広げていろいろな夢を語る体制とはまったく変わってしまうわけですから、何か悪影響はないのでしょうか。

永守会長兼社長　いや、ミニ永守という私の小型版がたくさん育っているので、それはありませんよ。世界33カ国、230社の経営は1人ではできません。だから今後の経営は集団指導体制にならざるをえません。いまの時代は決定がとても速いですから、海外からいちいち私に相談しているようなことではだめなのです。だからタイに行けばタイにトップがいて、欧州にもいて、それがばんばん決めているわけです。だから、今日ここにこうしてばか話をしに来る時間があるわけです。今後は昔のままのスタイルではできません。40年間一から全部やってきて、創業の頃は2階の便所の奥のほうのトイレットペーパーがなくなっているのを私が知っていました。そんな状態はいまではむずかしい。だから今度は、これまで1人でやってきたことをたとえば会長、社長、副社長4人か、5人とか6人とか複数名でやっていく必要があるということです。

　いかにこの会社を大きくできるかのキーは、そうした組織体制よりも、創業者が車椅子でもいいし、寝ていてもいいから生きていなければならないということです。生きていて時々「おーい」と呼んで、「ちょっと最近業績悪いやないか」、ということをいっておくことが大切です。

第3章　日本電産　夢を形にする経営　111

創業者がいなくなったら、もう過去のような大きな成長はできません。売上高が10兆円くらいの会社になってくると、たとえば日立とかの規模になるわけなので、もう心配いりません。それはもう本当に組織で動きますよね。いちばん中途半端なのは２、３兆円までです。だから、そこまで創業者が関与しておいたら後は勝手にいきますよ。これはどこも、ソフトバンクだってユニクロだってみんな一緒です。まあ山中先生にはiPSの研究をやってもらっているから、私は120歳まで生きられるとも思っていますけどね。けれども、いずれはちゃんとバトンを渡さないといけない時が来ますから、そのバトンを渡せるシステムをつくりあげて渡していくということですね。会社の理念が大事ですから、理念を徹底的に植えつけておかなければいけません。それが大事ですね。

学生 非常にインパクトのあるプレゼンテーションありがとうございました。モリナガ社長。

永守会長兼社長 ナガモリね。モリナガっていったらアイスクリームの会社です。

学生 失礼しました。

永守会長兼社長 森永のパリパリアイスはうまいな。100円のアイスクリームでチョコレートが入ったあれも40周年で私と一緒だから、いつもあれを食べるのですけどね。

学生 失礼しました。

永守会長兼社長 イナモリでもない、ナガモリです。

学生 永守社長はそのインパクト力を20代の時からもっていたのでしょうか。

永守会長兼社長 そんなものは小学生の時から変わりません。一緒です。何も変わりません。

学生 「出る杭は打たれる」という言葉がありますが、このバランスはどうやってとったらよいのでしょうか。

永守会長兼社長 私の１つのエピソードを話します。私の今日の服装、全部

緑でしょう。緑が大好きです。私は、小さい時から、机は必ず太陽の方向に向かって座るという主義なのです。北向きとか西向きには絶対座りません。私は大学を出てから6年間会社勤めをしていました。会社に入ったら、「おまえはこっち向きに座れ」とか、自分の席が決められます。みたら北向きだったので、「これはあかん」と机を勝手に変えました。課長が来て、「何してんねん、おまえ、どっち向いて座ってるんや」って叱りますよね。しかし、「私は南か東を向いてしか座らないんです」という意見をいいます。「ばかやろう。会社はそんなこと決まってへんぞ、おまえ」と、課長が向きを変えたら、また私が変えます。最後は社長に直訴したら、社長が「座らせたれや。こんなに座りたいいうとんねんし」といって、それからはずっと南に向いて座っていました。

大学時代もそうですよ。試験の時はいちばん前に1人で座って、うんと後ろにみんなが座っています。出ていくときは「ちぇっ、また100点か」といって出ていきます。先生がしまいに、「君、明日から出席しなくても優やるから来るな」といいます。何でかというと、先生を質問攻めにするからです。先生は私の質問に答えられません。でもこっちは質問しにいっているのだから、「わからんことを学びにいくのが学校と違うのか」といって断固として出席しましたけどね。それぐらいの意思力をもたないといけません。何でもかんでも右へならえ、みんなが日立に行くから日立に行く、三菱に行くから三菱に行く、そんなばかなことをやっているからいけません。何でゴーイングマイウェイでいかないのか。それこそ西田幾多郎先生の本にある、わが道を行くという気持ちをなぜもてないのか。自己主張をもっとしないといけません。自分はなぜこの会社に入るのか。いまなんか10社も20社も内定をもらってどこへ行くかわからない学生がいて、なかにはセブン‐イレブンとか全然違う業種の内定をもらっていたりします。いったい何がやりたいのかわからない。だから入社しても何をやっていいかわからないので、入社してから辞めるわけです。私の場合、自分はモーターの設計をやりたいと、最初

第3章　日本電産　夢を形にする経営　113

からはっきりしています。だから辞めませんね。米国人はこれに似ています。彼らは会社は変わるけど、仕事は変わりません。

学生　お話ありがとうございました。

　永守社長のお話を聞いて、ぜひお聞きしたいと思ったのは、株式会社の社員の意識のあり方です。株式会社は理論的には株主のために働くものですし、投資家もそれを要求してくると思うのですけれども、これから会社に就職する自分も含めて、やっぱり自分の夢があったり、自分のために働くということがすごく大切になると思うのですが、株主から会社を預かった経営のプロとして、そこで働く社員というのは、何を目的に働くのかということに関して、ぜひ社長としてのご意見を伺いたいです。

永守会長兼社長　それは自分のために働くのがいちばんです。会社のために働くというのはうそです。自分が幸せになったら、必ず会社も幸せになります。だからそんなうそをいったらいけません。全部自分のため、もしくは自分の家族のために働く、そのことが結果的には会社のためになるのです。そういうのがいちばん強いですね。

　もうじきまた株主総会です。何百人という株主さんがみえるのですよ。そのなかで偉そうなことをいう人がいますが、私は反撃を食らわします。「あなた何ですか、わずか100株しかもってないくせにそんなことをいうな、それぐらいのこと質問するんだったら2,000株買ってからこい」といいます。「株主だからといって何をいってもいいというのではない。いっていいことと悪いことがある」と、反撃を加えます。私は企業の経営に責任をもっているのです。社員の方々も、自分の生活を守ると同時に、やっぱり社会に貢献しているという強いものがなかったらいけません。だから私は技術者に、「自分が開発したモーターが世界で使われている。そのことが社会に貢献している。素晴らしい車ができた、素晴らしいエアコンができた、素晴らしい洗濯機ができた。そのことをもっと誇りに思え」というのです。それは言い換えれば、いいものを開

発できたら、自分の給料も上がるし、自分の地位も上がっていく、それによって会社も儲かって栄えるということです。だから会社のためなんて、うんと後でいいのです。自分のために働く、これがいちばん正しい生き方です。だからそんな、何はともあれすべてを会社に捧げ出せとか、そんな考えはもっていません。

　だから皆様、あまり虚業に行かないように。日本はものづくりで生きているのですから。いいですか。頑張ってくださいよ、皆様。

第4章

堀場製作所
おもしろおかしく

株式会社堀場製作所 代表取締役会長兼社長　堀場　厚

（講義日：2014年7月3日）

皆様、おはようございます。ぜひこの1時間半が少しでも皆様のお役に立てばと思います。

　アカデミックな授業は先生がいつもやっておられると思うので、実務のビジネス、本当のグローバルなビジネスの展開がこの日本の京都の企業にとってどうして可能になっているか、いい面ばかりではなくていろんな苦労もしているわけですけれども、そういう話をぜひ参考にしてもらい、その結果皆様の勉強に役立つようにという思いで話をさせていただきます。

図表4－1　創 業 者

堀場　雅夫
1945年に学生ベンチャーの先駆けとして京都に堀場無線研究所を立ち上げ、1950年に国産初となるガラス電極式pHメータを開発。
1953年に株式会社堀場製作所を設立。

第1節　当社沿革・グローバル化

　まず、グローバルといえば、やっぱりいまの時期はワールドカップでしょうか（注：講演は2014年7月）。先週、私は米国とブラジルに行ってまいりました。米国には、米国の拠点が創立40周年ということで、そのお祝いに行ってきました。その米国に最初にアプローチすることになった経緯について、まずは当社の沿革をお話した後にご紹介させていただきます。私の父の雅夫は、現在最高顧問で89歳、今年90歳になりますが、皆様の先輩でして、理学部で原子核物理を勉強していました。また、私の祖父も京都大学の理学部の教授でしたが、祖父は「化学」の勉強をしておりまして、その時代にドイツに8年ほど留学をしていて、日本の「化学」の世界において量子力学を最初に教育をした教授ということで、文化功労章もいただきました。そういう面では、私は京大ではありませんが、うちのファミリーは京大に大変お世話になってきたということです。堀場製作所は父が京大の3回生のときに事業をスタートしたものです。実は父自身も教授になりたかったのだろうと思うのです。でも、ちょうど第二次世界大戦が終わった時で、先輩の方々がたくさん大学に帰ってこられ、いくつになったら教授になれるかな、これは定年までいても講師にもなれないだろうなということで、自分の事業を始めたと聞いています。そして最初の製品がpHメータです。酸とかアルカリとか、女性だとお肌のpHがどうという話はよく聞かれるかと思いますけれども、それを測る分析計を開発しました。

　実は、この分析計は最初からそれを開発しようとしたわけではなく、コンデンサという電子部品をビジネスにしようとしていたところ、その製造工程において、溶液のpHを測らなければならず、それに必要だったのがこの分析計でした。当時、米国から輸入せざるをえなかったpHメータでは、この

湿気の多い京都では正確に測れないので、自らpHメータを開発することにしたのです。しかし、そうこうするうちに朝鮮戦争が始まり、いろんなものの物価は高くなり工場をスタートする資金は十分でなくなったため、その時完成していたpHメータをビジネスにしようということになりました。その当時は農業政策で肥料がたくさん必要になった頃で、肥料工場でこのpHメータが非常に役立つということで、結果的にヒットしたわけです。これが pHメータを本格的にビジネスにするきっかけでした。

その後、儲かったお金を使って、今度は人間の呼気内に含まれるCO_2の量を測ることによって肺機能の効率がわかるという分析計を大学の先生と共同開発しました。従来はガスクロマトグラフィーと呼ばれる手法で、サンプルをキャピラリーという細い管に通したときに、分子の大きさによって電気信号として検出されるまでの時間が異なるという性質を利用するものだったのに対して、われわれは、物理的に赤外吸収を使い、リアルタイムで測る分析計を開発したのです。ただこの機械、本来は医学用に開発したのですが、需要はあまりなくて、結果的に1960年中頃に米国で自動車産業用として需要が花開いたのです。当時の米国では、特にロサンゼルスなど車がたくさん走る地域でスモッグの問題が出てきていて、そういった環境汚染問題に対処するべくマスキー法という法律ができました。その時に自動車の排気ガスを測定するのにリアルタイムで測定するという分析方法が必要になって、その技術を完成させていた当社が技術的に評価され、米国でビジネスをスタートするきっかけとなったのです。

1970年代あるいは60年代の後半というのは、多くの企業が海外に出ていった頃でした。これは父の性格もあったと思うのですが、当社はそんな時代に一番むずかしいところ、つまり米国で勝負をしようとしました。当時の米国と日本は、当然ながら技術的にも、そしてビジネスにおいてもいまとは違って、非常に大きな差がありました。日本の企業としてはアジアに出ていくほうがいろんな面で楽だったのですが、われわれはあえて米国に出ていったのです。

結果論ですけれども、そのことが当社がグローバルに成功する足がかりになりました。当時、自動車の排ガス測定装置の業界では、米国、ドイツ、英国とそれぞれの先進国に競合メーカーが存在しました。自動車産業は非常にナショナリズムの強い業界で、特にわれわれが手がけるエンジン開発に必要な分析計は、お客様が大きな信頼感をもってくださらないとなかなか採用してくれません。当然ですけれど、われわれの分析計やシステムがうまく動かなければ、その会社が社運をかけて開発しているエンジンに競争力がなくなったり、実験がうまくいかなかったりと問題になりますから、信頼が必要なわけです。先進国の競合メーカーに打ち勝つには、この信頼をどのようにして得るかというところが最も重要であり、そこにわれわれは手間隙をかけたのです。

第2節　「手間隙をかける」ということ

　特に私どものように技術をベースにした会社、製品を供給している会社というのは、製品がよければ売れるという感覚に陥りがちなんですね。たしかに私の父の時代には、「国産品が圧倒的に輸入品よりもいい」、あるいは「日本人の対応は非常にきめ細かい」などといわれていました。言葉どおり、京大などを中心として、産学連携で大学の研究室と企業が一緒になって開発し、レベルの高い商品を供給することができていました。当時pHメータといえば「堀場製作所」、一時期は「日立堀場」という名称でしたが、日本では当然のごとく名が通っていました。ですが海外に行けば、「堀場製作所ってどれだけのもんや」といわれます。そのなかでどのように当社の知名度と立ち位置を確立していくか、そこに手間隙をかける必要があったわけです。

　先ほどいいましたように、私どもの最初の重要なお客様は自動車メーカーです。米国のビッグスリーに代表されるような巨大企業が相手なのですが、その人たちのところに京都でつくった製品を、性能はいいかもしれないけれども実績がまったくない製品を売り込まなくてはいけないわけです。そこで私どもが最初にしたことは、現地の米国人のエンジニアを育てたということです。当然、お客様もエンジニアなのですが、その方たちとネイティブ同士で会話ができて、価値観も理解したうえでわれわれに伝達できる、つまりインターフェースとなれる現地の米国人エンジニアを手間隙をかけて育てました。製品そのものだけでなくエンジニアの質の高さもあわせて米国市場へ攻めていったわけです。

　手間隙をかけるというのは企業にとってどういうことかというと、赤字を覚悟するということです。投資をする、そしてリターンを得る、これは皆様がいま学んでいることだと思うのですけれども、それだけではありません。

投資をしてすぐリターンが得られるかというと、そうではないのです。投資をするには、まず市場を開拓します。これには費用がかかります。そこに人を充てなければなりませんから。でも、市場開拓をしている間は売上げがあがらないのです。その投資をしている間その事業は赤字になります。われわれがどれだけの期間米国のオペレーションで苦しんでいたかというと、実質8年間も赤字を出していました。ただラッキーなことに、その間日本の市場においては私どもは非常にいい成績を収めていたので、その成果を投資へ回す余力が8年間ありました。MITやカリフォルニア大学を出た優秀なエンジニアがその間ずっと対応してくれていたわけですから、結果、自動車メーカーの研究開発部門の方たちが本当に必要とされている仕様あるいは設計を現地化することに成功して、シェアを徐々に上げていくことができました。

　それからもう1つ、当社は機械をつくるメーカーですが、機械というのは必ず壊れるものです。最近の例のように、自動車も故障してリコール問題などいろいろありますけれども、しょせん機械は壊れるものであって、壊れないものはありません。ただ壊れたときにそれをどう直すか、あるいはどれだけ迅速に、かつリーズナブルなコストで対応できるかが勝負なのです。私は最初はサービス部門で経験を積みましたが、納めた機械をきっちり直して対応していくことが大事でしたし、これがやはり日本企業の強みでもあると、昔もいまも変わらず思っています。単にものを売るだけではなくて、アフターセールスのサポートもきっちり手間隙かけてやっていきました。その結果、われわれは米国やドイツの競合メーカーに打ち勝ち、シェアを上げていくことに成功したのです。

第3節 コミュニケーション・京都のこだわり

　最後のポイントは人をどう育てていくかということです。当然ながら、米国人——米国人といっても、ご存じのようにいろんな国から来た人たちが集まっている国ですから、西海岸と南部のテキサス、それから東のニュージャージー、ニューヨークのほうの人たちとではそれぞれ性格も違うわけです。性格の違う人たちをどうマネージしていくかというときに大切なのは、やはり教育する側がしっかりとした信念や誇りをもっていることですね。

　私どもの場合は、京都ということを1つのベースにしています。いい製品でコスト競争力さえあればビジネスで成功できるのは当然という考え方ではやはりうまくいきません。どのようにして信頼関係を築いていくかが大切です。京都に海外の幹部や営業担当者を呼んだときにまずすることは、京都の文化を知ってもらうことです。どのような土地でこの製品ができあがってきたのか、どういった価値観でこれが設計されているのか、どれだけの想いでこのものづくりをしているのかというのを理解してもらいます。

　ただ、会社で製品をみただけでそういうことを理解するのはなかなかむずかしいですから、まず一緒に食事に行くことにしています。皆様のなかにも食事を非常に大事にしている人とコンビニの商品で毎日手軽にすませている人がいるかと思いますけれども、私のアドバイスとしては、やはり食事を大事にすることです。食事は自分のクオリティを上げていくうえで非常に大切なことだと思います。ただ、それは何もごちそうを毎日食べるということではありません。食事は自分の栄養あるいはパワーとなっていく、すべてのエネルギーの原点ですから、関心をもつべきだと思います。私の場合は先ほどお話しましたように、文化を伝達する1つの手法としても食事というものを非常に大切にしています。

フランスの会社を買収した後、その会社のオーナーを京都の割烹屋さんに案内しました。板前さんが４、５人もいますが、こちらは席が10席ぐらいしかありません。そこで私の注文した料理を目の前でさっさっさっとつくって出してくれるのです。隣の人が同じような料理を注文してもまったく同じものが出されるのではなく、その人のニーズに従って微妙に調理を変えたものが出てきます。次の年に同じ店へ行っても潰れることなくそこのビジネスが続いているのです。「板前さんが５人もいてお客がたったの10人。どうみてもこのビジネスは続かないだろう。採算があわない」と、彼らフランス人の感覚からするとそう思うわけです。でも実際は採算があっている。かつ、お客様一人ひとりの微妙なニーズを感知して提供している。そして出てくるお皿もプラスチックやアルマイトのお皿ではなくて、一つひとつ丁寧に選ばれたもので、四季折々違うのです。感性のある外国人はすぐ気がつきます。その器のクオリティーは高く、どうみても漆塗りの、10回は塗り重ねてあるだろうというおわんが出てくるのです。お汁がもしアルマイトのカップで出てきたとしたら、どんな味がするでしょうか。輪島塗の10回も20回も漆を重ねたおわんに入ったお汁はどんな味がするでしょうか。同じお汁でも器によってやはり味は違います。

　これは人についても同じことがいえると思います。一流企業というのは、やはりいいオフィスを構えています。いいオフィスに入ることによって、そこで働いている人のプライドが高くなり、プライドが高くなることによって、日々の業務の質がよくなってきます。ただ、器がよすぎて、どうみてもこのお汁１杯にこの値段がチャージされるのはナンセンスだと思われるようになれば、途端にお客様は離れていくわけです。器と中身のつり合いかげんがわれわれのビジネスでも大切なのです。いま、当社の製品は世界で一番高い性能を誇っています。そして、性能だけでなく値段も一番高くなっています。必ず、欧米あるいはアジアの競合メーカーと値引競争に追い込まれるのですが、そのときにどれだけの値段差でこのビジネスがキープできるかということが重要です。この値段の決め手になるのは単に商品価値だけではなく

て、先ほどいったサポート力も含まれます。今後10年、15年使うことのできる長期的な価値をお客様にどのように感じていただくか、それを営業担当者が説明できるか、あるいはそれを一緒に組み上げたエンジニアたちが理解できているか。それらによって価格というのは決まっていくわけです。

　いま、私どもはだいたい10〜15％の価格差であれば必ず注文をとれます。われわれの場合、一般消費者向けの商品ではありません。B to Bですから、相手も企業、こちらも企業なのですけれども、そういった微妙な価格の設定というのは、製品ごとあるいは市場ごとに異なります。これをどのようにマネージしていくか、このきめ細かさが欠かせないという点が先ほどの割烹屋さんの話と同じなのです。

　京都の一見さんお断りの割烹屋さんは、なぜ「一見さんお断り」か知っていますか。まず、こういった店は、メニューに値段が書かれていません。皆様、外観でお手頃そうなお店にみえても、もし値段が書かれていないようであれば、それは必ず高いということですから、注意されるようおすすめします。外からみた感じはシンプルで高いお店のようにはみえないことが多いのです。そして、そのようなお店に入る人たちは値段だけでもののよし悪しを決めることが少ないのです。私も若い頃は当然値段を大事にしていましたけれども、いまは一応こういうお店にも入るようになりました。それから支払は食後ではなく月々の請求払いのことが多いのです。普通は食事をしたその時に支払いますよね。値段がすぐその場で確認できるのですが、そういう店では「支払う」というと、「もう来てくれはらへんのですか」といわれます。月々、請求がきてはじめて値段がわかるという、店とお客との信頼関係に基づいた支払方法なのです。これが、われわれのようなハイテクといわれるビジネスの世界でも、お客様とそのようなかたちで値段が設定されるので、結果として国によって価格が異なっているのです。この信頼に基づいた値段設定の文化をどのように現地とそれぞれの人たちに教育していくか、これもわれわれのチャレンジであります。

第4節 マネジメントの差が勝敗を分ける

　話が戻りますけれども、われわれの米国現地法人の40周年パーティーを開くタイミングで、ブラジル工場のオープン式典も開催しようとしたら、偶然FIFAワールドカップの時期でした。どうしてもブラジルの現地の人間がゲームをみていってくれというので、私はやむなくイングランド・ウルグアイ戦をみてきました（笑）。このイングランド・ウルグアイ戦は予選のなかでは非常にいい試合だったと思います。J2の京都サンガF.C.の後援会長を務めている関係で、Jリーグの試合をよくみるのですが、ワールドカップともなるとパスのスピードが全然違いますね。そのうえ、一度ボールを受けて考えてパスを出すのと、瞬時にパスを出す、この違い、この差がみているほうの楽しさ、おもしろさの違いにつながるのだと思いました。

　日本に帰ってきてまず気づいたことは、日本のチームが決勝のリーグ戦に出られなかったことに対して、メディアも皆お通夜のような暗い雰囲気がすごくあったことです。私としては、まず日本のチームがワールドカップに出られたということに対して、監督と選手に感謝の気持ちをもたないといけないと思います。今回のワールドカップ決勝リーグ戦の各ゲームをみても思いましたが、残念がっている人はいますけれども、落胆している人はいないようにみえたのです。「やるだけのことをやった。だから、もうこれで自分たちは十分いいんだ。また次のワールドカップに向けて頑張ろう」と、明るく前向きにみえました。ただ、日本のサポーターの場合は少し違う雰囲気があるのですね。まず、反省から始まるのです。なぜ決勝に出られなかったのか、と。それはパスのスピードも実力も違いますし、相手のほうがうまいから出られなかっただけのことです。それを「なぜ」といわれても困りますよね。それから、選手も、「いや私の能力が十分でなかった」といって反省し

ます。能力が足りなかったのは事実かもしれないですけれども、もっと明るくできればいいのにと思います。

　ビジネスの世界でも、いま日本がいろんなところで競争に負けたということを声高にいっている人もいますが、私は決してそんなに負けていないと思いますし、実際われわれ堀場製作所はまったく負けていません。ただ、半導体業界やその他一部業界でアジア勢に後塵を拝していることは事実です。これも現場の技術あるいは現場の人たちが負けたのではありません。マネジメントで負けたのです。ですから皆様がまさしくいまから勉強しようとしておられるなかで、単に数字的なものや解析するだけではわからない、プラスアルファのところ、すなわち数字で表せない部分の大切さをよく理解していただきたいと思います。

　なぜ日本の半導体業界が負けたか、あるいは非常に劣勢にいるかということの原因は、単純にマネジメントにあるのです。ほとんどのベースの技術は米国や日本で開発されてきました。長年、国をあげて開発してきたものが製品化されていったのです。半導体をつくるのに製造装置が必要なのですが、製造装置があれば、たとえばメモリ1つがすぐつくれるかというと、それだけではつくれないのですね。このなかで工学系の方がおられるかわかりませんが、たとえば工作機械というものがあります。何かを生産しようとしたときに、この工作機械と設計図だけがあればものがつくれるか、といえばそうではないのです。それをセッティングするプログラムや許容度をどのように値として入れていくかという、ノウハウも必要なわけです。

　半導体の製造装置は、いまでも8、9割は日本製か米国製のものですけれども、それだけでは半導体はつくれません。ノウハウも重要なのですが、このノウハウのところで日本は失点を重ねてしまったのです。どうして失点を重ねたのか。半導体業界には「シリコンサイクル」と呼ばれる、景気のいいときと悪いときの波が周期的に起こる傾向があります。私どもも、半導体関連の製品を製造していますが、ピークの時は一段と売上げが上がりますが、半年ぐらいたてば6、7割落ちるのです。そうすると、ピークの時から売上

げが3割ぐらいにまで落ち込むことになります。そしてさらに2、3年たつと300％、特に新製品に至っては400％というような急激な売上増加が起こります。ものづくりは10％や20％の減収ならカバーができるのですけれども、それ以上落ちると固定費がカバーできず、一挙に赤字になるわけです。その後、市場が急に立ち上がってきても、そのとき設備投資がされていなければ、あるいはそこに生産する社員がいなければ、ものづくりは立ち上がっていかないのです。半導体業界ではこれが何回も起こります。

　日本の多くのメーカーは、この落ち込んだ時に、半導体関連に携わっている従業員や工場を、固定費が高いものですから整理をしてしまったのです。当然そこで貢献してきた人が、いわゆる左遷といいますか、冷遇されました。そうした時に、韓国あるいは台湾の競合メーカーは景気がよくて、日本の冷遇された人たち、エンジニアたちを雇用したのです。それらの海外メーカーには最新式の生産設備が入っていました。そこにそのノウハウをもった人たちが雇用されたのです。この結果、日本が10年、20年かけてやってきたものづくりが、他国ですぐに立ち上がってしまったのです。

　日本のメーカーは、何とかコストを下げるために古い機械をきっちりメンテナンスして使い続けます。それでも最新の機器の生産性は非常に高いもので、一挙にコスト競争力に差がついてしまい、結果的に、同じ戦いをしても日本のメーカーは赤字になり、他のアジアのメーカーは黒字になるということが、何回か続いたのです。ということは、技術だけではない、そこにいる人たちだけでもない、やはりマネジメント、人の使い方に違いがあるのですね。これが非常に大切なことだと思うのです。

第5節 社是「おもしろおかしく＝JOY and FUN」

　私どもの社是は、「おもしろおかしく」というものです。最近は社員も徐々におもしろおかしく仕事をしているといわれていますが、昔は創業者の私の父だけが「おもしろおかしく」て、社員は泣いている、というジョークも耳にしました。この「おもしろおかしく」は「JOY and FUN」と英訳しました。短い表現なのですけれども、外国人の感性に訴えるような言葉にしたつもりです。最近、米国の企業のなかでもこういう社是、いわゆるフィロソフィーのもとで仕事をしたいという企業も出てきています。ですから、こういう社是、フィロソフィーのようなものが今後の社会においてもビジネスにおいても、私は重要だと思います。

図表4－2　社　　是

第6節　欧州企業の買収

　わが社がグローバル化に成功した1つの理由は、20年前にフランスの会社を2社、それから10年前にドイツの会社を1社買収したことにあります。このフランスとドイツでのM&Aが非常にうまくいったのです。フランスの2社のうち1つはABXという会社でした。医学用の血球カウンターと呼ばれる、赤血球や白血球を測る分析計の会社で、親会社であったスイスの製薬メーカーのロシュから買収しました。その1年後に、もう1つ、ジョバンイボンという会社を買収しました。これはオプティクス関係で歴史が180年もある、フランスが誇る老舗企業でした。この会社と当社はもともと提携をしていたのですけれども、その会長と社長が来日されて、「実は米国のある有名な会社から買収提案を受けているのだが、自分たちとしては堀場製作所の傘下で仕事がしたいので、3カ月以内に結論を出してくれ」といわれました。われわれはデューデリジェンスといって、そこの会社の財務内容や製品の強み、あるいは社員の質を3カ月かけて調査したわけです。そのうえで決心して買収をしました。

　ただ、いずれも買収した後、先ほど米国の例でいいましたように、5年以上は非常に厳しい状況でした。会社が売られる状況というのは必ずしも財務や経営内容がいい状態ではありません。そこでわれわれがまずしたことは、積極的な研究開発投資です。すでにその会社を調査していますから、どのような研究者がいるか、どのようなシステムで会社が動いているかは理解しています。そこで、競争力を増すために5～8年にわたる継続投資を行いました。その間、開発費の分、投資をした分だけ赤字になるのですね。それでも継続して投資を行い、いまはこの2社とも、そのジャンルでは世界ナンバーワンの製品を世界に向けて輸出するまでになりました。

私もそのおかげでフランスから勲章をいただきました。フランスの技術を単に日本の京都に持ち帰るのではなくて、現地でフランスの人たちを育てあげることによって輸出競争力のある企業に変革させていったことが評価されたからです。でも実は変革しようとしてそれを行ったというよりは、そうせざるをえなかったのです。なぜかといえば、ABXについては、われわれももともと買収前に医学用のビジネスを一部展開していたのですが、そのジャンルの市場に対する専門的な知識、技術はまだ十分もっていなかったからです。もう1つのオプティクス関係のジョバンイボンは、それは老舗の理科学の会社ですから、当然そこで働く優れたエンジニアあるいは開発は、京都の本社では一日で構築できないわけです。でもマネジメント自体は日本の京都の企業でもできるのです。
　8年前に買収したドイツのカール・シェンク社の自動車関連部門も、ダイムラー・ベンツのダイムラーさんが働いていたというような、老舗のビジネスです。その会社もわれわれがそれまでもっていなかった、シャシダイナモ

図表4－3　自動車計測機器ビジネス（ドイツ）
■ カール・シェンク社から自動車計測機器ビジネスを買収（2005年）

ダルムシュタット市
（フランクフルト郊外）

・エンジンダイナモメータ
・シャシダイナモメータ
・駆動系テストシステム

やエンジンダイナモと呼ばれる、エンジンをぶんぶん回してそれをチェックするための鉄の塊のような製品や、車を載せて走行中の車の抵抗を測る、巨大な風洞試験の装置などをつくっている世界ナンバーワンの企業でした。しかし、やはり業績があまりよくなくて結局われわれが買収したのです。

その時に考えたのは、堀場製作所のビジネスとは何だろうということでした。堀場製作所は京都の会社ですが、だてに京都にあるわけではないと思っています。ご存じのように京都は盆地で山に囲まれていますから、大きな工場がつくれません。もともとは都があったところですから、都の価値観というのもあります。それは、小さくても付加価値の高いものをつくっていくという考えです。また、量ではない、質で勝負ということなのです。お茶やお花もそうで、無から有を生み出すビジネスをしていく土地柄ともいえます。それに比べていま紹介したシェンク社の製品は、重さで勝負、それも何トンという鉄の塊のようなもので、これはどうみても京都の堀場製作所の企業文化にあわないのではないか、これに手を出すのはすごくリスクがあると感じました。

不安を抱えながらも、まずはそのドイツのシェンクという会社に行きました。いまでも覚えていますが、その時に10〜15人ぐらいの幹部の人たちと一緒に昼食をして、その後6人の幹部の人たちがプレゼンテーションをしてくれたのです。自分たちの製品のこと、事業のことをプレゼンテーションしてくれたのですが、その6人が6人とも、まだ買収されていないのに、まるでもう、うちのグループで働いているかのようなプレゼンテーションをしてくれました。こういった気持ちになってくれるのには、私の経験からいくとだいたい5〜10年かかるものですが。ある会社に買収されたり、ある会社の文化になじんでいくことは容易ではありません。特にものづくりにかかわっているような人たちは、非常に抵抗感があると思います。自分たちのオリジナルの文化というのをすごく誇りにしていますから。それでも、いまお話ししましたように、買収する前から彼らがそういう思いで私にプレゼンテーションしてくれたのです。

第4章 堀場製作所 おもしろおかしく　133

私は、シェンクの買収に対する想いは正直フィフティー・フィフティーでした。わが社の自動車部門の人たちのほとんどは、ぜひその会社を買収してほしいといっていたのですけれども、経営という立場からいえば価値観の違うジャンルですから、非常にリスクがあるからやめておこうと思っていました。一方で、あのようなプレゼンテーションを受けてみて感じたのが、もうすでに5年、10年前には買収していたかのように、彼らがわれわれの文化になじんでくれているような、そんな感覚でした。別の会社になじんでいくという、いちばんむずかしいことをもう越えてきた人たちであるから、いまさらその会社を買収しないというのは罪つくりだとも思ったのです。そこで、最終的には買収を決心しましたが、しかし残念なことに、5年間はやはり大赤字でした。わが社の自動車部門は他の事業に比べて最も利益をあげている部門でしたが、5年間その利益の半分を食っていました。半分を食うということは、ボーナスが減るということでもあります。このボーナスが減る原因をつくっているのは誰かといえば、それは社長です。5年間、その非難に耐えることは辛いものですが、それでも社長はその覚悟が必要なのです。

　ここで大事なのはオーナーシップです。オーナーシップをもっていない経営者は、その場限りの成績だけを追い求めてばかりで、会社の事業が大赤字になればすぐ売り飛ばす、あるいはどこかから安易に優秀な経営者を連れてきて、何とかしてくれと、簡単に放り出してしまうでしょう。でも、私の場合は自分で決心していますから、必ず自分で責任をもって対応します。このシェンクには研究開発投資をしていい製品はできましたが、中国市場でも日本市場でもなかなか成績があがりませんでした。なぜかというと、これはお国柄もあるのかもしれませんが、彼らは自分たちの仕事に大変プライドをもっており、実際そのとおりに品質など非常にいいものなのですが、いかんせん値段がすごく高いのです。この値段が先ほどお話した、10～15％の価格差なら当社は必ず注文をとる、というその枠におさまらず、3割ぐらい高いのです。特に中国市場においては、欧州や日本のメーカーがどんどん参入して厳しい価格競争になっていました。ひどい場合、われわれの価格は倍ぐ

らい高いという状況でした。

　そこで、彼らに課した宿題は、どのようにすればコスト面においても各市場で戦えるか、策を練ることでした。彼らの出した答えはチェコにメーン工場をつくりたいというものでした。赤字なのに、そこに畳みかけてチェコに工場をオープンさせるのです。何とも大胆と思われるかもしれませんが、実現させました。実はこのチェコは、まだ共産圏の一員だった時代から、精密機械系や武器などの工業製品は、ほとんどがこの国の製品でした。チェコの技術というのは昔から有名で、優秀なエンジニアがいる工場がたくさんあるのですね。そのチェコ工場がうまく立ち上がってくれて、その結果、急速に価格競争力が上がりました。競争力をつけたことで、日本で最も品質に厳しい会社、たとえばＴ自動車にも当社の機器を採用していただけるようになってきました。

　でも、５年もかかったわけですね。いままでわれわれは自動車の排気ガス測定で大きな利益をあげていましたが、最近世の中はハイブリッドカーや電気自動車や水素で動く燃料電池自動車にシフトしてきています。もし私がその時に決心をしていなければ、排気ガス測定しか取り扱えていない状況でした。電気自動車関連の注文をいただいたときには対応できるものがないということになります。でも、買収したシェンクの米国の部門は、電気モーターの試験などを非常に得意とする技術をもっていました。いま、自動車メーカーから電気自動車の試験をしたいと注文をいただいたならば、われわれの米国の製品があります。ハイブリッドや排気ガスのニーズがあれば、日本の本社と米国で対応できます。あるいはこれらの試験をしたい、大型の風洞試験をしたいというような注文にはわれわれのドイツの製品を提供できます。

　ビジネスモデルは変わってきているのです。いままで分析計測しかニーズがなかったものが、いまではトータルの対応力が求められているのですね。これは、いわゆるシステムアプローチと呼ばれるのですが、どの分野においても堀場製作所のものが供給できることになります。これはもはや、日本の京都の堀場製作所にとどまらないのです。われわれのマネジメント、品質管

理、アフターセールスサポートが備わった製品が、ドイツから、米国から、各国の堀場製作所からそれぞれのお客様のところに供給され、立ち上がっていきます。多国籍軍で1つのビジネスを展開していける状態です。これをもし京都の堀場製作所だけで全部対応しようとしていたら、やはり日本の場合は人件費を含めたコストも高いので、とてもじゃありませんが無理ですね。また、日本の場合は、学校を卒業したばかりの未経験の人たちを一から教育しないといけません。それに比べて、海外の場合、労働市場の流動性があって、それなりのエキスパートを採用することができるので、柔軟にビジネスを展開できます。

　先ほどお話したように、われわれは自動車、半導体のほかに医学用の部隊ももっています。熊本の阿蘇にある主力工場に、この医学用部門と半導体部門が一緒に入っています。これはなぜかというと、先ほど説明したように半導体にはシリコンサイクルという大きな需要の変動があるわけですね。半導体の生産が急に7割も落ちることがあるのですが、その時には人を切らなければ固定費が高くて大赤字になります。でもわれわれの場合は、このように落ち込んでいる時には人を切るのではなく半導体部門の人を医学用の部隊にシフトさせるのです。そして半導体業界が再び立ち上がってきた時には、やはり手に技術のある人たちがものづくりをしてくれなければ品質が落ちますから、医学用部隊にシフトしていた人たちに半導体部門に戻ってきてもらうことによって対応しています。すべてがそう単純ではありませんが、このようにして優秀な社員を、われわれは「ホリバリアン」と呼んでいるのですけれども、そのホリバリアンを内部で配置調整し、毎年安定的な伸びが予想される医学用部門と、浮き沈みがある半導体部門とを組み合わせることによって、安定的な経営を目指しています。

　実際このわが社の半導体事業はどのようになったかといいますと、20年前は10社ぐらい世界に競合メーカーがありましたが、いまは世界で3社だけです。そしてわれわれの半導体関連の製品は10年、20年前にはシェアが7～8％でしたけれども、いまは50％になっています。当然、技術力を維持する

べく、研究開発投資も継続したのですけれども、むしろ市場変動への対応力で結果的に生き残ったというのが正しいかもしれません。生き残れば、当然ですけれども供給する会社が限られていますから、利益体質もよくなっていくのです。

第 7 節　「はかる」にこだわる

　1つわれわれがこだわるのは、「何を"はかる"のか？」ということです。それは自動車の排ガスもあれば、中国でも話題になっている大気汚染をはかる、あるいは琵琶湖の水質をはかる、あるいは放射線。これについては福島県とその周辺に放射線モニターを多く供給しました。血液もそうです。いわゆる「はかること」にこだわっていきましょうということです。そしてポリシーとして、はかることによって「地球の環境」「ヒトの健康」「社会の安全」に貢献する。企業にとって貢献できるというのはすごく大事なのです。やればやるほど社会悪になっていくようなもの、やればやるほど環境を悪くしていくものではなくて、貢献していけるというのは働いている人たちのモラルを上げるのに非常に重要なポイントでもあります。

　大事なことは、やはりバランスですね。自動車、環境、科学、医用、半導体といった事業のバランス、それから地域別でのバランスですね。欧州24％、米州18％、アジア23％、日本35％といったように地域別の売上バランスもキープします。最近は世界同時に経済が動き出しますけれども、以前は

図表4－4　"はかる"技術

何を"はかる"？
・自動車の排ガス　・環境放射線
・血液　　　　　　・大気・湖沼の水

HORIBAの事業ポリシー
"はかる"を通じて
「地球の環境」「ヒトの健康」「社会の安全」
　　　　　　　　　　　　　　　に貢献する

図表4－5　バランス経営（事業のバランス）

自動車計測システム機器
・排ガス計測システム（EMS）
・自動車試験システム（メカトロニクス/MCT）
・テストオートメーションシステム（TAS）
・運行管理システム（HIT）

環境・プロセスシステム機器
・大気中の排ガス測定、水質測定機器
・環境規制市場とプロセス市場に対応

医用システム機器
・充実した体外検査システム
・ホリバABX社の技術とマーケティングノウハウ

半導体システム機器
・マスフローコントローラ
・薬液濃度モニタ
・堀場製作所、堀場エステック社、ホリバ・ジョバンイボン社の技術連携

科学システム機器
・ホリバ・ジョバンイボン社との技術連携
・ラマン分光、蛍光分光技術

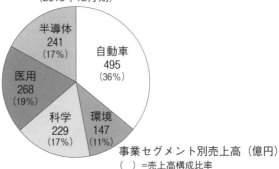

売上高1,380億円
（2013年12月期）

半導体 241（17%）
自動車 495（36%）
医用 268（19%）
科学 229（17%）
環境 147（11%）

事業セグメント別売上高（億円）
（　）=売上高構成比率

第4章　堀場製作所　おもしろおかしく

米国がいいときは欧州が悪い、日本が悪いときには欧州がいいということが多く、経営という断面からみれば地域のバランスがとれていると対応力が強くなります。この変動を乗り切る能力は重要で、たとえば米国テキサスのシェールガス関連で100人ほどの会社を買収したのですけれど、いまではどんどんエンジニアが引き抜かれそうになる状態で、注文書は来るのですが人が雇用できないほど景気がいいのです。シェールガスの話ぐらいは皆様ご存じかもしれませんが、テキサスのヒューストンがすごいことになってきている話は、多分聞かれていないと思います。このことはSeeing is believing（百聞は一見にしかず）なのですね。私もだてに毎月のように海外出張しているわけではありません。やはり自分の目でみなければ実際のことはわかりません。テレビや新聞は編集者の意図によってつくられていますから、脚色されたり視点が限られていることがあります。自分の目で確かめる、あるいは海外と日本の報道を比較し真実をジャッジしていくということが大事だと思います。テレビでいっていたからそれが正しいと思いがちですが、それはしょせん、とある人の1つの意見が述べられているだけであって、それが客観的

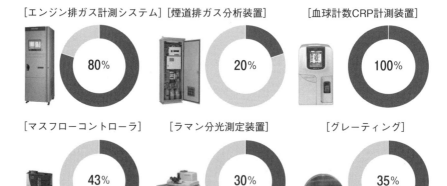

図表4-6　世界市場シェア

（注）　各製品のマーケットシェアは当社推定値。

事実かどうかは別なのですね。

　当社にはいろんな製品があるのですけれども、日本でも海外でもナンバーワンか、あるいはかなり高いシェアをもっています（図表４－６）。

　中長期経営計画などで掲げる数字も非常に大事でして、やはり明確に数字を示すようにしています。これはオリンピック選手もそうだと思いますが、たとえば「100メートルで10秒を切る」、などのターゲットを置いてそれに挑んでいくということはすごく大事です。私は若い頃は経営計画を立てても「こんなの数字だけじゃないか」と思っていたのですが、多くの人をマネジしていくうちに、シンプルでわかりやすいターゲットを示していかなければ、一人ひとりに説明する時間がとれず、目標が共有できないとわかりました。というわけで、いまではわれわれはターゲットをある程度数字で示して、それを達成しようと努力をしています。

　これが、自動車、医用、半導体、科学、環境別の成長ですね（図表４－７）。2011年からの中長期経営計画が来年に終わりを迎えるのですが、たと

図表４－７　事業部門別の成長推移

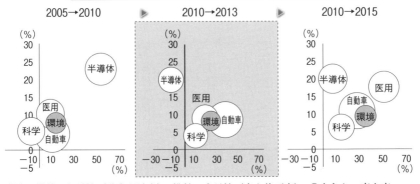

えば自動車は中長期計画を2年前倒しで達成していますし、利益だけを取り上げれば1年前倒しで達成しています。ただ、医用は売上げももう一つで、利益のほうは半分しか進んでいません。また、各業界で競争の原理というのが異なるため、1人がすべての事業の責任者となるのではなく、それぞれの事業ごとに責任者を立てて事業ごとにあったやり方でそれぞれの業界で競争しています。ただ、生産部門や管理部門では、シェアードサービスという言葉が最近よく使われるように、事業ごとに管理部門を置くよりも、1つにまとめて大きなキャパシティで管理するほうがむしろメリットになる部分がありますので、それは事業ごとで分けずに集約、標準化してやります。分けてやるところと集約、標準化させるところと、同じ会社経営のなかでも分類をしています。

　こちらは従業員の比率です（図表4－8）。全体で5,800人ほどいますけれども、日本人はすでにマイノリティーになってきています。いま、海外でいちばん多いのはフランス人で、20％近くいます。数にすると1,000人近くのフランス人がいるわけですけれども、そのうち50人程度が博士号をもっていますし、100〜200人ぐらいは修士号の取得者です。われわれの場合、従業員

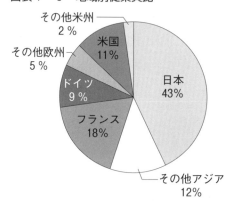

図表4－8　地域別従業員比

堀場製作所 京都本社：約1,500人（26％）

（2014年1月21日時点での暫定集計値）

の70〜80%が技術系と、その比率が高いのですが、なかでも優秀な人たちを多くマネージしているという状況です。

　次に大事なことは、変えることと変えないことをしっかり区別できることですね。われわれが変えてきたことは、経営のバランスやグローバル化、お客様との距離、会社の規模です。変えないことは、社是や価値観ですね。われわれの価値観には「オープン＆フェア」や「チャレンジ精神」、あるいは「人財」といったものがあります。われわれは人材の「材」を、材料の「材」ではなくて財産の「財」と表すことにしているのですが、この考え方が最も変えたくないことで、財務諸表には載らないことですね。財務諸表には載りませんが、私は人財こそが数字以上に大事だと思っています。

第 8 節　人財育成

　1984年当時は、年に1人とか2人を海外に研修に行かせました。これは公募で、手をあげた社員を、どの国でもわれわれの拠点のあるところに1年間研修に行かせるというものです。最近は毎年15人程度を送り出しています。たった15人と思われるかもしれませんが、われわれの本社には約1,500人しかいませんし、日本全体でも2,400人というなかで毎年15人送り出しています。これが経費的にどれほどになるかといいますと、全体で1年に1億円ぐらいかかるわけです。これだけの投資を毎年継続しているのです。つまり、この制度を始めた1984年から、すでに180人程度を欧州、米国、アジアへと満遍なく送り出して研修をしているということですね。
　その結果、これは本社だけですけれども、役員の6割、24人中14人が5年以上から30年の海外経験があり、それから管理職の230人のうち80人が、一般従業員では1,500人のうち230人がそれぞれ海外経験をもっています。ですから本社工場では、外国の人が来ても、どの職場に行っても英語で説明できる社員がいます。ひどい英語かもしれませんが、そのような社員が社内に散りばめられています。グローバル化は10年、20年、30年のあいだ継続して人に投資をすることによって可能になるのであり、流暢な英語を話せるだとか単に海外のことを知っているというのはグローバルではないのです。そこで生活したことがあり、その生活になじんだことがあるということが非常に重要だと思います。
　外からの学生インターンシップも、積極的に受け入れています。日本の大企業は、意外と学生を受け入れていないのですね。私自身も米国で少し教育を受けたことがあり、それに対する感謝の気持ちもあるものですから、特に欧米から依頼があったときには、受け入れるようにしています。日本の大学

のインターンシップは3週間〜1カ月の短期なのですけれども、海外の場合、だいたい3カ月〜半年とか、あるいは1年という長期のものもあります。

　当社には「ブラックジャック・プロジェクト」という社内のあらゆる業務に対する提案制度もあり、毎年、グループ全体で600件を超える提案があります。単に提案制度というとおもしろくありませんのでブラックジャック・プロジェクトという名前をつけています。実はこの提案というかたちは欧米のマネジメントの方法論には存在しないのです。すべてトップダウンなのですね。マネジメントが決めたものをその部下が指示されたとおり動いていくのが普通で、部下から提案するということはマネジメントを否定することともとらえられることがあります。実際はそんなことはないのですけれどね。われわれのこういった提案制度を海外にも根づかせて、いまやワールドカップを開催するまでになり、各地域のトップになったチームを京都に招いて表彰することも行っています。

　次に「ブランドブック」です。われわれの考え方というものを、こうすべきああすべきと一方的なやり方で押し付けてはなかなか受け入れてもらえませんので、各地域の、米国や韓国、中国などの社員が自分の想いをつづるようなかたちでブランドブックという冊子にまとめ、それも6カ国語に翻訳しまして、われわれの考え方を伝えようとしています。

　社員のコミュニケーションのために、日本では毎月、誕生会を行います。その月に誕生日を迎える社員が120人から130人集まって、私が最初に15分か20分、その時その時の私の近況や考えを、ここだけの話といってしゃべります。ここだけの話というとだいたいみんな聞いてくれるものですね。そこではこの1カ月間に起こったことだけを話すのです。今回はワールドカップの話をしましたけれども、旬な話をすることによって社員が集まってきます。そして食事もします。食事が大事とお話しましたけれども、誕生会ではホテルのケータリングでパーティーに出てくるような立派な食事を出します。特に若い人たちは食につられるところも大きいですからね。ですから出席率は

8割から9割です。

　毎年8月には新入社員がビアガーデンイベントを企画開催します。プレミアムビールを工場から直接もってきて、70〜80人の新入社員がビアガーデンのチケットを一般の社員の人たちに売ります。もちろん原価割れですけれども、これを新入社員が毎年自分たちで企画するのです。われわれは、いわれたことだけするのではなくて自ら考えるという独自性を大事にしています。自分たちでスタッフ用のTシャツをつくったりと、いろんなことをします。こういったことを本社だけではなくてグループ会社の新入社員も一緒になって全員で取り組むのです。そうすると横の連携がずっと続くようになります。そのようなこともねらいにしながら、運営してもらっています。

　滋賀県朽木の鯖街道というところに研修施設を構えています。三千院の奥のほうから日本海方面に進んで行かれたら、この研修施設がみえてきます。20年以上前に建てたのですが、その後に一度増築しています。この研修施設には私のこだわりで暖炉がつくられています。暖炉がなぜ大事かといいますと、生の火をみているといろんな想像力が湧いてくるからです。それから生の火の輻射熱というのは非常に心を豊かにしてくれます。かつ、昔のいろりのように、周りに人が集います。研修所で教えられることには限りがありますが、それよりアフター・ファイブに一緒にお酒を飲んで語り、横のつながりが強まったり、あるいは情報交換が醸造されるほうが大事なのです。われわれはよく一流のものをつくれつくれといいますが、実はつくれというほうもいわれるほうも、一流のものが果たして何なのかはよくわかっていなかったりします。一流のものというのは、ぜいたくであるということではないのです。これはやっぱり体感しないとわかりません。そういうことを体感できるようにという想いで環境、設備、食事にこだわった研修施設にしてあります。

　ところで最近は英語で会議をする会社がメディアで取り上げられていますが、当社では20年以上前から、半年に1〜2回、英語で3日間会議をしています。昔からずっと行っていたのですが、残念ながらうちは新聞に載りませ

んでした。ですからうちの広報に「何さぼってんねん。うちは15年、20年前から英語で会議しているのに」といったところ、「社長、何でも早過ぎるものは記事になりません（笑）」といわれました。ですから、適度なタイミングが大事だということですね。これ、嫌みでいっているのですけれど。冗談はさておき、私がいいたいのは新聞に載るときに始めているようではもう遅いということなのです。新聞はあくまでもリファレンスとして、自分の信じることは早すぎようとも始めればいいのです。とはいえ、皆様には新聞に載るようなこと、つまりそれほどの大きなことを成し遂げていただきたいと思います。もちろん事件で載ってしまうのではなく、もっと建設的なことでですよ。

次にわれわれの試薬工場のオープニングの時の写真をおみせしましょう。これは日本人ではありませんよ。フランス人たちが手をあげて同じＴシャツを着ているのです（図表４－９）。フランス人は個人主義でいうことを聞かないし休暇は長いとよくいわれますが、これはどうみても違いますよね（笑）。それに皆うれしそうな顔をしていませんか。写真が小さくて表情までみえな

図表４－９　ホリバABX社（フランス）
［検査試薬工場増設（モンペリエ、2008年）］

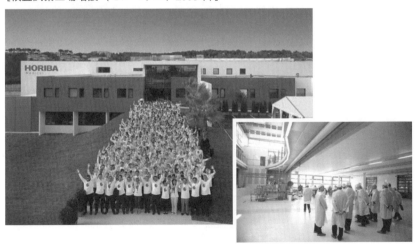

いかもしれませんが、雰囲気は感じてもらえると思います。ですから、先入観をもって物事に対応するのはよくありません。自分の考え方と誇りをもって手間隙かけて向き合えば、このように非常に士気の高い部隊になります。逆に彼らがいろんなことを教えてくれることもたくさんあります。

われわれは昨年創立60周年を迎えたのですけれども、京都の国際会議場で、日本のメンバーと100人ほどの海外の一般従業員の人たちを呼んで記念式典を行いました。これは鍋パーティーです（図表4－10）。400個もの鍋をもっているケータリングがありませんでしたので、それを自前でデザインしてつくってもらいました。つくったはいいのですが、400個の鍋の後始末をどうするかが問題でした。テーブルごとで泣き落としでもって帰る人や、じゃんけんで勝って持ち帰る人などさまざまで、そういうことも遊び心でやっています。

最後に帆船です。これを中長期経営計画のシンボルマークにしています（図表4－11）。実は私はヨットをやりますが、ヨットというのは追い風の時

図表4－10　創立60周年記念式典

図表４−11　中長期経営計画シンボルマーク

「帆船はあらゆる風を推進力に変えて航海を続ける」
帆船は向かい風でも前進できる能力を有しています。
５種類の帆（ビジネスセグメント）を効率的に連動させ
様々な風（チャンス）を推進力に変えて
邁進する帆船（HORIBA）をイメージしています。

に競っても余り差が出ません。というのは風以上には速く走らないものですから。チャンスは逆風の時です。逆風の時にどのような操作をするかによって差が出てくるのです。ですから私は、経営も経済も、逆風の時にいちばん勝負がつくのではないかと思っています。追い風の時が注目されがちですけれども、逆風の時こそチャンスだと私は思っています。

　どうも、ご清聴ありがとうございました。

第 9 節　質疑応答

学生　若い社員に情熱を伝えるための工夫をどのようにされているかということを教えてください。

堀場　毎日会社に行けば、あまりいい話ばかりしていないのは事実で、厳しい話もしているわけですけれども、私が感じるのは、情熱を伝えるためにできる限りコミュニケーションをとることだと思います。あるいはできる限り自分の思いというものを伝えていくことです。やはり手間隙かけることがいちばんのポイントだと思いますね。手間をかけずに結果を得ようとすると、そこで働いている人たちも必ずそれに気がつきます。私が米国に6、7年赴任した後に日本に帰国して海外部長についたのですが、最初に直面した問題が韓国のオペレーションだったのです。

　最近韓国とはぎくしゃくしていますけれども、当時からもともと問題はありました。私は毎月韓国に出張していたのですが、実はニンニクが嫌いで辛いものが食べられませんでした。キムチを水で洗って食べるほどだったのですが、そんななか、毎月3日間から4日間は出張していました。最初の頃はそんな私が食べられるものはなく、1回出張に行けば体重が2キロぐらい減っていました。でも2年目ぐらいから、キムチはもちろん、ニンニクやチゲ鍋などの辛いものも好きになってきて、そうすると急にオペレーションがうまくいき出したのです。その土地の食べものを好きになることは、コミュニケーションにもつながるのですね。当時の韓国の従業員はまだ30～40人で、いまでも覚えていますけれども、私が朝礼で「辛さのなかにある味がわかるようになりました」といったら、みんな拍手してくれたのです。

　私が韓国の食べもののおいしさを理解できたことで、みんなとも心を

通じ合わせることができたのだと思います。それ以来20〜30年経っても、韓国のオペレーションは1回も赤字になっていませんし、かつサムスンとヒュンダイにおいては、われわれはずっとトップシェアです。世界のグループ会社のなかでいちばんロイヤルティが高いのは韓国ですね。でも、それはその時の2年間のコミュニケーションがあったからだと思うのです。コミュニケーションがポイントだと思います。

学生　今日、社長のほうからあまり説明がなかった「デザイン」について2点教えてください。1点目は、B to B製品におけるデザインの有効性について、それから2点目は、デザインの重要性を特に日本の従業員に認知させる方法についてです。

堀場　まず、デザインですが、車をみたときもそうなのですけれども、デザインだけいい車というのはほとんどありません。特に機械系のものは機能美がありますよね。ある程度効率や機能を追求していくと、そこには美術の世界にはない、いいデザインというものがあります。われわれはここに非常にこだわっているのです。ですから、ただ単にスマートで見た目のいいものではなくて、機能美があるかどうかというのを追求します。デザインの部隊、開発部隊、設計部隊がつくってきたものを、ほとんどの製品について最後の段階で私はみせてもらっています。みせてもらっているというとへりくだった言い方ですが、実は後で私に文句をいわれるからもってくるという流れです。私は自分の感性を信じていて、「ここは少し違う」ということはいいます。それに対してどれぐらい反応、対応できるかがわれわれのデザインチームの能力だと思います。

　それからもう1つデザインでいちばん陥りやすいのは、よく会社のアイデンティティを気にして、全部画一化してしまうことです。私はそれを求めません。「ぱっとみたときにうちの製品だと気づくように設計しろ」というのです。何でもかんでも同じデザインというのは飽きるのですよ。それに性能やモデルやジャンルが違うのにデザインが一緒でいいはずがありません。たとえば医学用製品のデザインと工業計器のデザイ

ン。一般開業医からいいなと思われるデザインや色と、工場の方がいいなと思うデザインと色とは違います。でも、どちらをみても、「あっ、堀場製作所の製品だな」とわかるように設計させるのです。かなりむずかしい課題だと思いますが、それができることがいちばん大切なのです。それがデザインです。

　それから、デザインの重要性をどのように社員に認知させるのかという質問に対しては、これは手間隙かけることです。そしてもう1つ、私は立場上社長ですから、社長特権を使うことです。どういうことかといいますと、社長はデザインを気にしているよということを社内に浸透させることです。そのことが会社全体をマネージするうえで非常に大事な原点です。トップの想いが浸透しているというのはすごく大事です。スポーツでもそうですよね。監督やキャプテンの方針がはっきりしているチームは強いでしょう。監督の印象が薄い、キャプテンがだれかわからないようなチームは、あまり強くありません。トップが必ず全部目を通すわけではありませんが、その牽引力というものが、組織を動かし目標に向かって進むうえですごく大切になるのです。その究極にあるのがデザインです。それだけ大切なのですから、デザインの悪い製品は買わないほうがいいとまでいってもいいのかもしれません。

学生　ホームページを確認させていただいたところ、One Company Song "Joy & Fun" のなかに、「We are one」という歌詞がありまして、すばらしい曲だったので感動しました。感想めいたことで申しわけありません。

堀場　ありがとうございます。

学生　講義のなかでも言及のあった「本物を知る」というのはどういうところに勘どころがあるのでしょうか。どうすれば本物を見分けることができるのでしょうか。

堀場　来年、われわれが潰れているかもわからないので、その時にはいまお話しているような思い込みが原因だったんだなと解析してもらえれば と

思うのですけれども、やはり経験が大事だと思います。言い換えると、たくさん失敗しなさいということです。失敗しない限り、本物を見抜く力は絶対生まれてきません。ですから、教科書や成功例をいくら読んでも、本物を見抜く力と経験は絶対積み上げられません。ましてや経営書を読んで会社を経営しようなどというのは、まったくの間違いですね。経営書を読むことは昔の戦国時代の戦記を読んでいるようなものです。たまたまそのとき、その時代、そのことがうまくいった話をしているだけなのです。それを違う環境でまねしてもほとんどうまくいきません。そういう時代があった、そういう時にそういう対応をしたという記録のようなものでしかないのです。

　それから、社長１人では会社は動かせないと知ることも大事です。ゴルフはされますか。されないそうですので、この話はいま一つかもしれませんが、池田勇太というすごくうまいプロのプレーヤーがいますよね。あの選手とある大会のプロアマ戦で一緒に回ることがあったのです。私もゴルフは長いことしていましたが、その時は伸び悩んでいました。その時、彼が私に、「堀場さん、会社で全部の仕事を堀場さんがされてはいないでしょう」といったのです。もちろん部下がしています。「ゴルフも一緒ですよ。自分が仕事しようとしたら絶対だめ。クラブに仕事をさせなさい」。それまではわからなかったのですけれども、私はいつも部下に仕事をさせていますから、クラブにも仕事をさせると聞いてすぐにぴんときました。それからぐんとゴルフが上達しました。これは関係ありませんが、池田選手もその後すぐ優勝したのですよ。

　人との出会いも大事なのです。冒頭でお話した、先日の米国現地法人の40周年の時に恩師のカリフォルニア大学の教授や、設立当時の会計の責任者や、米国事業を始めた当時の合弁相手のオーナーであった方など、昔からお世話になった方々をお招きしました。これらの人々との出会いがなかったら、いまの私や堀場製作所はないと思っています。たとえば今日こうして皆様と出会っているのも、この出会いで皆様に少しで

もインスピレーションを与えられたら、私としてはここに来た意味があると思うのです。出会いが大事ですし、人との出会いを大切にしない人は本物も見抜けないと思うのです。自分の専門分野だけみていてもだめですね。京都にはお茶やお花の世界の方もいるし、お寺の方もいます。いろんなジャンルの人たちが身近にいる素晴らしい環境だと思います。いろんな人たちと交流することによって自分の本業でも本物がみえるようになってくるのです。ですから、幅を広げること、趣味を広げること、いろんな人たちと出会うこと、これが私は本物を見抜く方法だと思うのです。

　どうもありがとうございました。

第 5 章

島津製作所
科学技術で社会に貢献

株式会社島津製作所 代表取締役会長　服部　重彦

（講義日：2014年7月10日）

ただいまご紹介いただきました服部でございます。今回のこの講義では多くの京都企業の社長様が出ておられますが、ほとんど全員がオーナー系企業でございます。私は、いわゆるサラリーマン社長でございまして、決められた期間、私の場合ですと6年間という社長の任期にどれだけ濃縮して経営をやるかというところが、オーナー系企業の社長様と少し違うと思います。そういう点で、他の登壇者と私がお話する内容はちょっと違いがあると思いますし、そういうところを見極めていただいて、また将来皆様方には経営をやられる方もおられましょうし、あるいは学者になられる方もおられると思いますが、参考になれば大変ありがたいと思います。

当社は、今年で創業140年になります。当社も明治初期にはベンチャーで、1代目2代目というのは非常に優秀なベンチャー企業家でした。ただ、残念ながら、なかなかそういう優秀な親子が続くわけではございません。当社は5代目まで創業家関係の社長が続きましたが、5代目ぐらいになりましてキャッシュフローで詰まってしまい、銀行の出身者が当社の社長になるという時期がありました。そういう時代を経て、何とか会社に長くいる優秀な人材からトップを選ぶということで、いわゆるプロパーの社長が私までつづいているわけです。私は10代目でしたが、実はプロパーの社長は創業から100年たった頃から始まっています。ある意味では第二の創業からまだ40年しかたたないのが当社ではないかというふうに思います。その辺のことをお話しします。

まず、京都の独特の企業文化がわれわれ経営者に与えた影響というのは非常に大きいということを、私なりにまとめたお話をさせていただきます。

2つ目は、島津の紹介です。創業140年の私どもがどういうことをいまやっているかを簡単にご紹介します。

3つ目は、この140年の間にあった3回の当社の危機をどのようにして乗り切ってきたかというお話をさせていただきます。

4つ目は、当社が140年続いているその源泉は何かというお話です。

5つ目は、一介の設計技術者として島津に入った私が40年後に社長になる

ことに至った過程です。

　6つ目は、私自身が企業価値向上のために何をしてきて、その結果としてどうなったかというのを、お話したいと思います。

　7つ目は、当社を取り巻く産業構造について振り返ります。

　最後に、私自身あるいは島津製作所は、引き続きより高い企業価値創造のために頑張っているわけですが、そのお話を少しさせていただきたいと思います。

第 1 節　京都の企業文化

1　ものづくり都市——京都

　最初は、京都の企業文化、それから京都企業の生い立ちというものがこの文化にどう左右されているかということをお話しします。京都はもともと歴史の街ですし、観光客があふれています。1年中海外からも人が来るということで、京都の産業は観光でもっているのではないかと思われる方も多いと思いますが、実は京都は日本でも有数の工業都市です。街をみてもどこからか煙が出ているわけではありませんし、煙突があるわけでもありませんのでものづくりは京都ではされていないのではないかなと思われるかもしれません。しかし、都であった1100年もの間、やはり京都の人たちが思いをもって、この京都でものづくりを続け、産業を育ててきたということが非常に意味深いのだろうと思います。

　京都には、2つの企業群があります。1つは昔からの産業です。たとえば織物、陶器、そしてお酒にしろ、そういうものを営々と続けて大きな産業群を形成している企業です。もう1つは、たとえば日本電産様や京セラ様など、戦後にIT関係のデバイスとして、このITの流れのなかで急速に業績を伸ばしてこられた企業です。この2つがうまい具合に重なり合って、あるいは協調しながら雇用を安定的にし、なおかつ産業を高いレベルまでもってきている、おそらく日本でもなかなか数少ない、いわゆる京都らしいものづくりの企業の集積ができあがっているのではないかと思います。

　私がご説明するまでもなく、都が京都に移ったのは794年です。そこから1100年の間、都が1カ所にとどまるというのは中国でもない話なのですが、

京都ではこの1100年の間にいろいろな産業が育ち、やがて伝統産業となり、また、新しい産業を生んできたのではないかと思います。

　それはなぜかといいますと、天皇が住んでいるわけですから、当然いろいろな行事とか、遊びも含めて、最高の工芸品が宮中で使われておりました。当初は京都の周りの人たちで陶芸品や織物をつくっていたものの、だんだんそれが庶民にも使われるようになると、とても京都の周りの人たちだけでは十分にものがつくれないということになってきまして、日本中から京都に向かってものづくりの職人たちが集まってきます。結果として、京都が最高レベルのものづくりの集積地となったわけです。当社の創業者も島津製作所を創業するまでは仏具師として、仏壇に飾る金属品や木材を精密加工することを生業としていたのですが、そういう職人たちがたくさん京都に集まっていたということになります。

　平安から始まって1700年頃になりますと、京友禅とか京焼などの多種多様な伝統産業が興り、非常に大きな基盤となり、それが今日まで引き継がれてきました。1700年といいますと、英国の産業革命の頃です。その頃に京都では着物とか陶器という大きなビジネスがふくらみ出していたということになります。その後、京都では多くのベンチャー企業が育つのですが、そのベースになったのは織物であり、陶芸であり、漆器の技術であったのではないかといわれているわけです。

　われわれは企業ですから雇用も大変重要なのですが、先ほど申し上げました従来型の伝統的な産業と世界トップレベルのITデバイスをつくるハイテク企業が重なり合うことによって、きわめて安定的な雇用を生みました。京都の企業では今まで従業員を大幅に削減をしたという例があまりありません。ハイテク産業だけで産業が成り立っているわけではなく、ベースとしての伝統産業や観光産業もあるというのが現在の京都の特徴であると考えます。

　そういうなかで京都企業を特徴づけると、私は以下にあげるような項目が京都企業独特のカルチャーであり、それがいまの京都の産業を支えていると

第5章　島津製作所　科学技術で社会に貢献　159

思っております。

2　京都ベンチャーの系譜

　1つは、京都の人たちには挑戦する勇気が非常にあったということです。これはどういうことかといいますと、江戸時代以降、たとえば1600〜1700年代にはかの有名なお酒の大倉酒造（月桂冠）様が創業しておられますし、福田金属箔粉工業様や、あるいは宝酒造様、川島織物様などは200年、300年という非常に長い歴史があるわけですが、もともとはすべて1人のベンチャー企業家が会社を立ち上げて始まっています。

　明治維新になり、都が東京へ移り、当社もそうですが、疲弊した京都で新しい事業をやろうという人がいろいろ出てきます。当社もこの頃創業しました。また創業者の島津源蔵はジーエス・ユアサ様も立ち上げました。それと、かの有名な任天堂様、それから大日本スクリーン製造様、あるいは日本新薬様。こういった企業が1860年代〜1900年頃の創業ということになります。

　その次の第二次世界大戦の後、いわゆる第二の創業が始まります。オムロン様とか京セラ様、村田製作所様、堀場製作所様、いま有名な会社が全部この時期になります。

　1970年前後になりますと、ここから少し下り坂に来るわけです。日本電産様は大変大きな会社になっていますが、それ以降、1980年代、1990年代となかなか売上げ1,000億円を超える企業が出てきておりません。この点は後ほど問題提起をさせていただきます。しかしながら、京都には挑戦する勇気をもった人たちがたくさん集まっていて、そういう人たちが次から次へ起業したというのが京都企業の1つの大きな特徴であろうと思います。

図表 5 − 1 「挑戦する勇気」——ベンチャーの始まり

- 江戸期
  大倉酒造（1637）、福田金属箔粉工業（1716）、宝ホールディングス（1842）、川島織物（1843）

- 明治維新（第一の創業の波）
  大日本スクリーン製造（1868）、島津製作所（1875）、任天堂（1889）、日本新薬（1911）、ジーエス・ユアサ（1917）

  創業100年以上の長寿企業が1,300社

- 第二次世界大戦直後（第二の創業の波）
  オムロン（1933）、村田製作所（1944）、堀場製作所（1945）、ワコール（1946）、三洋化成工業（1949）、ニチコン（1950）、ローム（1954）、京セラ（1959）、アークレイ（1960）

- 1970年前後（第一次ベンチャーブーム）
  ユーシン精器（1971）、日本電産（1973）

  46の大学→産学連携

- 1980年代前半（第二次ベンチャーブーム）
  トーセ（1979）、TOWA（1979）、サムコ（1979）

- 1995年前後～現在（第三次ベンチャーブーム）
  シーシーエス（1993）、エスケーエレクトロニクス（2001）、オプテックス・エフエー（2002）

3　伝統がベンチャーを生む

　2つ目は文化の伝承ということになります。先ほど申し上げましたように、1700年前後になりますと、陶器、いわゆるセラミックなどは非常に重要な産業になっておりますが、このセラミックの技術を使ったいろいろな商品がいま京都でつくられています。現在、有名なのは村田製作所様のセラミックコンデンサーです。1ミリ角より小さいようなセラミックコンデンサーなどで世界でトップのメーカーになっておられます。

　それから金銀箔。先ほど申し上げましたが、福田金属箔粉工業様がやって

第5章　島津製作所　科学技術で社会に貢献　161

図表5－2　文化の伝承――伝統を重んじる
伝統産業により培われた精密なものづくり

焼物　　セラミックコンデンサー
酒　　バイオ
金銀箔　　電子部品
精密加工　　精密機器

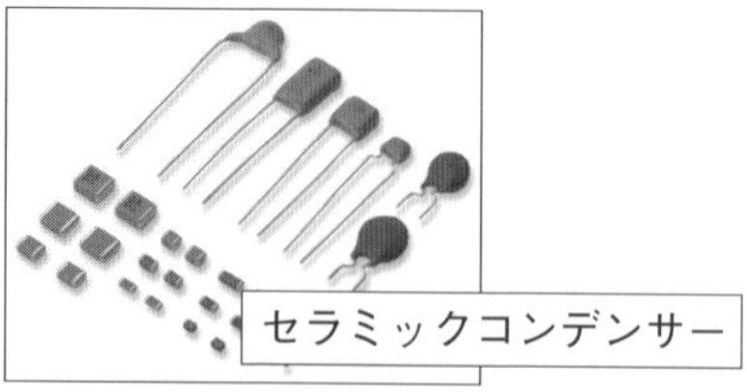

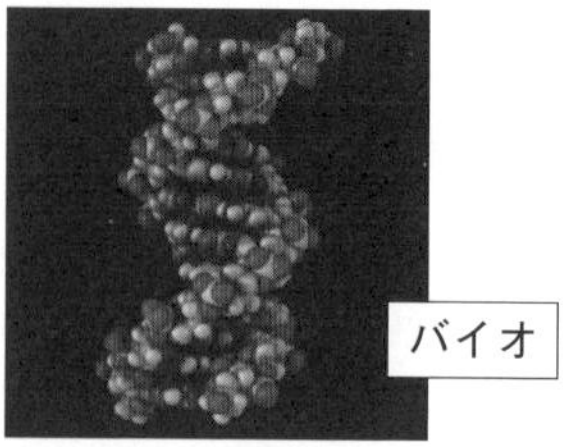

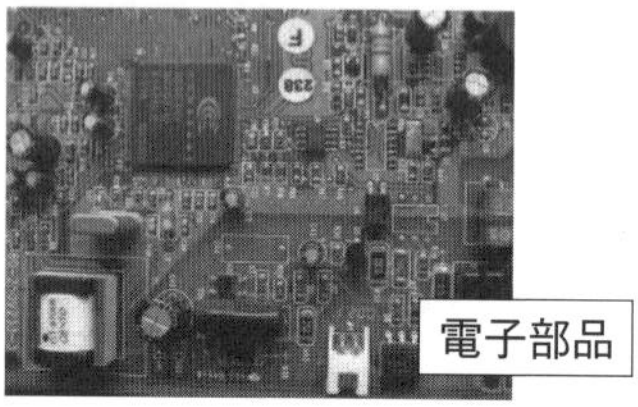

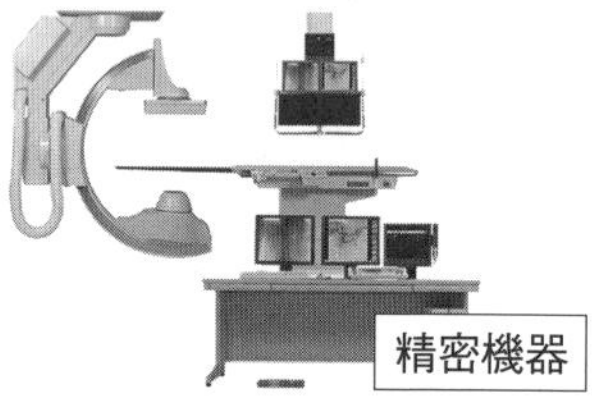

おられます。昔は金張りの柱とか金張りの食器というのがたくさんあったわけですが、その技術がいまのITの電子部品の非常に重要なコンポーネントになってきています。大倉酒造（月桂冠）様や宝酒造様はいまバイオの仕事にかなり注力されておられます。もともとお酒づくりというのは発酵ですから、まさにバイオテクノロジーなのです。

　当社は、もともとは仏具に使う金属や木材の精密加工をやっていた者が精密機械をつくりはじめました。いまは、それが医用機器になり分析機器になっておりますが、伝統産業に培われた精密なものづくりというものも非常に重要な特徴かなと考えてます。

4　進取の気象

　それともう1つは、ベンチャー精神と似ているのですが、進取の気象です。要は、物まねは嫌というのですね。これはプライドが高いからともいえるかもしれませんが、とにかくオリジナリティを大切にし、人がやっている

ことはあまりやりません。ですから、京都ではいろいろな企業があり、一見同じようなものをつくっておられるようにもみえるのですが、実はほとんど競合する商品をつくっている企業はないのです。たとえば、村田製作所様がつくっているコンデンサーを京セラ様はやりません。何も相談しているわけではないのですが、結果的にすみ分けというのが非常に大きな原動力になっていると思います。先ほど村田製作所様のコンデンサーの話をしましたが、ニチコン様という会社は自動車などに使う大型のアルミ電解コンデンサーというまったく違う部品を、違う仕様でつくっておられます。あるいは、京セラ様はセラミックをたくさんつくっておられますが、コンデンサーではないセラミックの電子パッケージとか半導体をつくっておられます。それから、ローム様は、パワーモジュールとかセラミックのICのパッケージをつくっておられます。同じデバイスメーカーでありながら、実はまったく違うものをつくっておられます。

日本ではA社がやるとB社もC社もD社もやるというように揶揄されますが、多くの企業が同じ土俵で競争をしている産業が多いなかで、京都企業のビジネスモデルのすみ分けというのは非常に貴重ではないかと私は思います。

5　深掘り――選択と集中

さらに、深掘りです。典型的なのは、日本電産様の永守様で、モーター一筋なんですね。もともとはハードディスクに使うような小さいモーターをやっておられたのですが、いまでは非常に小さなモーターから、自動車用のモーターまでつくっておられます。モーターというのは、かつては斜陽産業ということで、多くの企業がどんどんモーター事業を手離されたのですが、そのなかで逆にとことん買収されて、いまや「モーターでは日本電産」という名が世界中に知れ渡っています。

当社も、日本電産様ほどではないのですが、創業以来の医用機器、それか

ら創業以来の科学計測機器というのがいまだに主力になっております。

　兄弟会社のジーエス・ユアサ様も同様です。これは先ほど申し上げましたようにGenzo Shimadzuが創業したのですが、この会社もバッテリー一筋です。いまはご承知のようにリチウム電池、イオン電池というのが新しく出ていますが、自動車、バイクはほとんどが鉛電池です。このように粛々とそれ一筋というようなメーカーが京都にはたくさんあります。すなわち深掘りというのも大きな特徴だろうと思います。

6　産学連携──知の集積を目指して

　そして産学連携です。島津は京都大学とはいろいろな面で連携させていただいておりますし、当社2代目はレントゲン博士がX線を発見したその翌年に当時の三高、京大の先生と一緒になってX線撮影を成功させています。当時から産学連携は非常に重要でした。京都には京都市だけでも45、6の大学がありますし、人口の10％以上が学生です。そういったなかで以前から産学連携が盛んなのですが、これについては少し問題を感じております。いま本当の産学連携ができているのかということです。素晴らしい大学、素晴らしい学科があるのに本当に産学が連携して新しいベンチャーができたりものが創出されている例が最近あまりないというように思います。しかしながら、京都の企業文化の1つとして産学連携はどうしても避けて通れないと私は考えています。

　なぜ私が産学連携についてお話しするかといいますと、実は私も何とかして京都にもっと多くのベンチャーをつくりたいと思って、去年もMITに何人かと一緒に行ってまいりました。MITには、学校を出るとすぐに、ベンチャーをスタートさせる人がたくさんいます。それで、ベンチャーを立ち上げて成功した企業家がまた大学に戻ってきて、メンターとして後輩を支援しているのです。それと、事業をスタートするためには資金が要るわけですが、その資金を出すようなエンジェルマネーが米国にはあります。それらを

全部もってくるのはなかなか日本ではむずかしいなと思っているわけですが、何とかこれを京都にも根づかせて、大きくやっていかなければならないと思います。米国には西海岸にシリコンバレーという1つの大きな知の集積があります。東海岸に行きますと、MIT、ハーバードがあります。それから、英国に行きますと、オックスフォード、ケンブリッジというのがベースになって1つの知の集積があります。また、英国には大きな規模のサイエンスパークが70カ所あるといわれています。最近ですと、シンガポールにライフサイエンスの拠点であるバイオポリスという20万平米ぐらいの大きなサイエンスパークができました。

なぜそういうサイエンスパークがあるとベンチャーが立ち上がり、あるいは大きな仕事ができるかということなのですが、いちばん重要なのは人材の流動です。同じ地域にたくさんの人、研究者が集まっていろんな議論をしていくうちに「それじゃ、そのベンチャーの立上げに私も入りますよ」「私の専門は事業管理ですから、そっちをやりますよ」という人と人とのつながりがその集積のなかで行われるわけです。もちろん技術的な共同研究というのは当たり前ですし、加えて隣との競争原理のなかでまたモチベーションが上がります。それと、研究した成果を「それじゃ、隣の企業で成果を事業化してもらおうや」ということにもなるわけです。場所の大きさとか、あるいは人のつながりというのは非常に重要なのです。

京都をみますと、たくさんの素晴らしい企業はあるし、大学もあります。京大の桂キャンパス、それから京都リサーチパークがあります。神戸にも少し大きな、バイオイノベーションクラスターというのがあるのですけれども、産学連携といわれながらなかなか知の集積を成果に結びつけられていません。いままで京都のいいことをあげてきましたけれども、これはこれからの大きな課題だと思います。

この京大では、間もなく新しいベンチャー支援プロジェクトがスタートします。若い人にはどんどん挑戦してもらって、何とか京都がボストンとかサンフランシスコのように知の集積になることを願っています。それがない

と、おそらく今後経済大国としての日本の地位は危ういのではないかと思います。

第2節　島津のDNA

1　創業者の精神

　島津は創業140年です。創業したのが1875年、明治8年です。創業者の島津源蔵は、幕末の血なまぐさい空気のなかで、仏具師をやりながら新しい世界がどうなるかということを考えていたのでしょう。彼は明治になってから、政治の中心が完全に東京に行って疲弊した京都のなかで、科学技術が非常に重要だと考えました。小学校卒業で学歴がないわけですが、当時ドイツからたくさんの科学技術者が京都にも来ておりました。そういう方たちのお部屋に行っては「何か先生に必要な科学機器はつくれませんか」と聞いて回りました。そうすると、先生が「こういう英国の文献があるよ」「ドイツの文献にこういうものがあるよ。つくらんか」と。そういうことを繰り返しながら、まったく無学の初代がサイエンスの機械をつくりはじめたわけです。ただ、彼は、単にそれを売るだけではなくて、教育という観点、つまりサイエンティストをいかにたくさん育てるか、そのために何が要るかという思いのなかで起業したのです。まさしくベンチャーの立上げです。

　2代目島津源蔵は、1895年に日本で初めての蓄電池を開発しています。これがジーエス・ユアサのバッテリーのスタートになります。それから、1895年にレントゲン博士が目でみえない波長の光、X線を発見したのですが、その翌年には、京大の先生がもって帰られた文献をみながら先生と一緒に自分の手とか財布とか眼鏡を映し出しました。これが1896年、レントゲンの発見からわずか1年後です。それが当社の医療用機器をスタートさせる契機になりました。そして、もう1つおもしろいのは1917年。いまでは会社を分け

る、分社というのは当たり前なのですが、2代目は科学機器を専門としている島津製作所のなかでバッテリーは育たないと認識して、会社を別にしました。それで日本電池（現ジーエス・ユアサバッテリー）という新しい会社をつくりました。さらに、バッテリーには金属の粉末をたくさん使うのですが、彼はその原理を利用して、大日本塗料という塗料の会社をスタートさせました。また、後になってからバッテリーで駆動するフォークリフトのニチユ（現、ニチユ三菱フォークリフト）という会社を立ち上げています。分社を繰り返すといういまのビジネスモデルを当時やったという意味では、経営者として大変すぐれていたと思います。この2代目の源蔵は技術者としても非常に優秀でありまして、彼が得た特許は170件もあったといわれており、日本のエジソンといわれるぐらいの実績をあげたわけです。

　バッテリーに非常に力を入れておりました2代目は、いまから100年ぐらい前、まだ日本には自動車メーカーがない時代に、米国から取り寄せた自動車に自分がつくったバッテリーを積んで京都の街を走らせていたという写真

図表5－3　沿　革

東京へ遷都（1867）
1875　初代島津源蔵 京都木屋町二条南で創業
1895　2代目日本で初めて鉛蓄電池の開発に成功
1896　2代目X線写真の撮影に成功
1909　わが国初の医療用X線装置を完成
1917　株式会社に改組、蓄電池部を分社化

初代源蔵

2代目源蔵

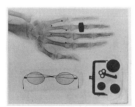

初期のX線写真（1896）

大津赤十字病院へX線装置を納入（1911）

が残されております。100年も前に、自分で米国から仕入れた自動車に電池を積んだ、いわゆるいまの電気自動車を走らせた彼のパワーはすごいなとあらためて思うわけですが、そういう新しいことに次々と挑戦しながら現在に至っているわけです。

2　科学技術で社会に貢献

　当社の社是は当初から「科学技術で社会に貢献する」という言葉です。要は科学技術を深く突き詰めていけば、それはひいては人々に、あるいは社会に貢献できるという社是です。

　それで、いま何をやっているかといいますと、簡単に申し上げれば、見えないものを見えるようにする、測れないものを測れるようにするというのがわれわれのミッションでございます。たとえば、空気というものを測れば、ご承知のように窒素と酸素とCO_2などが含まれるわけです。あるいは、汚れた水を測ればどれだけ変な成分が入っているかわかりますし、薬や食品もそうです。あらゆる見えないものを見えるようにした途端に、産業が発展するだけではなくて、人々の社会生活に豊かさをもたらすということで、当社はこの分析計測に非常に重要な意味づけをして今日に至っております。

　私が大学を出たのは1964年ですが、その頃の四日市の公害というのは、いまの北京、上海よりひどかったですね。駅を降りると、もう本当にプーンと臭いがするぐらいでした。その時も当社の機械が活躍しました。分析装置があってはじめて数値がわかって、「それを減らそう」という1つの目標が立つわけです。ダイオキシンの問題もそうでした。中国で牛乳に異物が入った時もそうです。われわれが社会に貢献できる仕事をしているというのが実感できます。

　もう1つは、創業期から始めております医用機器の事業です。これもわれわれは、できるだけ放射線量を減らして断層像が撮れるとか、できるだけ放射線を浴びずにX線写真が撮れるとか、そういう目標を立てながらやってい

るわけです。それから産業機器、航空機器の事業も行っています。いまは製造・販売そして開発の拠点も世界中にあります。

　田中耕一がノーベル賞をもらった頃から、当社は徹底したサイエンスを突き詰めるという創業家の気持ちが田中含め社員にもDNAとして伝わっているのかなということをあらためて思うようになりました。当社の製品には、国産初というのがたくさんあるのですね。先ほど申し上げた蓄電池がそうですし、レントゲンもそうです。それから、いまはやめておりますが、電子顕微鏡も日本初でつくっておりますし、私が島津へ入ってからずっと命をかけてやってきたガスクロマトグラフも日本で初めてでした。それと、2002年にドクターももたない一介のサラリーマンの、主任である田中がノーベル賞をもらうということからも、当社は真のサイエンス探求の会社ではないかと思います。

　皆様ご存知のように、病院でレントゲンとかCT（断層像）を撮って何か見つかったとき、手遅れではないけれども、やや遅いという場合がよくあります。本当は発症する前に調べられたら病院に入院しなくてもいいし、切らなくてもいいということになるのです。いま、われわれの願いは、発症する前に病気を見つけるということです。そのために、たんぱく質を測り、アミノ酸を測り、DNAをみるという、バイオテクノロジーの分野の研究を田中耕一も含め一所懸命やっています。いずれは必ずレントゲンなどの装置なしで病気がわかるという時代が来てほしいなと願うわけです。

3　ノーベル賞は突然に

　ちょっと田中の話をさせていただきますが、彼がノーベル賞をもらったのは43歳の時です。実は彼が島津に入ってまだ5年目の28歳の時にやった研究が、15年後にノーベル賞を受賞するということになりました。

　これにはいろんな、おもしろい裏話があります。私も忘れていませんが、2002年10月9日の夕方5時頃、普通に田中のところに電話がかかってきまし

た。英語で、「ミスタータナカ、10分か15分したら電話をしてくる人がいるが、君は部屋にいるか」と、こう聞いたというのですね。それで、彼は「オフコース（いますよ）」と、こういいました。そうしたら、本当に15分したら電話がかかってきました。これは、結構クセのある英語の人が電話をかけてきたそうですが、田中はそんなに英語が得意ではなかったので、ノーベル賞ということがわかっていないのですよね。「コングラチュレーション（おめでとう）、何とかアワード」とかいわれて、本人は何か賞をもらったんだなという程度の認識だったそうです。ところが、それからもう10分もしないうちに島津中の電話が鳴り響いたというぐらい日本のマスコミというのはすごいもので、マスコミの対応があってはじめて田中自身は自分がノーベル賞をもらったと知ったそうです。

　われわれにとっては青天の霹靂でした。当時私はまだ常務でして、社長は米国に出張中でした。私は四国のお客様のところへ行って懇親を深めておりました。7時頃、なじみの店員から「あなた、大変よ。あなたのところの田中耕一さんがノーベル賞をもらったよ」というのを聞いたのですけれども、だれも信じなくて、放っておいてまた飲んでいまして、10時頃になってはじめて正式な連絡を受けました。田中が最初に作業着を着てテレビに出たのをみられた方もおられるかもしれませんが、本当に普通に仕事をしていたのです。その隣にいたのが私の同期の常務だったのですけれども、彼しか役員がつかまらなくて、彼はもう家で風呂へ入っていたらしいのですが、連絡を受けて飛び出てきたという、それぐらいのサプライズだったのです。ノーベル賞は突然やってくるのですね。期待せずに粛々と研究して成果をあげた人が、突然もらえるということが多いようです。

　後日さらに驚いたのは、受賞対象になったのが、彼が28歳の時、1988年6月6日に出した彼の唯一の英語論文だったことです。彼は若い時にはそれ1本しか出していないのです。実は、その1カ月後の1988年7月5日に同じような研究をしていたドイツの研究者が出した論文があるのです。そちらも応用性があって深い論文だったため、ドイツではなぜこちらがもらえないのか

という声もあったようです。原理的に説いた論文は田中が初めてだったため、オリジナリティというものが非常に重要視されるノーベル賞に評価されたわけです。そういう意味で、田中にとってはもちろん、われわれにとっても大変うれしいことでした。

　それから12年たちまして彼も54歳になっていますが、いまでも当社で粛々と研究を続けています。おそらく米国からの誘いがたくさんあったと思うのですけれども、それに応えることもせずいまだに彼が当社で研究を続けているというのは、われわれにとっても1つの誇りであると考えます。

第3節 危機を乗り越えて

1 Slow steady growth

　私どもの島津は、3,000億円しか売上げがないのですね。140年やって3,000億円です。社員は連結で1万人です。私どもの外で請け負う契約の方とか、あるいは代理店を入れても2万人ぐらいの、ある意味ではそんなに大きくない企業ですが、私としては非常に心地いい企業サイズかなとも思っております。早く5,000億円にしたいなと思うと同時に、やっぱりこれぐらいがいちばんいいのではないかなとも思いつつ日頃の経営をやっております。

　よく米国にいた時に「ミスターハットリ、あなたの会社はどれぐらいの売上げなんだ」と聞かれて、3,000億円と答えるわけですね。「聞いたところによると歴史が140年らしいけど、本当か」「本当ですよ」と。「それは信じられないな。140年事業をやっていて、いまだに3,000億円か。米国の会社で70〜80年やっていていまだに3,000億円だったら、とっくに会社は潰れているよ」などといわれます。ただ、その時にはいつも、「たしかに企業が大きくなることは経済的にも大変重要だけれども、長く続けるということがそれ以上に重要じゃないか」と下手な英語で反論しました。そんな米国人との議論もよくしましたが、私はいまでもそう思っております。なぜならば、企業はもちろん株主と社員から成り立っているわけですね。その家族も含めた人たちは、会社に人生を捧げています。若い人はこれから就職されるでしょうけれども、命をかけた会社がそう簡単に潰されては困るのですね。どんどん大きくなっていって、しまいにそれが行き詰まったらはじけるというわけにはいかないと思うのです。オーナー社長様はちょっと意見が違うと思いま

す。私はサラリーマンから社長になっているわけですから、自分と同じように社員がかわいいということがあります。それはいまでも同じですね。社長になる前もそうでしたが、これは若い人にとってはちょっと古いととられるかもしれませんが、家族ともども体を預けた会社を潰してはならないと、これが非常に重要だといまでも思っております。ですから、これもまた笑われるのですけれども、「Slow steady growth」でいいのではないかな、とも思っています。

2　3度の危機

　実は、そういう140年の歴史をもつ当社もいろいろな意味で大変な危機がございました。当社はこれまで3回の危機を迎えました。ただ、それらをよく振り返りますと、当時のトップのリーダーシップとチャレンジ精神、それからそれを支えようと必死になってもがいて働いた社員、最後にそれを支えた会社の基盤力、この3つで救われたと思います。

　1回目の危機は、これはほかの多くの企業もそうなのですが、関東大震災で東京が壊滅状態になった時です。当時は東京と京都の移動には時間がかかりましたから、1週間ぐらいかけて東京から京都に報告に来た幹部によれば、とにかく東京は工場も潰れ、東京本店も潰れてしまったということでした。そして、いまでいうBCP（事業継続計画）ですが、とにかく社員を全部京都に送るから京都でものづくりをやろうという行動に出たそうです。次のステップとして、彼らは海外へ行っていろいろな仕事を探してこようということになりました。その時代、海外に行くというのは大変むずかしかったわけです。それでも、他に先駆けて海外へ出かけ、そして新しい仕事をとってくる、あるいは学んでくるために、ベルリン、台北、中国の大連などに支店、出張所をつくって人を送り込みました。また、新たな取組みとしてレントゲン技師養成学校を創設しました。いまレントゲン技師になるには4年制大学を出て国家試験を受けますけれども、当時われわれはX線機器を売って

おりまして、医者が被曝する、あるいはレントゲン技師が被曝するという事故が非常に多かったのですね。知識不足が原因でした。それで今後事業を伸ばすには正しい教育が必要であると考えたわけですが、いまはそれが四年制大学に発展しております。そういうことも当時の経営者が決断しました。

2回目の危機はだいぶ最近になります。ちょうど創業から100年たった1975年。これはもう本当にきびしい円高で、皆様ご存じないでしょうが、この頃まで1ドルは360円でした。第一次オイルショックだけではなくて、日本はこの頃に変動為替相場制に移りまして、あっという間に1ドル240円、150円と円高が進みました。1ドル360円が超円高の1ドル150円になると海外への輸出がむずかしくなります。しかも、円高に加えて資源も高騰し、当社も赤字になりました。この時も経営者の1つの素晴らしい判断がありました。海外部門の強化です。円高になれば、当然海外で売るのは厳しくなるわけですがあえて北京、米国、カイロ、バグダッド、シンガポール、ブラジルと順次販売拠点をつくって海外での販売体制を強化しました。私が初めて米国へ行ったのが1976年ですから、このオイルショックの3年後に、米国で店を開こうということで米国に渡っております。

3回目はついこの間ですね。平成のバブルが崩壊した2001年です。皆様はまだ若かったから覚えておられないかもしれませんが、山一證券が潰れたりした時期です。当社も3年連続の減益ということで大変苦労したわけですが、これらの危機を乗り越えるなかで経営者や社員がいろいろと学びました。それによって当社が生き延びて、さらに業績を伸ばすことができました。これには3つの不可欠な要素があります。次にお話しします。

第 4 節　企業の継続に不可欠な要素

1　トップの決断力

　1つ目は、トップのリーダーシップです。これから経営者になられる方もおられると思いますが、企業経営をやれば必ず苦しい時期が来ます。いつもいいということはないわけです。そういう時期にトップの決断と社員の後押しがあれば必ず継続企業として残れるということを、この3度の危機の記録から私は学びました。とりわけトップのリーダーシップが大変重要です。トップは常に自分を磨くわけですが、突然起こった危機に対してどう立ち向かい、次のチャレンジに向かって仕事を進めることができるかどうかで会社は大きく変わるわけです。そういう意味で非常に重要です。

2　人材を活かす環境づくり

　2つ目は人材です。私どもはたかが1万人、京都の本社に2,500人ぐらいの社員がいる会社ですけれども、トップがいくらリーダーシップを発揮してもなかなか思ったことを社員にわかってもらえないわけです。部長あたりは私がいったことを一応理解しています。でも、地方へ行って支店の若い人と酒を飲みながらしゃべると、私がいったことがまったく伝わっていません。これではだめだと思いまして、社長になってからブログを書き始めました。当初は月に3、4本出していたのですが、これが社員にすごく好評だったようです。これは社員だけがアクセスできるブログですが、数字をみると、私がアップした日にはだいたい2,200〜2,300のアクセスがあって、2,000人以

上の人が同時にみてくれています。私もとてもうれしくなって、もうどこへ出かけるにもカメラをもって、何をするにも何かストーリーがないかと探して、必死になって書きました。私は文章を書くのが苦手だったのですが、これを4年間続けたおかげで文章力も上がったかなと思うぐらい、いまからみれば本当に懐かしいブログ集です。すなわち、トップのリーダーシップは重要ですが、それだけではだめだということです。やはりトップは思い切りチャレンジに向かって進み、社員にはトップの考えをよく理解してもらって、それを共有するということが大切です。

　また、人材についていえるのは、社員が最大限に力を発揮して事業に貢献してくれる、そういう環境づくりが、会社にとって非常に重要です。怒って騒いで叱るというだけではだめで、あくまで最大限に力を発揮し貢献してくれる環境をつくります。社員は未知への挑戦にすごくエキサイトするのです。それから、自分が成長しているという実感をもつ、また、自分が社会に貢献しているという実感をもつ、これも彼らにとっては非常に重要です。それと仲間と共同でやることの喜び、そしてステークホルダーからの承認ですね。株主様以外にも、地域の人なども含めたステークホルダーに認めてもらう、そういう誇りとか喜びを実感できることがものすごいモチベーションになります。もちろん、働きに見合った報酬というのも重要です。そんな環境のなかでどのようにして社員と経営者が共通の目的をもつかというのが大変重要です。

3　変化と継続——経営の基盤

　3つ目は、経営基盤力です。これは軸足というものですね。経営の軸足を何にするかというのが非常に重要でして、長い間事業を続けておりますと、その間に常に時代は変革し、変わっていきます。しかしながら、あっちへ行ってこっちへ行ってという飛び石経営というのは、うまくいく場合ももちろんありますが、なかなかむずかしいです。1つの軸足のなかで常に変革を

図表5－4　「企業の継続に不可欠な要素」

> 継続企業には必ず苦しい時期があり、それを「トップのリーダーシップ」と「経営基盤力」「人材」で乗り越えてきた

「トップのリーダーシップ」
トップとしての思い、指針、方向性などを社員に向かって明確に示し、常に高い目標にチャレンジすることを求め続け、繰り返し明快な言葉で戦略目標を発信。同時に社員との信頼関係を熟成し、常に攻めの姿勢を崩さないことも重要。

「経営基盤力」
それぞれの企業には経営の基盤となっている強みや伝統がある。その基盤を経営の中心に置いて、付加価値を枝葉として成長していくのが重要。

「人材」
トップの掲げた戦略を実行してくれるのは社員、すなわち人。企業にとって人は最も大切な資源。力を発揮し事業に貢献してくれる社員を育てるため、会社はその環境づくりに全力をあげる必要がある。

<u>修羅場を乗り越えることで人も企業も成長する</u>

して活力を持ち続けるために欠かせないのが、明確な経営の基盤なのです。当社の場合は少し技術オリエンテッドな部分があり、そのあたりに偏ってしまいますが、明確な事業の基盤をもつとか、当社でないとできないような技術的基盤をもつとか、あるいは付加価値の創造力をもつとか、そういうことが非常に重要です。そういった経営基盤を昔からいままで伝承してきて、それがいまの経営者である私自身にも意識として根づいています。そういう意味での経営の基盤が重要です。

　これから皆様が会社経営をやられたり、あるいは学者になられていろいろ研究なさる場合にも、企業の継続に不可欠な要素として、以上の3つを私自身はあげたいと思っております。

第5節 トップのリーダーシップ
——サラリーマンとしての経験から

1　経験のなかにしか答えはない

　そのなかでも重要なのがリーダーシップということであります。後ほどお話をさせていただきますが、私が米国現地法人の社長になった時、日本へ帰ってきてしばらくしてから本社の社長になった時、そのいずれも直前に会社が大きく崩れかかっています。しかしながら、自分の経験が活かされて、その後しっかりとした経営に戻したことがいまの私の自信になっています。私は社長になるまでにいろいろな経験をさせていただきましたが、この経験のなかにしか答えはないと思っております。ですから、一介の設計技術屋として入社した私が社長にまでなれたのは、その時々に歩んだ、いわゆる苦労した経験というものが積み重なっているということです。昔祖母から「苦労は買ってでもしなさいよ」と聞いたことがよくありますが、苦労という言葉はあまりにも一般的なのですが、非常に重要だと思います。

　そういうことで私自身の話になってしまいますが、聞いていただくと大変うれしいです。私は23歳で、まだ日本ではあまり普及していなかった分析装置、先ほど申し上げたガスの分析とか液体の分析をする装置の開発技術者として島津に入りました。当時は15、6人の小さい部隊で、あまり儲かってはいませんでした。そこで鬼課長ともいうべき上司にめぐり会ったのです。この上司は、とにかく人の顔をみたらぼろくそにいったりして、いまでいえば完全なパワハラになりますが、それが一方で非常に芯のある人でもありました。この初めて会った父親以外の畏怖すべき存在が、いまも私の人生の大きな支えになっていると感じます。まだお元気なのでたまに食事をしますが、

第5章　島津製作所　科学技術で社会に貢献　179

「服部、ようあんた社長になったなあ」と何回いわれたかわかりません。

2　大国米国で

　私の1つの転機になったのは34歳で米国に渡ったときです。私は、高校時代、数学はいつも10番以内だったのですが、英語はまったく苦手で、もう英語ほど嫌いなものはないなと思って大学へ行ったぐらいです。ところが、また因果なもので、例の鬼課長の「世界へ挑戦する」という目標を達成するために米国へ行け、ということになってしまいました。英会話なんてまったくできません。会社を辞めようかとも思ったのですが、「行ってみてだめであればまた帰ってきたらいいんじゃないの」と家内がいうものですから、「まあ、いいや」と思い切って行きました。家内もまったくしゃべれないし、子どもは1歳と3歳が2人といういろいろと手のかかる大変な時期でした。ただ、人間とは不思議なものですね。行って会社を立ち上げたのですが、僕より上の現地のセールスマンが1人いまして、この人の程度がどうもよくありません。そうすると、またファイトがわいてくるのです。私は技術者なのですが、その装置を売るためにどうしても技術の説明をしないといけませんでしたので、程度の悪いセールスマンと2人で、まったく勝手がわからない米国の東海岸を北から南まで、4年間走り回りました。1日300、400キロ走ったのはもう本当にざらでした。よく生きて帰ってきたなと思います。当時あてがわれたのはおんぼろ車で、エアコンもありませんでした。だから、窓を開けて高速道路を120キロで走りましたが、なかなか大変でした。そういうことをやりながら、いま思えば涙が出るような経験もいっぱいしました。人種差別もきつく、当時、東洋人はアザーズなんですけれど、非常につらく当たられました。ホテルも、高速道路を走っていると空室という字が出るので、夜10時頃、すぐに高速道路から下りて泊まりにいくと「ああ、残念。いま埋まりました」といわれるのです。次の出口を出てもまた同じことの繰り返しで、泊まるところがなかったことが何度もありました。そういう米国は

大嫌いでしたけれども、また大好きな部分もあるので決して恨んでいっているわけではないのですが、1970年代の米国はそういう状況でした。

　そういうことをしながらドア・ツー・ドアのセールスを繰り返しやっていくうちに、私を気に入ってくれたお客様が何件か現れ出したのです。2年ぐらい米国に住んでいますと、朝から晩まで英語ですから、1年半ぐらいでだいたいしゃべれるようになるのです。そうすると、だいぶ自信が出てきて、自分1人で車を走らせてお客様のところに行くようにもなりました。

　ここで何を学んだかというと、4年間しかなかったのですが、米国の強さというのを嫌というほど感じました。また、お客様の満足度というものを日本では考えたことがありませんでしたが、それもしっかり覚えました。米国のメーカーはブランドをどのように築くのかということも学びました。それと、嫌な思い出の人種差別です。本当に苦労しました。それから、当時の日本の貧困というのも嫌というほど感じましたね。一方で、非常にうれしい経験もしました。それは、かけがえのない友人を得たことです。これはただの友達ではなくて、私から初めてたくさん装置を買ってくれたハーシーチョコレートという会社の担当者です。彼からはその後も34年間続けて板チョコ1枚とクリスマスカードがクリスマスの前日に必ず届きます。ちょっと変わっていますけれど、その気持ちがうれしいですね。自分に装置を売りつけた営業マンに34年間板チョコを送りつける、これもまた米国だなと思いました。このようにいろんなことを体で感じましたが、エッジに立った、生きるか死ぬかの仕事をやってきたことによって私が一皮むけた、経験によって成長したなといまでも思っています。当時はもう、私は営業に出たら1週間は帰りませんでしたから、家内が「何度娘2人を連れて死のうと思ったことか」というぐらいの、そういう時代でした。いまはおかげで娘2人とも英語が達者で、結果的にはよかったのですが、本当に苦労をしました。

第5章　島津製作所　科学技術で社会に貢献　181

3　閑職もまた経験

　その後、米国から帰ると日本のことがもうすべて何かばからしくなってきて、「あれもあかん、これもあかん」と上司にも食ってかかるわけです。そうしたら、日本の会社というのは、せっかく米国から帰ってきて精力的に働こうとしている私を閑職に追いやるのですね。ただ、もう米国で嫌というほど働いてきたので、この閑職に追いやられた1年間は毎日定時で家へ帰って、好きなテニスなどをやらせてもらってと、不思議とこの1年間というのは、私にとっては非常に大きなエネルギーになりました。そして、この頃にちょうどパソコンが出始めます。皆様はご存じないでしょうが、当時のパソコンは自分でBASICのプログラムを組まないと何もできません。それで、私は暇でしたから、帰る前にBASICの教室に通い工場の計数管理を立ち上げることもしましたし、これをやったおかげで、その後、社長になった時も基幹システムを入れ替えたり、また、私は72歳ですけれども、いまでもいろいろな新しいコンピュータシステムに挑戦できているのは、この経験が生きていると思います。

4　トップの責任

　いろいろなことを経て、ようやく新しい分析装置をつくれるプロダクトマネージャという立場になって楽しくやっていたのですが、1989年、47歳になって再び米国へ行けといわれました。その頃米国法人には300人近くいたのですが、会社が赤字になっているということでした。やっと自分で思うように製品をつくれる年齢になったところで残念でしたが、会社の命令でしたので米国へ行きました。いまでも忘れませんが、経費削減のために人を解雇しなければいけないので、15人ぐらい解雇しました。米国では解雇など一般的だといわれていますが、そんなことはまったくありません。人を失職させ

るというのは非常につらいことですし、大変なのです。一人ひとりを社長室に呼んで直接解雇を告げるのですけれども、涙を流した人もいたし、顔を真っ赤にして怒った人もいました。本当に生きた心地がしませんでした。そのつらい経験が社員を守らなくてはならないという私の1つの基盤になっているのです。人間というのはその時その時の経験がすべて糧になるということです。

　ですから、本社に帰っていろいろとやらされた後、2003年に突然社長になれといわれた時もあまり緊張感をもたなかったというのが正直なところです。普通は、サラリーマンが突然プロパーの社長になれといわれると、すごく悩んだりするのでしょうが、私はまったく悩みませんでした。米国にいた時から、「本社はあれもあかんな、これもあかんな」というのが頭のなかにいっぱいあって、「社長になったら絶対あれ直そう、これ直そう」という思いがありましたから、社長になってすぐに私は行動にかかりました。

第6節 社長として、企業価値向上のために

　ちょうど私が社長になった前年に当社は赤字に陥ります。これは3回目の赤字です。それで、社長になった私は、いままでやれていなかったことをやろうと考え、いろいろな施策を実行しました。ただ、私が6月に社長になる前年の12月に田中がノーベル賞をもらったので、世間の目は非常に厳しかったですね。いまでも忘れませんが、社長就任の記者会見というのは、通常は大して新聞記者も来ないのですが、この時はテレビカメラが10台ぐらい後ろに並びました。新聞記者の1人が、「島津さんは技術はええけど、商売下手やねえ。それをどう思いますか」「たしかに技術はノーベル賞をもらってるが、赤字を出してるじゃないか」といわれましてね。それは本当にいまでも忘れませんが、これを1つの大きなベースにしようと思ったのです。こういう経験がまた私にとっては非常に重要でした。

　社長として、企業価値向上のためにいくつかの施策を実施しました。当社にとっては晴天の霹靂ともいえるような大きな改革になりました。米国に行った時に、「何でうちはこんなに値段が高いんだ」「何でうちの装置はこんなにトラブルがあるんだ。品質は本当に保たれるのか」と、もう嫌というほど感じたわけで、帰って社長になってすぐに、まず生産改革に着手しました。

　1つは、いままで協力工場でつくっていたものづくりを内製化しました。内製化によって、自分でものづくりを管理でき、同時にトヨタ方式のジャスト・イン・タイムに挑戦しようということで、そのために、当時もう20年ぐらい国内に新しい工場が建っていなかったのですけれども、私は工場を5つ建てました。この生産改革は本当に自分にとっては生きるか死ぬかの挑戦でした。その結果、分析装置の内製化率が2004年は12%でしたが、2009年には

図表5－5　企業の価値向上のために実施した施策

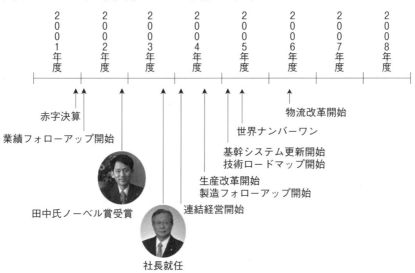

47％まで上がりました。その後、米国、中国に工場を建てるのですが、その時のマザー工場としてもこれらが非常に大きな役割を果たしました。最近、米国の会社は、ものづくりには価値がないと考えて、ものづくりをみんなシンガポールへもっていったり、中国へもっていったりします。これも米国人の経営者と議論するときに必ず出てきたテーマで、「何で島津は高い給料で最初から最後までやるんだ」「ものづくりには付加価値がないんだ。付加価値があるのはR&Dとマーケティングだ」と、こうみんないっています。たしかにそういう部分もあるかもしれませんが、私自身はそう思っていなくて、やはりものづくりが利益を生む源泉だと思っていましたので、あえて彼らといつも酒の席で言い合いしています。現実に、私どもの競争メーカーのアジレント、昔のヒューレット・パッカードなどもシンガポールで100％つくらせていますし、ものづくりの人員というのはほとんどいません。日本でも最近そういうのが増えてきていますが、当社の場合は付加価値が高い商品が多いので、内製化したのは非常によかったなと思っています。

2番目はIT改革です。実は、それまではそれぞれの工場で異なったITシステムが入っていました。われわれの場合は、受注して、材料の手配をして、製造して、納品して、それから据えつけしてというプロセスがあるのです。そのプロセスを管理するコンピュータのシステムも結構いっぱいあって、それが工場によって違います。そこでこれも絶対統一してやろうと思いました。結果的にシステム開発に50億円かかり、まだ問題を残しつつ少しずつ改善している段階ですが、新しく開発したシステムが間接費の削減というかたちで利益に貢献しています。

　その次は連結経営です。私が社長になった頃は、まだ日本は連結経営というのはほとんど使われていませんでした。単体経営の問題点は何かといいますと、たとえば本社がものを売ると売上げが立ちます。米国の子会社に売ったとしても、本社はどんどん数字が立つのです。ですから、本社は期の最後になると米国の子会社にものを売ろうとするわけです。それで、子会社では売れなくて、在庫がたまっていくだけです。いま思えば、売れていないのに売上げが立つなんてばかな話です。調べてみると、米国ではそんなことはなくて、連結経営というものがあるとわかりました。それで、連結経営を導入してはじめて、親会社と子会社の関係が正常になりました。すなわちいくら子会社に在庫を入れても、実際に売れていなければ連結の売上対象にはなりません。無理やりものをつくって子会社にもっていくということはいっさいなくなりました。それによってみんなのモチベーションが上がるわけです。要するに在庫にとらわれずに、お客様のニーズに応じてものを売るという本来の営業の楽しみというのが戻ってきました。

　それから、世界ナンバーワン作戦です。当社は、あまり市場規模が大きなビジネスはやっていません。世界でだいたい２兆円ぐらい、日本で3,000億円ぐらいの市場規模の分野が多いのです。それで、世界でナンバースリーとかナンバーフォーとかいうポジションのものが結構多いです。私は米国でライバル企業をみて、「彼らに負けるはずないな」と思っておりますから、ナンバーワンになろうとしました。ナンバーワンにしようと思いますと、既存

事業の強化のために買収、あるいは資本提携をしないといけないわけです。細かい話になりますが、たとえばターボ分子ポンプといいまして半導体制御装置に使う1秒間に何万回転するようなポンプがあるのですけれども、それを強化するために三菱重工から買収しました。それから米国のバイオのベンチャーに2社ほど投資しました。買収したらすべてうまくいくわけではありませんが、世界ナンバーワンに向けて大きな役割を果たすと思っています。

　それと、もう1つ私の自慢は、これはもう海外で長いことやってきた人間の嗅覚ですけれども、中国に早くから大きな資金を投じました。中国ビジネスの強化です。当社ぐらいの規模ですと、社員数は200～300人が普通だと思うのですけれども、いま、中国人の社員が1,500人います。2003年に売上げ130億円で400人しかいなかったのですが、2008年ですでに売上げ300億円、いまは売上げ480億円です。いまは政治問題があって停滞していますが、中国には13億人の市場があるのです。政治問題があろうが何があろうが、いいパートナーとしてやっていくべき市場です。特に、われわれの主力の分析装置というのはやはり中国が重要な市場です。いま、食品の安全とか環境問題とか、まだいろいろな問題が発生しています。われわれの装置を使用しないと、それがクリーンアップできないため非常に大きなビジネスをさせていただいていますが、中国で思い切った投資をしたことが当社の数字を大きく底上げしたことにつながったと思います。中国へもよく出張しましたけれども、そのたびに当時の現地社長に、「人は現地で何人採用してもいいよ」といいました。それから、「この会社は日本の島津製作所の子会社じゃないよ。中国の島津だよ」と言い続けました。そうすると、彼らも日本の島津をいかにして追い越そうかと真剣に考えます。そのようにして「もうじき追い越すからな」という勢いをつくることができました。

　対株主でいえば、可能な限りの情報提供を心がけました。そして配当性向については、一般的に製造業はだいたい3割ですから、私は早いうちから当社の配当性向は30％を目標にしました。

　それから、研究の会社ですからできるだけ国内外の研究者と共同研究をや

ろうと考えまして、2004年には49件しかなかった共同研究を2009年には132件と、大きく数を増やしました。

　これが私が全力をあげて6年間でやれたすべてです。6年間、サラリーマン社長がやれた限界です。いま、企業のなかには4年間しか社長をやらない会社がいっぱいありますよね。「4年間で何ができるんだ」と私は心配するのです。ですから、20年、30年、永守様などはもう40年ぐらいと、長くオーナーの人が社長をやり続けるのは、ある意味では1つの大きなファクターだと思います。ただ、オーナーがリタイアしたら次はだれがやるかという問題もあります。日本の会社の9割はサラリーマン社長ですが、京都はオーナー系企業が9割ですから特殊性があります。

　そういうことも含めて結果として何ができたかというと、2003～08年まで社長をやりまして、急速に業績を回復させることができました。

第 7 節　産業構造の振返り

　次に当社の産業構造の振返りです。
　当社の産業構造は、メインの計測分析器事業の営業利益率がだいたい15％前後ぐらいと非常に高い利益率です。15％というのは、製造業としては非常に高いです。ということは、付加価値の高い産業が当社全体の6割を占めています。また、競合上有利な状況があります。計測事業の一部、医療用X線、半導体関係のターボポンプ、それからフォークリフトなどに使う油圧ポンプ、これら多くの製品で全部世界のトップスリーに入っています。
　もう1つの強みは、長期的な潮流に乗る事業展開です。私が島津に入ってしばらくした頃は、石油化学の全盛でした。鹿島、水島、四日市などに次々とプラントができました。いまの中国みたいな状況です。この時代に私が担当していたクロマトグラフという分析装置が全盛になりました。その前には、日本がまだまだ粗い鉄をつくっている時代に当時の八幡製鉄から呼ばれて、「こういう材料の鉄をつくりたいから測定できる装置をつくってくれ」といわれて、鉄鋼の分析装置を開発しました。その後、四日市で大変な環境問題が起きて、「もっと高感度にSO_2、CO_2が測れる測定器をつくってくれ」といわれて必死に対応しました。そうこういっているうちに世の中が非常に裕福になってきて、食品の安全で大騒ぎするようになりました。一時ダイオキシン問題がありましたが、いまでも食品に含まれる不純物には非常に敏感です。それでまた中央官庁から、「もう少し感度を上げて、規制を強めたいからもう少し高級なやつをつくれないか」といわれて、また新たな装置を開発しました。このように分析機器は用途は変われど、常にものづくりや安心安全に欠くことのできない重要な役割をはたしています。そういう長期的な社会の潮流に乗って、それがまた人々を幸せにする仕事につながるというこ

とで、これはなかなかほかの会社にはない、非常にいい事業展開ができているなと思います。

　それともう1つ、非常に設備投資が少ないのです。われわれは組立産業であり、ちょっと工場をつくるとしても20億～30億円あればだいたいできるということで設備投資があまり要りません。

　それと、昔銀行から社長が来たという話を冒頭でしましたが、そういう厳しい時代もあってキャッシュの大切さを嫌というほど味わっておりましたので、強いバランスシートをつくるために必死に取り組み、いまはほとんど無借金経営になっています。

　それから最後に、製品の参入障壁が高いということです。参入障壁が高いというのはどういうことかというと、たとえば2兆円の市場規模の事業では、他の企業が新しく参入してもうまみがないわけです。国内では3,000億円しかないのですから、あえて入ってきません。それと、この事業をやるためには特殊な基盤技術が要るということもあり参入障壁が高くなっています。

　以上のように比較的強い産業構造のなかで進んできたかなと思います。ただ、たとえば医用機器などは巨大メーカーがしのぎをけずっており競争が激しくて営業利益率は3％程度です。あるいは半導体制御装置などは、市場の好・不況の波が大きく、いいときは営業利益率が15％ぐらいいきますけれども、悪いときは赤字になります。そういう製品も抱えています。これをやめるかどうかというのはなかなかむずかしいところですが、そういうものもありながら、基本的にはわれわれの産業構造は付加価値を長期間継続して生み続けられる仕事かなとあらためて思います。

第8節　より高い企業価値創造のために

　最後に、より高い企業価値創造のためにわれわれが考えていることをお話しします。当社の目指す姿というのは常に不変と改革のせめぎ合いであり、そのミクスチャーです。そのなかで貫いている重要なキーワードとして経営理念というのが創業以来あります。1つは、先ほども申し上げましたが、「科学技術で社会に貢献する」という言葉です。もう1つは人づくりです。人づくりというのは社員だけではなくて、人材育成のための手法を考えるとか、大学の先生の発明・発見を支援するような機器でお助けするとか、あるいは共同研究をやらせていただいてわれわれのもっている技術を投入する、そういうことがすべて入ります。この2つがずっと貫いてきた経営理念です。

　もう1つ重要なのは、科学技術を支える基盤技術で常に改革と挑戦をやろうということです。言葉としては、先ほども使わせていただきましたが、「見えないものを何とか見えるようにして社会に貢献しよう。測れないものを測れるようにしてまた新しいものをつくる助けにしよう。そして、安心と安全が担保できるような社会にするためにいろいろな計測装置をつくって、それをみんなに公開できるようにしよう」、あるいは、「より快適なライフスタイルを提供するためにわれわれに何ができるか」そして、もっと重要なのは、「より新しい発見、新しい発明を支えるいろいろなインフラ整備あるいは機器整備のために努力しよう」ということです。それから、ものづくり現場では品質管理用に必ず機器が要るわけですが、そういうものを提供していくこと、これも非常に重要です。要するに科学技術を支える基盤技術で世の中に貢献していこうという、これも大きなキーワードとして残っています。

　社員には「ゼロからの挑戦」といっています。とりわけ田中がノーベル賞

をもらってからあらためて「ゼロからの挑戦」「失敗の哲学」という言葉が出てきています。当社の採用パンフレットには、「数々の失敗があるだろう。しかし、失敗を許すんじゃなくて、決してあきらめない、そういうカルチャーをつくろう」という言葉が書かれています。田中を生み出した風土、それは失敗が許される風土なのではなくて、失敗を応用することに熱心な風土です。失敗はあるのです。特にサイエンスの世界では失敗はつきものですが、失敗を許しているのではなくて、その失敗を応用してものにする、そういう風土をつくろうということです。それが当社の「失敗の哲学」です。

　本当に思うことは、「いつもどこでもあなたに寄り添い、あなたのお役に立ちたい。そして健康で豊かなくらしを実現したい」、これが私だけではなくて、当社社員一同の思いでございます。

　どうもありがとうございました。

第 6 章

ワコール
世界のワコールへ

株式会社ワコールホールディングス 代表取締役社長　**塚本　能交**

（講義日：2014年7月17日）

ただいまご紹介いただきました塚本です。

京都生まれの京都育ちで、いま66歳です。二条東洞院で生まれて、1～10歳まで借家。そこの表が会社で、その裏に住んでいて、2階に従業員の方が住んでいました。まあ、寮だったのです。それから、次の10年は北白川の社宅にいました。小学校は、教育大の附属に入りました。その時、母親がすごく喜んでくれたのです。なぜかというと、国立だから学費が安くて、生活が非常に楽になったからです。北白川の近くには京大があるからここに通ったら親も喜んでくれると思い、高校2年で担任の先生に「京大へ行きたいんだけど」といったら、「受験料の無駄だからやめておけ」といわれて、京大に対する一方的な片思いがそこで終わりました。京大は僕とは関係のない学校だとずっと思っていたなか、今回、講義の機会を頂戴できてうれしく思っております。ただ、北白川にいたので、京大の農学部のグラウンドだとか農学部の池へ魚釣りに──ここは管理人さんのおばさんがこわいのですけれども、よく魚釣りに行ったり、実はそんなことで京大との縁というのは結構あります。

私が20歳の時、おやじからいうと創業して22年目に初めて下鴨に家を買いました。いままでは借家と社宅でヤドカリの生活だったのが初めて自分たち家族の家をもちました。ヤドカリからデンデンムシになったということで、そこの家の地下にホームバーをつくって、その名前もエスカルゴというふうにつけました。いまは研修施設とゲストハウスとして使っているのですけれども、その地下のホームバーはいまもエスカルゴという名前で残っています。初めてつくった家ということでいろんな方を毎晩おやじが呼んできたので、1年ぐらいそこで毎日バーテンをやらされていたというつらい思いしか私はないのですけれども、初めて自分の家ができた、それが私が20歳の時でした。

社会人になり、3年間、伊藤忠様にお世話になりました。その後ワコールに入って、1年間、倉庫と物流センターで修業しました。これが新入社員が皆経験する昔のワコールのやり方でした。ただ、いまは商物分離になったの

でそういうこともありません。そんなことで、そこで修業をして、ワコールの大阪店に入りました。係長の時に突然新聞辞令で10年後に社長を譲るといわれて、本当に10年後、39歳の時に社長になりました。それから27年間社長をやっています。馬子にも衣装ではないのですけれども、27年間も社長をやっているとそれらしくなってくるようだと自分では思っています。

　今回、私と同じく講義をなさった堀場製作所の堀場さんとは、小学校１年からもう60年間もつき合っています。ですから、昔から堀場さんのことはすごく意識しています。彼には「負けてるな」と思うことが多いです。彼は、同友会の代表幹事だとか、いろんなことをやっており話がうまいですし、私は戦争から帰ってきて間もない会社の息子だったので母親の手編みの、この辺に鼻水がついたようなセーターを着ていたのですが、堀場さんは、お父様が学生の時代に起業したのでちょっとした会社の息子さんで、小学校の時から誕生日会などでは半ズボンにブレザーを着ていました。いつもうらやましく思う子が堀場さんだったのです。ですから、最近酒を飲むようになって、私のほうが酒が強いので、そこで彼に勝つことを唯一の生きがいとしているというようなことを私の自己紹介ということにしておきたいと思います。

　それでは、本日「企業価値創造と評価」という講義の一環と伺っておりますので、私どもワコールの企業価値創造のベースになっている相互信頼という経営理念を幹に据えてお話をしたいと思います。

　ワコールの経営哲学である相互信頼というのは、言葉ではいまも当社はずっといっているのですけれども、社員のなかからはややもすると相互依存になっているのではないかというような声もあります。ただ、現実に、現場で販売をしている方たちが工場に行く、あるいは工場の方たちが自分たちがつくっているものを売っている場所に行くことによって、本当に安心して商品を売り、安心してものをつくることができております。つくる人、売る人、またそれを処理するスタッフの人、それぞれが結果として相互に信頼しているからいまの会社が動いているのだと思っております。相互信頼は言葉の上だけでなく、現実に実践されていると私は思っております。

第６章　ワコール　世界のワコールへ　195

企業価値という言葉については、皆様方、将来生み出されるフリー・キャッシュフローを現在価値に割り引いたものというふうに習っていらっしゃるのかと思いますけれども、企業がキャッシュを直接生み出すのはものをつくる、買う、売るといった日常のオペレーションです。

　多くの企業は1年ないし数年といったスパンで競争環境や社会情勢をみながら自分たちの戦力もふまえて、こんな新製品をつくろう、あるいはこういうつくり方をしよう、こんなところに売ろうという計画を立てており、それに従って日常の活動が決められています。これが戦略です。社会情勢はマーケットの属する社会が同じであれば同じ、競争環境もビジネスモデルやセクターが同じであればさほど変わらないと思いますけれども、現実的には環境のとらえ方は企業によって異なっており、それぞれの打ち手も変わります。これを規定しているのが各社固有の経営理念や企業文化といったものだと思います。

　理念や文化は組織のつくり方、お客様や取引先との関係の構築、従業員の価値観、そういったものに影響を与えております。しかしながら、この影響力は数値で表すことはできません。

　そこで、この後、まず当社の歴史とそのなかから生まれた経営理念がどのようなものであるかについてお話をしたいと思います。次に、その精神がいわばみえない資産として会社のなかにどのように蓄積され、活用されてきたかをみていきます。最後に、現在のワコールの姿をふまえて、将来に向けてどのような取組みをしているかを説明したいと思っております。それでは、よろしくお願いします。

第 1 節　ワコールの歴史・経営理念

　ワコールは1949年11月1日に設立され、今年（2014年）で65年目を迎えました。日本のほかに北米、欧州、アジア地域を中心に、主に女性下着の製造・販売を行っております。

　終わった期の売上高は1,938億円でした。このうち国内が約1,500億円、海外が440億円です。連結従業員数は約2万人にのぼります。見方によっては生産性の低い会社になっているなと感じられるかもしれませんが、しかし、後ほど説明をさせていただきますように、自分たちで考え、自分たちでつくり、自分たちで売ることでお客様の信頼を勝ち取り、ブランドを育ててきた地道な会社です。この2万人の人たち、この人的資産が経営資源の多くを占めるいわばピープルビジネスであるということを念頭に置いておいてください。

　売上げの7割は女性用の下着です。それ以外にも男性用の下着、あるいはスポーツウェア、パジャマなどの扱いがございます。

　世界における市場シェアは、米国のヴィクトリアズシークレットに次いで2番目に位置づけられます。このスライドの2,400億円という売上高にはアジアの合弁会社の売上高を含んでおりますけれども、多くの部分は卸売ベースで評価したものでございます。大半がリテールであるヴィクトリアズシークレットと比較条件をあわせて小売金額に換算すると、約3,500億円程度になろうかと思います。日本の女性下着の市場規模は1990年代にピークアウトしております。現在は6,500億円程度と推定され、ピーク時の7掛け程度に縮小しております。そのなかでワコールの占める割合は3分の1程度で、年々シェアを拡大しております。

　なお、市場の縮小につきましては単価の下落という要素が大きく、販売数

図表6-1　プロフィール

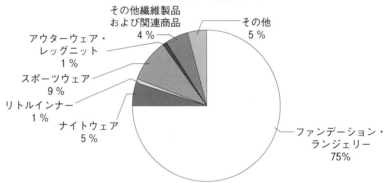

ワコールは、日本を代表する
女性下着のリーディングカンパニーです

・設立：1949年11月1日
・売上高：1,938億円（2014年3月期）
・自己資本：2,050億円（2014年3月末）
・連結人員：約20,000人
・上場：東京　3591

[ワコールの強み]
・世界市場での事業展開、ブランド力
・国内市場No.1のシェア（34%）
・高い品質と製品開発力
・接客販売力
・強固な財務基盤

[品種別売上高構成比率]
- その他繊維製品および関連商品 4%
- その他 5%
- アウターウェア・レッグニット 1%
- スポーツウェア 9%
- リトルインナー 1%
- ナイトウェア 5%
- ファンデーション・ランジェリー 75%

[世界市場における競合との売上比較]

ワコールグループ（合弁企業売上高含む）	トリンプインターナショナル	ヴィクトリアズシークレット
約2,400億円	約1,700億円	約5,900億円
2014年3月期売上げ	2011年度売上げ　*為替レート（99.5JPY/CHF）2013年3月期平均為替レート	2012年度売上げ　*為替レート（90JPY/USD）2013年3月期平均為替レート

量は減ってはおりません。中国などアジアの生産体制が確立され、そこそこの品質で安価な商品が増えてきました。特に、造形性をあまり必要としない若い方向けの商品は新規参入が相次ぎました。私どもはもともと中高級品のみを扱ってまいりましたが、ここ10年ほどの間に、こうした新規商品に対抗

する、よりファッション性の高い商品をリーズナブルな価格で提供するようになりました。販売チャネルの面では、創業後40年あたりまでは百貨店中心、その後GMS、すなわち総合スーパーが主役となりました。最近では、駅ビル、ファッションビル、ショッピングモールなどに出店する直営店の割合が高まってきております。

　では、ワコールの歴史について簡単に説明します。

　私の父である創業者の塚本幸一は、第二次世界大戦から復員したその日に個人商店「和江商事」を創業いたしました。それが1946年6月15日です。無謀な作戦の代名詞となっていますインパール作戦に従軍し、55人の中隊のなかで戦地で生き残ったのは先代を含めて3人だけでした。その経験から「いまの自分は自分の力で生き延びたのではない、この命は生かされた命である」と感じた先代は、日本の再建に尽くすことが使命だと決心し、和江商事を興しました。もともとの家業は繊維製品の卸売でしたが、1942年の企業整備令によって廃業を余儀なくされており、継ぐべき家業もなく、明日からの生活をどうするのかが問題でした。そこで、当時統制品ではなく自由に商売ができたネックレスやブローチ等の装飾雑貨品の行商を始めました。復員の日、挨拶に訪れたおじの家でたまたま出会ったおじの知人が持ち込んでいた装身具をその日のうちに以前の取引先に仲介しました。この和江商事という商号は、先代の父・粂次郎の出身地である滋賀県近江の呼び名・江州にちなみ、「江州に和す」という思いでつけられました。さらに、先代は、自身の戦争の経験から、「中国の揚子江の岸で和を契り合った戦友たち」という意味も込めておりました。

　会社設立は1949年11月1日です。社員10人によって和江商事株式会社が発足いたしました。「ブラパッド」と呼ばれるブラジャーの原型となる商品を取り扱うようになりました。これは洋服の裏に縫いつけて使う、先代の言葉を借りれば「にせおっぱい」ということでした。後に、このブラパッドを入れるパッド受けをつけたブラジャーの開発に着手をいたしました。当時の女性は和装が中心でしたが、平和な時代を迎え、洋装化が進むだろうというも

第6章　ワコール　世界のワコールへ　199

くろみがありました。しかし、その頃の日本女性の体型には洋服が似合わないので、洋服を美しく着るための工夫としてこうした商品が求められるようになってまいりました。髙島屋京都店様との取引開始を皮切りに販売地域が全国に広がり、現在のワコールへと続く基礎が固められました。

　「和江商事の『和江』をとどめる」という意味を込め、「ワコール」という商標の使用を始めたのが1952年です。1957年には社名をワコール株式会社に、1964年には株式会社ワコールに変更いたしました。現在の株式会社ワコールホールディングスという社名に変わったのは、2005年に持ち株会社体制に移行したときです。

　和江商事発足後初めて迎えました1949年の冬は大変厳しく冷え込みました。当時は暖房設備も十分ではなく、人々は洋装から従来の着物の装いに戻ってしまい、洋装下着類の売上げがとまってしまいます。一方、手がけていたブラパッドは独占販売契約を結んでいたためにどんどん入荷し、在庫の山となってしまいます。和江商事は設立2カ月にして存続の危機に陥りました。

　しかし、先代は、このような厳しい状況のなかで、やみくもに頑張ろうとハッパをかけるだけではなく、長期的な計画を立てる必要性を痛感しておりました。遠い将来を見越した長期計画は、やがて先代のなかでワコールを世界で1番の会社にするために当時だれも考えの及ばないような壮大な50年計画として具体化されました。

　それがこちらの「十年一節の50年計画」です。最初の10年で国内市場を開拓し、次の10年で国内市場を確立する、その次の10年で海外市場を開拓し、さらにその次の10年で海外市場を確立する、そして最後の10年で「世界のワコール」を実現するというものです。世界制覇はおろか、明日の糧もおぼつかないなか、社員はぽかんと口をあけたまま聞いていたそうです。

　しかし、1960年代に国内の百貨店を押さえ、1970年代には合弁で海外進出を果たしました。さらに、1980年代には欧米への足がかりをつかみ、先代が率いるワコールはほぼこの計画どおりに事業を展開し、拡大をさせてまいり

図表6－2　ワコールの歴史

1950年1月「十年一節の50年計画」発表
第一節（1950～1959年）　国内市場の開拓
第二節（1960～1969年）　国内市場の確立
第三節（1970～1979年）　海外市場の開拓
第四節（1980～1989年）　海外市場の確立
第五節（1990～1999年）　"世界のワコール"実現

ました。いま現在、米国や中国での展開も順調に拡大をしておりますし、一昨年の4月には英国の下着会社・イヴィデン社を買収し、欧州戦略の大きな足がかりとなってまいりました。先代が考えた「世界のワコール」の実現に向かっていまなお着実に歩みを進めております。

　その後、1955年には婦人雑誌に下着の広告が出されるようになり、婦人洋装下着という商品カテゴリーが市民権を得るようになりました。

　1961年には売上げが10億円を突破いたしましたが、この頃から労使の対立が激しくなり、ストライキが打たれる寸前まで関係が悪化をいたしました。このような時、先代はたまたま京都経済同友会の催しで出光興産社主であった出光佐三様の講演を聞きました。出光様は「出光は人間尊重の和の精神を取り入れている。就業規則もなければ定年制もない、出勤簿もないという日本人独特の精神文化で会社を経営している」と話されました。何の予備知識もなく飛び込んだ講演でしたが、こういう労使関係をつくりたいと自分が夢見る現実を、出光の7,500人の大所帯で実践しているということに衝撃を受けました。翌日、先代は役員会を招集しました。これからは組合員である従業員を徹底的に信頼すると宣言し、工場従業員と販売会社従業員の待遇均等、勤怠と考課の切り離し、そして組合の正式要求はすべて受け入れることを提案しました。役員たちは大反対をいたしました。ところが、先代は、「自由と権利をはき違えた社員たちが会社を潰してしまうのだとしたらそういう社員を育てた自分の不徳だ。双方が不信を抱えたまま会社の規模が大き

図表6-3　相互信頼の経営哲学

○1962年春、ベースアップをめぐり労使の対立が激化
○同年7月、創業者塚本幸一が京都経済同友会主催の講演会で出光佐三氏と出会う
　・人間尊重の和の経営
　・「日本の石油会社が全部潰れても出光は残る」
　・7,500人の大企業で実践されていることに衝撃
○翌日、「従業員を徹底的に信頼する」と宣言
　・役員全員が反対
　・「会社が潰れるとしたら、自分の不徳」
　・「いま潰れても社会的な影響は小さい」

幸一が尊敬する出光佐三社長

○相互信頼経営の断行
　・勤怠を考課に結びつけない、組合の正式要求は満額回答
　・創業15周年（1964年）、「相互信頼」を社是に掲げる
○相互信頼の拡張（1966年・長期経営計画）
　・労使関係から、対外関係、広く社会全般との関係へ

　くなってそこで潰れてしまったら迷惑をかける範囲も広くなる」といって、自分の考えを押し通しました。こうして相互信頼経営は断行されました。1964年までには組合員の経営に対する信頼、そして協力の気配がはっきりと現れました。勤怠を考課に結びつけないといったにもかかわらず、欠勤率は顕著に低くなり、遅刻をする者も大幅に減りました。株式上場を機に制定された社是には「相互信頼」の言葉が掲げられました。さらに、1966年に発表をいたしました長期経営計画では相互信頼経営を取引先や社会一般にまで拡張していくという方針を示しました。

　相互信頼の考え方が社員の間に浸透し、労使関係もより前向きに変わってきたことから、先代も経営に対する強い自信と意欲をもつようになりました。事業拡大によって資金調達の必要性が高まってきたことや、会社に社会性をもたせる必要が生じてきたことから株式を上場することを決定しました。

図表6-4　ワコールの目標

> 世の女性に美しくなって貰う事によって
> 広く社会に寄与することこそ
> わが社の理想であり目標であります
> 　　　1964年　株式上場時の挨拶文

　これ（図表6-4）は、1964年、上場時の挨拶文の一節で、その後ワコールの目標として受け継がれているものです。終戦直後、日本の女性たちは食べることに追われ、戦時中のモンペをはき、化粧などしている暇もありませんでした。胸や足を美しくみせるなどということより、何貫目の芋を背中に担げるかのほうがはるかに重要なことだったのです。女性が美しく着飾るということができるようになってこそはじめて本当の平和が訪れると先代は考えておりました。当時の思いのまま、ワコールは女性に美しくなってもらうこと、女性が美しくなることをお手伝いすること、女性の美しくなりたいという願いの実現に役立つことを事業の目的として努力をしてまいりました。私どもには、世の女性たちが自信をもち、胸を張って活躍できることに貢献してきたという自負があります。逆にいえば、女性自身に美しさへの欲求がなくなり、社会において活躍しようという気持ちがなければわれわれのビジネスは存在しないのです。女性とともにあるということはいまやワコールのレゾンデートル、存在理由そのものとなっております。

第 2 節　みえない資産の蓄積とその活用

　続いて、この相互信頼の精神や女性に美しくなってもらうという使命感がビジネスプロセスのなかに継承され、財務諸表に載らない、みえない資産として蓄積されていくようすをみていきたいと思います。
　ワコールには、体の内部組織から人間の感覚、生理、心理、生活スタイルまでを幅広く研究する機関・人間科学研究所があります。こちらでは、主要な役割の1つとして、人体計測データの蓄積と解析を行っております。女性の体型の分析をみて、フィット性に優れた商品を開発したり、商品化にあたってのサイズ展開を決定することに役立てております。また、同一女性が年齢を重ねることによる体型変化をみて、これを補って美しくみせる商品の開発につなげたり、世代ごとの身体特徴にあった下着を身につけることの重要性を啓発したりしております。毎年1,000人、延べ4万人の女性の体を計測してまいりましたが、特に申し上げたいのが同じ方100人について約40年間続けて測らせていただいていることです。毎年1,000人というのは時間とお金をかければだれでもできることですが、40年の経年変化を追いかけるには40年という時間と途切れずにお越しいただける関係の構築が必要です。ワコールの研究開発は、40年間欠かさずご協力いただける方、まるで通勤するかのように頻繁に協力をいただける方、親子3代にわたってご協力いただいている方、こうしたモニターの方々との強固な信頼関係によって支えられております。2010年にはエイジング、加齢による体型変化に関する一定の法則について研究成果を発表いたしました。現在、その研究成果に基づいた商品を店頭で販売しています。ボディーラインをそれぞれの年齢に応じて美しくみせる商品や、若々しい体型を保つのを手助けする商品などがあります。これらの商品はお客様に強い支持をいただいており、売上げも好調です。

図表6－5　みえない資産～研究開発～

[ワコール人間科学研究所（1964年発足）]
・50年近くにわたり、4～69歳まで毎年1,000人の日本人女性の体型を計測　　　　→保有データ約4万人
・同一女性について、20～50代までの30年以上にわたっての体型変化を追跡　　　→保有データ約100人
・2002年、中国に人間科学研究所を設立し、中国人女性の体型を計測　　　　　　→保有データ約4千人

　こちらのスライドの商品写真のいちばん右側はスポーツウェア「CW-X」です。CW-Xは、人間科学研究所の研究成果に基づいた、テーピング機能がスポーツタイツに施されており、筋肉の疲労軽減に非常に効果があります。イチロー選手をはじめ、プロのスポーツ選手や一般のスポーツ愛好家にもご愛用いただいています。特にランニングをされる方や登山をされる方の間で好評を博しております。

　次に、ものづくりの特徴を紹介させていただきます。

　下着は、小さなパーツを数多く縫い合わせてつくります。ブラジャーを例にとりますと、縫製工程だけでも40工程を上回ります。機械化はできず、手仕事で縫い上げていきます。厚みや伸縮性、強度などが違う材料を縫い合わせること、3次元の曲線を造形していくことなどから、洋服などと比べてかなり難易度が高くなっております。欧米では、モールド加工といって、金型を使い、熱成形によって造形した製品、つまり多少難易度の低い製品が主力ですが、造形性やフィット感の点でやや劣るため、日本の市場ではあまり受

け入れられておりません。日本の主流であるカットソー製品を量産できる工場は世界的にもさほど多くないのが現状です。

　このような事情もあり、日本市場で販売される商品の8割以上、ブラジャーに限ればほぼ100％を自社工場で生産しております。自社工場は世界に24カ所あり、日本同様の品質基準が適用されております。ルールを決めるだけではなく、現地においての技術指導や日本国内の基幹工場に研修生を受け入れるなど、実際にルールに沿って作業できるよう取り組んでおります。これほどの自社生産体制をもたれる企業はほとんど存在しません。こうして世界中どこの国でつくられた製品であっても高い品質が保たれ、お客様に安全、安心、心地よさをお届けすることができます。模倣品が流通しないようにすることなども含め、お客様の信頼を得る大切な基盤となっております。

　品質につきましては、今年の年頭標語を、あらためて「品質、信頼に応える」とし、全社員の意識を喚起いたしました。ワコールグループの名において世に送り出される商品は、機能、デザインから表示、販売方法に至るまでお客様の信頼に応えるものでなければなりません。昨年は一流と目されてきたホテルやレストランで誤表示や偽装といった問題が大きく取り上げられましたが、他山の石としなければなりません。しっかりとしたものをつくる技術だけでなく、お客様の要望を的確に把握し、何をすべきか、何をしてはならないのかを考え抜き、それを正しく商品やサービスに反映していくよう各部門の行動目標に落としてもらっております。

　全世界に8,000人いる私どもの販売員・ビューティアドバイザーもお客様との信頼の絆をつなぐ存在です。下着はサイズ展開が多く、ブラジャーを例にとりますと、多いものでは1型当り40サイズ以上あります。また、表示上のサイズは同じでも、造形性の強いものとゆったりと包み込むもの、バストを大きくみせるものと小さくみせるものなど、製品ごとの特色が違います。また、採寸や試着にあたってお客様の肌に直接触れることになるため、非常にセンシティブに配慮した接客技術が必要です。このため、ワコールでは、採寸やフィッティングの基本スキル、商品や繊維に関する知識、洋服との

コーディネート、お客様の心理に踏み込んだ接客スキルなどをトレーニングを通じて販売員に身につけさせております。また、お客様と直接対話をするビューティアドバイザーは商品開発のヒントをもっています。商品企画を検討する会議には彼女たちの代表が参加し、お客様のご要望を反映させていきます。

一方、店頭に自社の販売員がいることで事業プロセスに組み込まれた大規模な社会貢献活動を行うことができます。ご不要になった下着の処分に悩むお客様が多いなか、これらを中身のみえない専用の回収袋に入れてお店にお持ちいただきますと、未開封のまま固形燃料にリサイクルされ、製紙会社の熱源として利用されます。また、期間を定めて行う試着キャンペーンでは、乳がんの早期発見・早期治療を啓発するリーフレットや記念品をお渡しするとともに、ご試着いただいた件数に応じてがん征圧基金への寄附を行っております。

お客様との信頼関係はお買い求めいただくだけでなく、長く使い続けていただくためのサポート体制もワコールの強みになっております。

図表6-6　みえない資産〜販売〜
○ビューティアドバイザー……世界中の売場でコンサルティング販売を実施
　世界に約8,200人
［ビューティアドバイザーの役割］
・お客様のニーズにあった、最適な商品をご提案
・採寸や試着の手伝いをし、お客様のからだにあった商品をご提案
・お客様の声を吸い上げ、ものづくりに反映
・下着の重要性を啓発

私どものお客様センターには年間約5万件の声が寄せられます。商品についてのお問合せや販売店のお尋ねから商品開発に対するご要望、ご期待まで30人以上のスタッフが丁寧に対応をしております。

　特徴的な点をあげますと、修理のご依頼、お問合せが年間約1万件とかなり多いことです。肩ひもの取付け位置を変える、洗濯時の破損箇所を直すなど、ご要望にできる限りお応えをしております。町の修理屋さんでは対応できないとか持ち込むのに抵抗があるという事情があるにせよ、丁寧につくったものを大切に使っていただいていることを実感しております。

　一方、徹底した品質管理、訓練された販売員といえども、残念ながら、商品や応対にお叱りを受けることがございますが、スタッフは誠実に対応し、お客様の信頼を取り戻します。お申し出対応後に再購買のご意向を伺うのですが、この比率は97％に達しております。いわゆるグッドマンの第一法則によれば、苦情対応に納得した場合の再購買意向率は82％といわれています。これを大きく上回るお客様が「また買うわ」とおっしゃってくださり、大変ありがたいことだと思っております。

　相互信頼の精神は海外進出にあたっても貫かれております。こちら（図表6－7）はワコールグループの海外事業展開を示しております。現在、世界20カ国に50社の事業会社がございます。丸印で表したものがそうです。また、網掛けで示しました、商品を販売している国の数は70カ国以上に及びます。世界中の女性に愛用していただけるブランド、「世界のワコール」を目指しております。

　海外進出にあたり、ワコールは資本の力で一気に市場を押さえるようなアプローチをとりませんでした。信頼できるパートナーを見つけ、技術や品質管理といったメーカーの基本をじっくりと伝えてまいりました。また、現地の風土、習慣、社会をいちばんよく理解している現地のスタッフが主役となって働いてくれることを願ってサポートを続けました。女性下着という私どもの商品は、外からみえないという条件のもとで価値を伝えていかなければなりません。日本での優位性を全面的に展開するのではなく、現地の人が

図表6-7　みえない資産〜海外事業展開〜

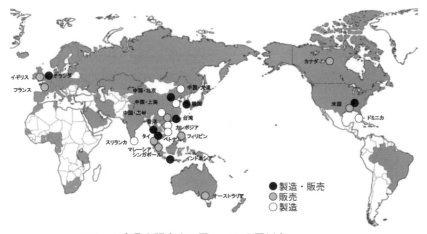

ワコール商品を販売する国……70カ国以上
　　有する拠点の数……20カ国　約50拠点

期待し、感じるつけ心地、フィット感をよく理解して商品や売り方に反映させる必要がございます。そういった意味で、現地スタッフを中心に、現地でつくり、現地で売ることを貫いてまいりました。いわば地産地消ということになります。

　一昔前、タイなどを旅行された女性が、「現地でワコール商品が安く売られている、デパートだからよもや偽物ではあるまい」ということでお土産品として日本に持ち込まれることがよくございました。結果的に「微妙にサイズがあわない」「体にフィットしない」というお申し出が日本のお客様センターに寄せられることがありました。現地向けにつくられ販売しているものは現地の女性にぴったりあうようにしており、日本の女性にはあいません。ですから、同じサイズのものを世界中で販売するアウターアパレルとは異なる事情がございます。

　ワコールの海外進出は、先ほど申し上げましたように、1970年に始まりました。韓国、タイ、台湾のそれぞれにおいて信頼できるパートナーを見つけ、合弁会社を設立いたしました。日本は高度成長期で、やがて貿易摩擦が

第6章　ワコール　世界のワコールへ　209

叫ばれるようになりますが、当初から現地の人々にあったものを現地でつくり売るということを念頭に置いておりました。
　一方、進出当初の大きな目的は日本で販売する商品の生産基地としての役割を果たすことでしたが、当時の欧米諸国のように単に安価な労働力を求めてアジアに渡るのではなく、真の共存共栄を図るというビジョンに基づいて進めてまいりました。日本のベテラン技術者を長期間派遣し、現地従業員にしっかりとトレーニングを積ませたうえで本番生産に入るという慎重なアプローチがとられました。言葉の壁や慣習の違いを乗り越え、1年あまりでワコールの要求水準を満たすものづくりができるようになりました。国ごとの事情やパートナーがもともともっていた経営資源の違いによって現地販売の開始時期は前後いたしましたが、追って営業担当者が派遣され、広告宣伝や販売手法などのバックアップがなされました。各国ともおおむね5年以内に自立し、数人の駐在員を除いてトップから現場まで現地スタッフ中心の運営がいまも続いております。現在、アジアの3社とも邦貨換算の売上高は100億円を超え、各国下着業界のリーダーになっております。特に、タイと台湾のGDP比の売上高は日本をも上回る状況です。
　きわめて順調に進んだアジアと違いまして、米国の進出では苦杯をなめることになりました。アジアで順調な滑り出しをみせることができましたのは、日本とかの地の間に絶対的な資金力、技術力の差があったからであり、ブラジャーという製品そのものが向こうでは新しく、日本における開拓期をそのままそれぞれの国でなぞればよかったからですが、米国は当然われわれの先輩格であり、すでに耕された市場でしたから、そのなかの競争に打ち勝って収益をあげていくことはやはり大変むずかしいことでございました。
　米国進出は1977年、現地法人設立は1981年です。当初は、洋装文化の本家であることを前提に、完成されたビジネスインフラをもっているパートナーを探しました。有名百貨店を販路にもち、米国で業界第3位の企業に資本参加することになりましたが、シナジー効果は発揮されないまま、わずか4年で提携は解消となりました。その後、かつて技術提携したことのある会社を

買収いたしましたが、資本が入ったのをいいことに自社の能力を無視した市場の拡大戦略をとり、赤字が累積してまいりました。社内外から無謀な投資に対する批判が高まるなか、米国に渡り、価格競争で疲弊した売場を前に先代は「私にワコールの商売を教えてくれた米国が商売の本道を忘れて価格一本やりの迷路に入ってしまった。そんな米国に対して本当によい商品はこういうかたちでつくり、こういう方法で売るんだよと教え返したい」と決意しました。結局、対処策は、アジアでやってきたのと同じように、選択的にワコール流の企業活動プロセスを持ち込むことでした。熟練技術者を派遣して、日本式縫製技術の導入、習熟を図りました。さらに困難であったのは、割引が常態化している店頭販売の正常化でした。百貨店の圧力に屈せず、建て値販売を貫き通しました。こうして少しずつ米国の女性たちにワコール製品への信頼が築かれてまいりました。

　一方で、部門別の損益管理手法を導入し、現地スタッフの自立を促しました。1992年、大手百貨店・ノードストロームから優秀取引先に選定されたことを契機に風向きが変わりました。3年後の1995年、米国ワコールとしては初めての単年度黒字を達成し、その後は順調な成長を続けております。

第3節 ワコールの現状と将来に向けた取組み

　続いて、近年の業績、推移についてご説明を申し上げます。
　まず売上高ですが、主力チャネルである百貨店、量販店の縮小などもあり、近年1,700億円前後で推移をしておりましたが、昨年英国のイヴィデン社を買収したことや米国や中国などの海外事業の拡大により、2014年3月期は1,900億円を超える業績をあげることができました。
　一方、営業利益はリーマンショック以降低下傾向となり、2010年3月期には大幅に減少いたしました。そのため、2010年4月から株式会社ワコールにおいて構造改革をスタートさせ、収益性の改善を図りました。その効果により2012年3月期には大幅な回復をみせ、その後、海外事業における利益の伸びもあり、2014年3月期には138億円あまりを計上いたしました。売上げが比較的リニアであるにもかかわらず営業利益に増減があるのは、米国会計基準で決算を行っているためでございます。日本基準と相違があるのは、特別損失として計上される費用が営業利益のマイナスとして、また特別利益として計上される収益が営業利益のプラスとして計上されるためです。
　続いて、国内、海外における具体的な経営戦略について説明をします。
　ここで、戦略の前提として、女性下着というのはどのような財、商品なのかということを考えてみましょう。
　総務省統計局の家計調査のなかに収入五分位階級別支出調査というものがございます。家計収入がいちばん多い世帯からいちばん少ない世帯を並べて5つの区分に分けたうえで、それぞれの区分の世帯がどんな商品、サービスにいくら支払っているかを調べたものです。これによれば、収入のいちばん多い階級といちばん少ない階級の女性下着に対する支出額の比率は2.6倍となっております。男性下着では3.8倍、婦人服は4.5倍、紳士服に至っては

8.3倍ですから、女性下着への支出は他の品目と比べて所得の大小に左右されにくいということができます。所得が下がっても女性は下着の消費をあまり減らしませんが、男性は減らす傾向にあります。

　さて、この2.6倍という数値は、生鮮食品とか、そういったものと比べて若干高いものの、嗜好性の高い食品に大変近い値となっております。ある意味、女性下着は最寄り品、必需品の位置づけに近い商品であるといえます。ここにいらっしゃる女性の皆様方も、アルバイト代が入ったから下着を買おう、臨時収入があったからそのためにわざわざ遠くのデパートまで行って下着を買おうと考える方はおそらくごくまれではないかと思います。それほどしょっちゅう買う商品ではありませんし、また、何かのついでに、あるいは日常の行動経路で買われる方も多いのではないでしょうか。ですから、私は、「われわれの下着というのはついでの商品。そのためにお金をためる、そのために行動を起こすというものではなくて、何かのついでに、何か新しい色、新しい商品が出たらついでに買う商品だ」と思っております。

　したがって、女性下着を売るという視点で考えると、お客様が買い求めやすいことが重要であり、どこで売るのか、つまり流通チャネルを押さえることが戦略を考えるうえでのキーポイントになるということです。

　一方、価格に対する弾力性につきましては、データはございませんが、これもあまり大きくはないと考えております。同じようなスペックの商品をある時点から政策的に安く、あるいは高く売り出したとしても売行きに大きな変化は出ません。ただし、食品などと違って、同じ商品は通常、価格変動しないため、消費税の増税や小売店による割引など、だれがみても価格が変化すると期待される場合は短期の需要がそれなりには大きく反応いたします。先の3月には特に百貨店、GMSにおいてアウターアパレルを上回り、家電製品に匹敵する駆け込み需要がございましたが、4月以降の反動減も比較的大きくなっております。

　皆様は、ファッションアパレルの勝ち組と聞いて、何を思い浮かべられるでしょうか。ある方はユニクロを想像されるかもわかりません。またある方

はルイ・ヴィトンやアルマーニのようなスーパーブランドを想像されるかもわかりません。たしかにこれらのブランド、企業はアパレルビジネスの成功パターンをふんでいます。

しかしながら、女性下着のビジネスはこうした定石を適用しにくい、ある意味づけていくのがむずかしいビジネスといえます。ユニクロやH&M、GAPといったファストファッションは広告宣伝や大きな直営店舗を構えることで一気に市場での認知度を高め、大量につくって売り切ることで商品1点当りのコストを大きく下げて成功しました。

ところが、少し考えれば当たり前のことですが、女性下着は小さいので生地や部材の使用量が多くありません。多少大量につくってもバイングパワーでコストを下げることは大変むずかしいのです。また、サイズや色のバリエーションは洋服よりはるかに多いため、生産時の切り替えや段取り時間が長くなり、習熟効果が出にくくなっています。

たとえば、ユニクロはブラトップとヒートテックといった私どもの商品の代替財といえるヒット商品を出しましたが、これらは生地使用量が比較的多くて、部材点数が少なく、生地の性能そのもので付加価値を出すことにより量産効果をあげられる商品です。私どもの主力商品であるブラジャーでは、残念ながら、このような効果はあまり期待できません。

一方、先ほども申し上げましたが、下着というものは通常外からみえるもの、みせて歩くものではありませんので、だれかが着ているのを見て宣伝効果が及ぶことはありません。また、超高級品の市場は非常に小さいので、スーパーブランドのような戦略はとりづらく、つけ心地やフィット感をお一人おひとりに実感していただくことできわめて地道に価値を伝えていかなければならないのです。

次に、下着ビジネスの市場環境について確認をしたいと思います。

国内では人口減少等による消費市場の縮小が懸念される一方、消費構造の多様化が想定されます。海外につきましては、アジア市場は当面拡大が見込まれますし、欧米の景気も回復に向かうと思われます。総じて、国内の事業

環境は厳しさが続くものの、国内外ともに成長を見込める機会は十分にあると考えております。

　一方、供給面に目を転じますと、私どもの事業展開上の脅威が浮かび上がってまいります。アジア諸国の賃金上昇、円安といった環境要素はものづくりのコストに大きくかかわってきます。国内外の市場環境が複雑かつ相互に関係をしており、単独の国や地域、あるいは事業会社単体では解決することがむずかしい状況にございます。まさにワコールグループの総合力により向き合っていく必要があると認識をしております。

　次に、中期経営計画で取り組む内容を順次説明します。

　まず1つ目に、国内のレディスインナー市場の多様化に対し、シェアを拡大することです。ワコールは、国内市場においてのシェアはナンバーワンではありますが、まだ攻めきれていないいくつかのポイントもございます。国内市場を細かにみますと、地域、お客様の年齢層、商品の価格帯、それぞれに拡大の余地が見つかります。

　地域に関しましては、同じような店舗の規模や商品の組合せ、販売体制をとっていても店頭売上シェアが低い都道府県が存在します。また、主力販路の1つである百貨店がほとんどない、当社直営店もないといった地域もまだかなりあるのが現状です。多くのアパレル企業同様、当社でもチャネルやブランドによって縦割り組織を構成していますが、このような体制では効果的にお客様との接点を築くことが大変むずかしくなってまいります。シェアの低い特定のエリアについてはこうした垣根を取り払った組織を編成し、お客様からみてどこで買えることが便利なのかという視点で営業活動を行うというように変えました。また、既存小売店の撤退などで空白エリアとなっている地域を中心に、幅広い品ぞろえと採算性を両立しうるローコスト運営の直営店を広域型ショッピングセンターなどに順次出店をしております。

　顧客の年齢層をみますと、現状では下着のつけ始め世代である10代のシェアが低くなっています。また、これまで私どもが強いと思ってきた50代60代ではまだ高いシェアを維持しているものの、大手衣料チェーン店の影響力が

高まっております。10代の方は、ローティーンであれば自分の財布で下着を買われませんし、お母様方が適当に近所で買われるというケースが多いのではないでしょうか。また、自分の財布で買われるようになると、安くてかわいいという基準が優先するようです。バストにもまだ張りがありますから、寄せるとか上げるとかいう機能はあまり必要ないのです。一方、50代以上の方というのは私どもに対するロイヤルティが高い世代ですが、外で活動されなくなると、「ブラトップでいいか」となるわけです。このような認識のもと、つけ始め世代に対しては親子向けのセミナーなどを通じて認知そのものを高めていく一方で、実際の購買者の中心となる働く母親の購買行動に対応したチャネル対策を行ってまいります。休日の買回り先である量販店、平日の職域販売など、購入の利便性を高めることで実買につなげていきたいと考えています。シニア世代向けには、大手量販店との共同ブランドを展開しており、これを拡大していきます。

また、商品の価格帯についても、市場のボリュームゾーンであるブラジャーは2,000円台のレンジではまだまだシェアをとれておりません。ボリュームゾーン商品の拡大については大手量販店との共同開発商品を拡大するとともに、直営店において2,000円台前後のブラジャーの品ぞろえを充実させました。これらの取組みは継続して強化をいたしますが、ボリュームゾーンの拡大が市場環境そのものを縮めてしまうことがないようベターゾーンのてこ入れを並行して行ってまいります。

2つ目の課題は、国内のレディスインナー事業以外の成長分野の体制整備です。

メンズインナー事業とスポーツウェアを扱うウエルネス事業は、間口を広げることはできましたが、それぞれの販売チャネルにより深く浸透させていく必要性を感じております。そのための組織体制の整備、商品面の見直しによるプレゼンスの向上を図ってまいります。

メンズインナーは、かつてのメタボブームが一巡し、機能性商品の売上げが大きく落ち込みました。売上げに見合った組織体制にするとともに、差別

化要素のあるアダルト、シニア対応商品の強化によりお客様との接点を拡大してまいります。

　スポーツウェアは、先ほども少し説明をいたしましたが、イチロー選手のような意識の高いプロスポーツ選手にご愛用いただいている商品が大きなウェイトを占めております。イチロー選手は、道具の状態が変わると体のコンディションがわかりづらいということで試合のたびに新品を着用しているそうです。そういう方ばかりだと私どもとしては非常にありがたいのですが、1着2万円ほどの商品ですし、5年程度は平気でもちますから普通の方々にそれほど旺盛な買い替えが生じるということはございません。体の部位ごとに使える商品や普段使いの商品など、もう少しお求めやすいラインアップを整備していきたいと思っております。また、そういう商品ですとスポーツ用品というカテゴリーではなくなってきますから、現在のスポーツ用品中心のチャネル戦略から幅を広げていく必要を感じております。

　3つ目は海外における売上げ、収益の拡大です。

　人口減少による国内市場の縮小が避けられないなかで、海外事業は今後の成長エンジンであると考えております。海外で売上げ、収益を拡大していくためには、個々の国や地域で着実に事業展開を進めることはもちろんのこと、グループがグローバルでもっている経営資源を有機的に活用し、事業効率をあげていくことが欠かせません。

　まず米国ワコールについてはいっそうの拡大を目指してまいります。売上げが、リーマンショックの影響もあり、一時減少いたしましたが、現在は回復し、順調に拡大しています。営業利益率も10％を維持できる体制が整ってまいりました。米国の百貨店ではブラジャーにおいてワコールが24％とトップシェアをとり、10年近くトップブランドを維持しております。米国では、ワコールブランドに加えて、「ビーテンプティッド」という値ごろ感のあるブランドも展開しています。このビーテンプティッドも好調に推移しており、ワコールのシェアを押し上げております。

　しかしながら、米国も、日本同様、ほぼ成熟市場です。百貨店というと四

条通りにあるような大きな館を想像されるかもしれませんが、そのような店舗形態は米国では一部の高級デパート、高級店舗だけです。ショッピングモールやライフスタイルセンターと呼ばれるような商業施設にテナントとして百貨店が看板を出して出店するという形態のほうが多く、そのようなところでもワコールの商品はすでに販売されております。

そこからさらに売上げを拡大していくために新しい地域やチャネルの拡張にも取り組んでいます。新しい地域としては英国やカナダ、メキシコ、ブラジルなどでその展開を開始しております。また、チャネルにつきましてはインターネット販売が順調に成長しておりますし、今後は次に説明するワコールイヴィデンの米国における既存販路での展開も拡大をしてまいります。

続きまして、一昨年グループに加わったワコールイヴィデンです。

イヴィデンは、欧州を中心に北米、豪州、アジアなど50カ国以上で展開をしており、大きなサイズや水着を得意としております。こういう大きなサイズを含めて展開することはものづくりの難易度が上がりますし、在庫管理も煩雑になります。ことほどさように技術基盤のしっかりした会社ですから、そのポテンシャルを活かし、ワコールグループとして欧州での販売体制の強化やワコールブランドの拡大を目指してまいります。加えまして、既存の米国事業や日本のワコールと緊密に連携をしながら、欧米はもとより、アジア、中東、オセアニアにおける販売面の相乗効果もねらってまいります。欧州ではこれまでワコールフランスという子会社が20年以上にわたって事業を展開してまいりましたが、なかなか収益を生み出せない状況でしたので、イヴィデンの加入は大きな力となりました。欧州でワコールというブランドを広めたい、そのための戦略的な投資を行っていく予定です。2015年の1月には社名をワコールヨーロッパに変更し、具体的な動きを加速してまいります。

中国ワコールにつきましては経営バランスの安定化が最優先課題です。中国では百貨店や専門店、代理店を中心に展開をしております。中高級品市場におきましてはワコールがトップブランドの1つとなっております。しか

し、展開している地域の中心は沿岸部で、内陸部での認知度はまだまだ低いのが実情です。内陸部や東北部での展開を広げていくことが今後の大きな課題です。中国はこれまで店舗数の拡大にあわせて売上げも成長を続けてまいりました。一方で、反日感情や経済成長の鈍化など、中国国内の市場環境が不安定であることも確かです。数年前から話題になっている鬼城（グイチャン）と呼ばれるような商業施設も増えており、出店を加速すると、結果的にそのような場所に進出するおそれがあります。加えて、現政権から強化された腐敗防止策はぜいたく消費に大きな影を落としております。今後数年は、しっかり状況を見極めながら、収益のバランスを考えたうえで拡大に取り組む考えです。

　一方、将来に向けての市場創造として、これから分厚くなっていくであろう中間層の比較的若い世代に向けた新しいブランド「ラ・ロッサベル」をスタートさせました。百貨店で売られているブラジャーの平均単価は400元以上です。日本円に直せば約6,500円ぐらいで、日本の百貨店で売られているものと同じ程度の価格です。ところが、中国人の購買力、賃金などを考慮すると、日本人の感覚でいえば3万円程度の買い物になるのではないでしょうか。こういう消費ができる人はやはり限られます。半面、スーパーなどで安売りされているブラジャーは日本円で500円程度です。これまでその間の価格帯の商品はほとんど供給されておりませんでした。そこで、200元前後の価格で、少し尖ったデザインではあるけれども、ワコールの品質を備えた商品を直営店中心に展開しております。いまのところ、計画を上回るペースで出店ができています。

　中期経営計画4つ目の取組課題は、グループ生産体制の再構築があげられます。アジア各国の賃金や物価の上昇、また円安の進行はワコール国内事業にとっても原価上昇圧力として大きな脅威となっております。これについては、生産能力を中国からアセアンにシフトしていくこと、原価構成上大きな比率を占める基幹材料の調達をアセアンで行うことで対応をしてまいります。また、工場の生産性をあげる取組みを継続してコストアップの吸収を図

ります。現在、国内で販売している商品の54％が中国、ベトナム、インドネシア、タイなどで生産されており、海外生産全体に占めるアセアン域内の生産比率は59％に達しています。今後、量産については日本から中国、中国からアセアンという方向でシフトを進め、日本国内の工場は高級品、小ロットの生産や短い納期が要求される商品の生産、試作や設計などの高付加価値業務に移行してまいります。

　材料調達の現地化は、品質面で乗り越えなければならない課題が大きいと考えております。使用する材料の集約などによってロットをまとめる一方、現地のサプライヤーを育成していく取組みも行ってまいります。

　今後ともワコールの高い品質と製品開発力を守りながら、あらゆる環境変化に対応できる安定したものづくり体制を構築してまいります。

　最後になりますが、当社の社会貢献活動および社会貢献事業について説明をさせていただきます。

　当社では、創業以来、「世の女性に美しくなってもらうことによって広く社会に寄与する」ことを目標として事業に取り組んでまいりました。一人ひとりのお客様の声に耳を傾け、お互いの信頼関係を積み重ねることによって私どもの事業は成り立っています。CSR活動においても社会との相互信頼づくりを構築しています。

　主な活動をいくつかご紹介いたしますと、古くから取り組んでいるソーシャルビジネスにリマンマ事業があります。リマンマとは「乳房（ちぶさ）をふたたび」という意味の造語で、文字どおり乳がんで乳房（にゅうほう）を切除された方に向けてインナーウェアや水着を提供する事業です。1974年、社会福祉課という組織からスタートし、以来40年にわたって20万人以上の方にご利用いただきました。

　当社グループのCSR活動の核となるのがピンクリボン活動です。ピンクリボン活動とは、乳がんの早期発見・早期診断・早期治療を支援する活動です。1999年に米国でスタートしたこの活動は、現在12の国と地域にわたって広く取り組んでおります。3年前には乳がん検診車「AIO（アイオ）」を購

入し、乳がん検診サポート事業をスタートさせました。ピンクリボン活動、乳がん検診サポート事業、リマンマ事業をあわせて「ワコール ブレストケア活動」としてさらに積極的に活動を推進してまいります。

次に、ツボミスクールです。これは、小学校4年生〜中学校2年生、その保護者の方に下着や体についての基礎知識を学んでもらおうと各地で開催をしております。思春期の子どもたちは自分の身体的な変化に戸惑いや不安を感じることが多く、また保護者の方も娘にいつからブラジャーをつけさせたらよいのかわからないとおっしゃる方も多いため、きちんとした知識を身につけていただき、健康で美しい女性に成長してもらおうとの願いを込めて活動をしております。

次に先ほどもご紹介いたしましたブラリサイクルキャンペーンですが、着用しなくなったブラジャーを捨てるのに躊躇したり、ワイヤーが入っているため捨て方がわからずに困っている女性は少なくありません。ワコールでは、専用の回収袋に入れて店頭にもってきていただいたブラジャーを回収しております。回収したブラジャーは、回収袋を開けることなく袋ごと裁断され、産業用の固形燃料に加工処理しております。女性の悩みを解決すると同時に、環境にも配慮した活動です。

そして、京都服飾文化研究財団です。衣服や下着、装身具など歴史的な西洋の服飾を専門に収集・保存・研究・公開し、服飾文化の将来を探求することを目的に、ワコールの全面的支援のもと、1978年に設立され、今日まで30年以上にわたり活動を継続しています。中世の衣装などはデリケートな縫製で傷みやすいため、細心の注意と独自のメンテナンス手法によりその保全や保存に努めております。

私どもはこれからも社会の一員としての業務を果たし、社会との相互信頼づくりに取り組んでいきたいと考えています。

ワコールの事業活動、歩んできた道はややもすると事業戦略の教科書にある正解からは遠いものかもしれません。「成熟市場のトップ企業がなぜ大勢の販売員を抱えたりするのか、なぜ自社生産にこだわるのか」「海外進出が

慎重すぎる。積極的な買収で一気に市場を押さえないのか」、初めて会う投資家からは繰り返し発せられる質問です。しかしながら、私どもは時間をかけてお客様やビジネスパートナー、あるいは従業員と強い信頼関係を結び、そこに蓄積されるみえない資産を大切にしながら長く価値を提供できる企業でありたいと考えています。それがワコールをワコールたらしめている価値観であると信じております。

　以上です。ご清聴ありがとうございました。

第4節 質疑応答

学生 今日はありがとうございました。非常にものづくりにこだわっておられるということだったのですけれども、すべての工程が機械化される可能性はあるのでしょうか。

塚本社長 私どものものづくりは、特に欧州もののレースなどについては機械生産すると大事な部分を切ってしまうので手作業でやらざるをえません。機械化できない部分というのはまだ多分にあります。ですから、すべてを機械化するというかたちにはならないというのが答えかと思います。

学生 御社の商品よりも安い競合他社の商品に対して、どのように差別化を図っているのかについて教えてください。

塚本社長 ブラジャーは全部同じかたちをしていると思われがちですが、1センチに何回針で縫い目を落とすか、それが3回か5回か10回かでつけ心地が大きく変わってきます。ものづくりにこだわる私どもの商品と、1枚800円とか1,000円の安価な商品とでは品質が圧倒的に違います。価格で勝負をするためだけに品質を落とすつもりはありません。価値ある商品を適正な価格で提供していきたいと考えています。

学生 だいたい1つの下着は何年ぐらい着られると思いますか。すごく単純な質問ですけれども、よろしくお願いします。

塚本社長 これは使われる方の使い方、洗濯の仕方、保存の仕方によって大きく異なると思います。ブラジャーだけではなく男性の肌着もそうですが、汗をかいたまま何日も着たり、洗濯するまでに時間をおいてしまったりすると、においもしてくるし、黄ばんでくるし、破れやすくなってきます。特に私どもの商品の場合、繊細なレースなども使っているの

で、汗をかいたら毎日つけ替えていただく、そしてなるべくなら手洗いで陰干しをしていただく、そういう使い方をしていただくと、普通の商品でも２、３年はもちます。

　これは嬉しい話でもあるのですが、過去に「お母さんからもらったスリップをつけていて、レースがちょっと傷んだので直してほしい」というお客様がいらっしゃいました。ということは、親子２代にわたっておよそ40年間この方は買っていらっしゃらなかったのかなという面で、商売としては大変寂しいものの、商品をつくっている立場としてはそれだけ大事にしていただけたのでとても嬉しく思いました。

学生　お話、ありがとうございました。社長に就任してから27年間でいちばん誇れるべきことは何でしょうか。教えていただけますか。

塚本社長　先ほども申し上げましたように、まだ肩書のない担当者の時代に「10年たったら社長を譲る」といわれたのですよね。その10年間、社長になるための努力といっても何をしていいのかわからなかったので、何の努力もしないまま10年たって突然社長になりました。まあ、その間、副社長もやりましたけれども。それで、社長になったから嬉しいというのもなかったし、失敗したらどうしようというのもありませんでした。「主任が社長になったわけだから失敗して当然だ」と思ったのであまりプレッシャーも感じなかったのです。ですから、「私が社長になったのは自分がなりたくてなったわけではないから」「私を社長に指名した人の責任だから」と、よい意味で非常にリラックスした気持ちで社長になりました。ただ、その時からずっと思い続けていることは、「自分がなった以上は後悔しないようにいまやれることはすべてやっておこう。ただ、背伸びをして無理をしたら周りに迷惑をかけるだろうから無理をしてまではやるまい」ということ。これが基本的な仕事に対するスタンスです。これはあくまで仕事のうえです。仕事に対してはそういうスタンスで臨んでいます。

第7章

グローバルに企業を選び投資する

株式会社野村総合研究所　金融ITイノベーション研究部　上席研究員
堀江　貞之

第2章〜6章まで、グローバルにビジネス展開をしている京都企業の実例をみてきた。京都企業の経営者の立場からどのように企業を運営しているのかが明らかにされたわけである。この章では、立場を変えて、企業に投資する投資家からみて、どのような企業が魅力的で投資に値するものなのか、その評価基準について述べてみたい。本書で紹介した京都企業はすべて上場会社であり、さまざまな株主がその企業を保有している。株主、投資家の立場からみた魅力的な企業とはどのようなものか、それらの企業をどのように選んでいるのかを考えてみたい。

堀江　貞之
1981年、野村総合研究所入社。1986年、「NRI債券パフォーマンス指数」（後、NOMURA-BPIと改称）を開発。1986〜88年、ニューヨーク事務所勤務、オプション・モデル等を開発。1996〜2001年、野村アセットマネジメントでGTAAと通貨オーバーレイファンド、あわせて10億ドル以上を運用。過去34年にわたり、証券アナリストジャーナル、企業年金、年金と経済等の専門誌に数多くの論文を発表。
神戸商科大学卒業、GPIF（年金積立金管理運用独立行政法人）運用委員長代理、大阪経済大学大学院客員教授、公的・準公的資金の運用・リスク管理等の高度化等に関する有識者会議委員（2013年7〜11月）、日本版スチュワードシップ・コードに関する有識者検討会委員（2013年8月〜2014年2月）、コーポレートガバナンス・コードに関する有識者会議委員（2014年8月〜）、年金積立金の管理運用に係る法人のガバナンスの在り方検討作業班委員（2014年11月〜）。

第1節 一般的な企業の選択基準、「国」と「業種」

　本章のタイトルは、「グローバルに企業を選び投資する」である。そのような投資を行っているのはどのような投資家だろうか。それはグローバル株式マネジャーと呼ばれる運用会社が代表的である。グローバル株式マネジャーが投資をする場合、先進国、エマージング国など、投資先企業の本社の所在地を基準に投資をするケースが多い。

　投資の良し悪しを評価する基準である株価指数も、国をベースに区分されている。たとえばMSCI[1]ワールド、MSCIエマージング、MSCIオールカントリーなどの代表的な株価指数は、基本的には、本社所在地のある国を基準に作成されている。多くの機関投資家はこの株価指数を上回るリターンを獲得することを投資目標としている。

　投資の物差しが、「国」を基準としているため投資先企業を本社がある「国」で区分するのは一見理に適ったことのように思える。これは株価指数との対比で投資の評価を行わない個人投資家にも当てはまると考えられる。たとえば、日本の個人投資家にとって、日本に本社のある「日本企業」は事業内容が海外に本社のある「外国企業」に比べなじみ深く、「日本株式」という国を基準に投資対象に選ぶのは自然のことであろう。

　企業が属する「業種」で選択することも多い。個人投資家であれば、普段よく使う生活必需品を取り扱う企業に親しみが湧くのは当然で、生活に密着した業種に属する企業を選択対象にすることが多いだろう。1社ごとの企業選択の基準だけでなく、ポートフォリオの分散を考える場合にも、国や業種のような基準は最も一般的に使われている。また投資成績を評価する場合に

---

[1] Morgan Stanley Capital Internationalの略で、さまざまな指数を公表している企業である。

も、株価指数と比較した相対リターンを「国別選択効果」「業種選択効果」など国や業種を基準に要因分解し、投資の良し悪しを考える場合が多い。
　一見、自然な選択のように思えるこのような選択基準がはたして企業への投資を行う場合に、正しい評価の考え方なのだろうか。現在は、ビジネスがグローバル化しており、本社の所在地と実際のビジネス内容が異なる場合も多い。また1つの企業がさまざまな業種にまたがる事業を営んでいるケースも多く、「業種」を基準に企業評価を考えることも適切でないように思える。

第2節　国にとらわれずビジネスを評価する

　まず、これまでのような、「国」といったカテゴリーにとらわれず投資を行っているグローバル株式マネジャーの例を紹介する。「国」がもつ投資上の意味を考えるうえで示唆に富む事例と思われるからである。この株式マネジャーは、グローバル株式を対象に、中長期の企業価値を見極めることで長期にわたって高いリターンを獲得している運用会社である。

　図表7－1は、この株式マネジャーのエマージング株式ポートフォリオの保有比率上位10社の企業名および保有比率（2014年9月末）を示している。網掛けの企業に注目してほしい。最も保有比率の高い企業はオランダと英国に本社のあるユニリーバ（家庭用品等の製造）、第2位が英国本社のSABミラー（ビール等の醸造会社）、第9位に日本企業であるユニチャーム（生活必需品製造メーカー）が入っている。しかも3社だけで保有比率が2割近い高水準である。普通、エマージング株式投資といえば、中国・ブラジルなどいわゆるエマージング国に本社を置く企業に投資をするのが普通である。エマージング株式の標準的な株式指数であるMSCIエマージング国指数でも、本社がエマージング国にある企業だけから構成されている。

　しかしこの運用会社は、エマージング株式投資であっても、当該市場に50％超のビジネス基盤を有する先進国企業には投資すべきと考えている。本社の所在国で企業の組入れを判断するのではなく、エマージング国の経済成長によって利益をあげることができる企業に投資をすることが、エマージング株式投資の本来の姿だと考えているからである。

　京都企業のなかにもすでに日本以外での売上高比率が5割を超える企業も存在している。エマージング国での売上高比率が5割を超える企業で、この運用会社の投資基準に沿った企業が存在すれば、「エマージング株式ポート

図表7－1　グローバルエマージング株式ポートフォリオの組入企業

	投資企業名	ポート	指数	国名	業種名	企業概要
1	UNILEVER	9.0	0.0	英国	生活必需品	食品、家庭用品、日用品等の製造・販売大手 多数のブランドを有し、新興国売上げは約57%
2	SABMILLER	5.8	0.0	英国	生活必需品	世界最大級のビール醸造会社 世界75カ国超で事業展開、新興国売上げは70%超
3	STANDARD BANK GROUP	4.0	0.4	南アフリカ	金融	アフリカ17カ国、アフリカ以外の16カ国で総合銀行サービスを展開
4	SAMSUNG FIRE & MARINE	3.8	0.2	韓国	金融	火災海洋・自動車・海外事故・医療・個人年金等の生命保険以外の保険ビジネスを展開
5	HDFC	3.6	0.6	インド	金融	インドにおける住宅ローン専業金融会社 低～中所得世帯向け住宅ローンに強み
6	TIGER BRANDS	3.4	0.1	南アフリカ	生活必需品	南アフリカ最大の食品製造・加工・販売会社 サブ・サハラ地域に広く事業展開
7	BANK PEKAO	3.1	0.2	ポーランド	金融	ポーランドにおける総合銀行業務 伊ウニクレディト傘下
8	UNI PRESIDENT ENTERPRISE	3.1	0.2	台湾	生活必需品	食品製造・加工・販売および小売チェーン事業 台湾、中国本土を中心にアジア展開
9	ユニチャーム	2.7	0.0	日本	生活必需品	パーソナルケア、ペットケアの製造・販売大手 アジアを中心とした新興国売上比率は50%超
10	WEG	2.4	0.1	ブラジル	資本財・サービス	電気、エンジニアリング関連機器の製造・販売大手 世界100カ国超で事業展開
	合計	41.0	1.8			

（出所）　ファーストステート・インベストメンツ、MSCI

フォリオ」のなかに含まれる可能性もあるということである。

　本社の所在地と実際の経済活動が大きく異なるのは、経済がグローバル化した世界では当然のことである。たとえば、先進国市場の代表的な株価指数であるMSCIワールド指数は、先進国に本社のある企業だけから構成されている。しかし指数に含まれる企業の売上構成を調べてみると、すでに2014年9月末時点で、20％近くがエマージング市場での売上げとなっている。本社の所在地が、その事業活動を評価するうえであまり役に立たないことの証左であろう。

第 3 節　本社所在地を意識することの課題

　上述の例は、投資対象を本社所在地で限定することが、株式投資で優れた投資機会を損なう可能性があること示したものといえるだろう。しかし、機関投資家が顧客から指示される投資対象は、日本、アジア、先進国、エマージング国など、依然として本社の所在地を意識したものが多い。個人投資家になじみのある投資信託でも、日本株式、外国株式など、国を基準にしたファンドがほとんどである。

　年金ファンドなどの機関投資家が規定する資産クラスにも、まだ本社所在地の意識が色濃く残っている。日本株式と外国株式を資産クラスとして区分するのがその典型例である。日本の年金ファンドでは、基本的な資産クラスは「日本株」「外国株」「日本債」「外国債」の4つから構成されるのが通常である。日本に本社のある企業とそれ以外の企業を区分することには、以下のようないくつかの意義が考えられる。

①　日本株式に対するコミットメントの明確化
②　国内インフレに対する購買力の維持
③　為替リスクを一定範囲内に抑えること
④　投資マネジャーを探しやすい

　たとえば、大手の企業年金基金のなかには、日本企業の年金基金として、日本株式に明確に投資額を明示して投資することが日本企業の責務であると考えるところもある。この考え方自体は、企業の日本に対するコミットメントを明確にするという意味で理解できる。

　②、③の理由は、日本企業であれば売上げが日本円で計算されるため、インフレ対応のリターンが獲得できると考えられ、為替リスクも一定範囲に限定できるとの考え方に基づくものである。④は運用会社が日本国内に数多く

存在し、超過リターンを獲得できる機会が数多いと判断しているものと考えられる。

しかし、日本と外国を区分して資産クラスを考えることには欠点も多い。最も重要な欠点は、運用会社の、「最も高いリターンを提供する優れた企業」を選択する能力を阻害するという点である。グローバル株式に投資している運用会社のなかには、前述の例のように、本社の所在地を意識しないで企業の選定を行っている場合もある。日本と海外で区分されてしまうと、ある企業を高いリターンが見込めるにもかかわらず対象国の本社がないという理由だけで候補から除外しなければならなくなり、ベストの企業を選定するという彼らの能力を阻害してしまうおそれが強い。このことは、顧客である年金ファンド、運用会社双方にとって大きな機会損失が発生することを意味する。

もう1つ、日本と海外を区分する重要な問題は、日本企業の資本生産性を海外企業とほぼ同等であるとみなしているという点である。通常、将来の期待リターンの設定では外国株式は為替リスク分だけリスクが高いため、その分を加味して期待リターンを日本株式の数値よりもやや高くするが、その差はごくわずかである場合が多い。

しかし、過去10年間の日本企業の資本生産性（ROEなど）は海外先進国のそれと比べ10%近く低い水準であった。バリュエーションの水準があまり変わらないという前提のもとでは、長期的には株式リターンは資本生産性の高低にほぼ比例することが知られている。過去10年間の状況が今後も継続し大きな改善がみられないのであれば、日本株式に過度な比率を置くことは、ポートフォリオのリターンを大きく毀損することにつながるリスクがあるのである。

アベノミクスの影響で日本企業の資本生産性は全体として改善したとはいえ、外部環境の変化によってマージン（利益）が大きく上下変動する脆弱な利益構造であることにあまり変化はない。したがって、安定して、海外と同水準の高い資本生産性を投資家に提供できるかどうかは、現時点では不透明

と考えるのが妥当なのではないか。時価総額ベースでは日本企業の世界での割合は10％に満たない水準である。現在の日本株と外国株を区分して時価総額の割合以上に日本株式に配分を多くしているとするということは、日本企業に対して、今後大幅な資本生産性の改善が起こり、外国企業よりも高い水準になることを期待していることになる。たしかにそのような期待を筆者ももちたいと思うが、願望と現実は明確に峻別しなければならない。現時点の状況をみる限り、日本株式と外国株式を区分することは、一部の年金ファンドを除き、欠点のほうが多いと考えられる。日本の株式市場改革の進展に応じて、日本と外国株式の区分の取扱いを検討するのが妥当なのではないか。

第 4 節　企業の本源的価値の評価基準は何か

　それでは、どのような投資戦略が、投資先企業の将来にわたるキャッシュフロー（利益とほぼ同義）を生み出す能力の有無を判断することができるのだろうか。株式投資ではさまざまな投資戦略が存在するが、大きく２つに分類される。「ファンダメンタルズ派」と「バリュエーション派」である。両者の違いは一言でいうと、「企業」を重視しているのか、それとも「売買市場」を重視しているかの違いである。それは「投資期間」の違いにもつながる。ファンダメンタルズ派の投資期間が比較的中長期と長いのに対して、バリュエーション派の投資期間は短い。

　将来キャッシュフローを生み出す能力を見極める投資スタイルは、ファンダメンタルズ派に属し、そのなかでも特に中長期の企業価値の評価に焦点を当てている。この投資は、「企業価値評価型」と呼ばれるものと考えられ、企業価値に対する深い理解力を前提としている。投資の特徴は、中長期的な企業の将来キャッシュフローを推計して企業価値を計算し、現在の株価と比較して企業価値が大幅に割安な企業に投資をし、株価が企業価値に近づくまで保有し続けるというものである。

　企業評価のうえで最も重要であるのは、現在の高いキャッシュフローが将来も継続可能かどうかの将来機会の分析である。企業が長期的に安定したキャッシュフローを提供できる条件を備えているかどうかの判断基準は、一般的にいわれる「優良企業」、ないし「高品質企業」と同じ基準である。定量的な指標としては、高いROIC（Return on Investment Capital）などが共通しており、その高いROICを維持できるだけの参入障壁の高さや忠誠心の高い顧客の存在、その維持を目指す経営陣の存在などの定性評価が加わる。

　図表７－２①・②に、企業価値評価型の投資を行っている代表的なグロー

図表7-2①　グローバル株式運用会社の企業選定基準（米国）

運用会社名	企業選定基準の概要
A	①顧客に不可欠な商品・サービスの提供、②忠誠心の高い顧客の存在、③業界もしくは提供市場におけるリーダーシップの保持、④持続可能な競争優位性、⑤高いROIC（Return On invested Capital）、⑥高いフリーキャッシュフロー
B	①純利益が5,000万ドル以上、②レバレッジが低いもしくは中レベル、③高いROE/ROA、④高いフリーキャッシュフロー、⑤安定的な利益と利益率（operating margin）
C	・グラハム的視点……①ディスカウント状態にある企業、②含み資産、③低く見積もられた利益、④循環局面のなかで低価格で取引されている、⑤本質的価値が成長しない ・バフェット的視点……①強いブランド、②グローバルリーチ、③顧客忠誠度の高さ、④ローカル市場での独占的地位、⑤本質的価値が成長している
D	「クオリティ企業」への投資を行う。クオリティ企業の特徴は以下のとおり。①市場におけるポジション（ブランド、差別化された製品）、②テクノロジー（パテント、独自ナレッジ）、③流通（市場に対する効果的なルート）、④マーケット（永続的成長（secular growth）、低ボラティリティ）、⑤バランスシート（強固な財務構造） 上記の特徴は、使用資本に対する高いリターン、価格決定力、持続可能な利益ないし利益成長、高いオペレーティング・マージン、フリー・キャッシュフローをもたらす
E	・定量的特徴……①低Price to NAV、②低Enterprise Value to Operating Income（EV/EBITA）、③Return on Capital Employed（ROCE） ・定性的特徴……①ビジネス基盤の理解、②マネジメントの品質（ROA、フリーキャッシュフローの配賦）、③株主とのalignment
F	①ビジネス品質（支配的な市場ポジション、高い参入障壁、価格決定力、予測可能なビジネス内容、サステナビリティー・ソリューションの一部を構成）、②マネジメント品質（誠実さを尊ぶカルチャー、株主への敬意、長期に対する優れた経営）

（出所）　運用会社へのインタビューをもとに野村総合研究所が作成。

バル株式の運用会社の企業選定基準を示した。企業選定基準のなかに、「国」といった基準が設けられている運用会社は1社も存在しない。企業価値評価型のアプローチでは国や業種といった項目は、企業選定において重要な基準とはなりえず、企業のもつ、中長期にわたるキャッシュフローの創出能力の

図表7-2②　グローバル株式運用会社の企業選定基準（英国）

運用会社名	企業選定基準の概要
G	・定量的特徴……①高いフリーキャッシュフロー利回り、②高いグロスマージン、③高い資産回転率、④低PER、⑤高ROCE ・定性的特徴……①回復力のある無形資産、②能力ある経営者、③高く持続可能性のあるフリーキャッシュフロー生成および繰り返し利益を出せる能力、④強い財務基盤、⑤高い成長ポテンシャル
H	①利益率の高い企業（借入金に頼らない高いROIC、高い粗利益率：価格支配力、資本集約度の低いビジネスモデルによるFCF創出、強固なバランスシート）、②持続可能なROIC（無形資産：ブランド力、著作権、ライセンス、販売網等、支配的な市場占有率、安定した売上げ、地理的な分散、既存事業の相当な成長）、③ROICの維持に注力する経営陣（ブランド構築・維持のための創意工夫や投資を行う姿勢、ROICに着目する姿勢、規律ある資本活用、株主に有害な戦略的買収やインセンティブに注意）
I	①ビジネス見通し／戦略（業種の成長性を予見できる証拠、明確な経営戦略および執行）、②経営チーム（モチベーション、経験、過去のトラックレコード（企業見通し等を通じ、投資家として彼らを個人的に信用できるか否か））、③財務（強力なバランスシート、透明性の高い財務開示）、④事業内容の透明性（クリーンな企業構造、透明性の高い収益（visible earnings）、年次報告書）、⑤株主価値へのコミットメント（経営者や利害調整を目的として運営せず、株主のために運営されているか）
J	①産業の魅力度（今後5年間にわたり十分売上げを伸ばせる市場ポテンシャルはあるか、それ以降の見通しはどうか）、②企業の競争力（その企業の長期的な競争力はどこにあるのか、人的資源は他社より一貫して優れているのか・そうならばなぜどのように、なぜ顧客忠誠心が高く継続するのか）、③財務基盤の強さ（その企業のマージンは魅力的か、マージンは上昇するか低下するか）、④経営陣の資質（資本をどのように配分するのか（設備投資、配当や撤退戦略））、⑤バリュエーション（バリュエーションは魅力的か、なぜ市場はそれに気づいていないか）
K	①市場ポジション、持続可能なマージン、②競争優位に立てる構造、産業のダイナミクス、③価格リーダーシップ、コストコントロール、④キャッシュフロー、ROIC（cash return on investment）、⑤会計、バランスシート、運転資本、⑥経営陣の経験、トラックレコード、⑦フリーフロート、取引量、バリュエーション
L	①クオリティ（経営陣：誠実性・少数株主との利害の一致・明確な戦略・革新性・リスクへの感度・経験に裏付けられた実行能力、事業フランチャイズ：ブランド力・市場シェア・価格決定力・競争優位性、財務健全性：資金調達戦略・キャッシュフロー創出・負債による資金調達の妥当性）、②利益成長（継

続性：実質成長5〜10％・中長期視点・明確な利益成長、変化：シクリカルな変化・経営陣の変化・事業再構築）、③バリュエーション（適正価格：多様なバリュエーション算出基準・適正価値の算定・株価レビュー目標・マクロ環境変化の影響度）

（出所）　運用会社へのインタビューをもとに野村総合研究所が作成。

強さを見極めることだけに集中しているのである。また一般的なアクティブ投資でバリュエーション指標が使われるのとは対照的に、企業選択の最後の段階まで「株式市場」に関連する指標（PER等）を使わないという点で徹底している。

　図表7−2①・②をみると、高品質企業の特徴をさまざまな視点でとらえていることがわかるが、ここでは大きく2つの投資スタイルに分けることができる。1つは「持続的収益力重視派」、もう1つは「利益成長重視派」である。企業の本源的価値の計算にはさまざまな方法が存在するが、ここではフランチャイズモデル[2]と呼ばれる計算方式を若干修正し、本源的価値を、①有形資産、②持続的収益力、③利益を生む成長、の3つに区分する方法で説明してみたい。

　「持続的収益力重視派」は、このうち2番目の要素である、②持続的収益力（Earnings Power）を重視するスタイルである。企業価値評価型の多くが、この「持続的収益力重視派」である。持続的収益力に基づく本源的価値とは、簡単にいうと現在の収益力が長期にわたって継続した場合に実現するものである。ROE（株主資本に対する収益の比率）は必ずしも成長する必要はなく、企業の差別化源泉が維持され現状の収益力が将来も長期にわたり継続するかどうかが鍵となる。

　「利益成長重視派」は、②持続的収益力だけでなく、③利益を生む成長（Profitable Growth）も推計しようとする。「成長」といっても、「売上高の成長」を予測するのではない。ポイントとなるのは、売上げではなく、「利益

---

[2] 詳細については、川北（2013）の第3章「脱市場投資のあり方」を参照のこと。

の成長」である。あくまで利益成長が実現した場合にのみ、③利益を生む成長の値がプラスとなる。利益成長率が高い場合、本源的価値に対して大きな寄与があることが知られている。利益成長率を正確に当てることができれば、非常に高いリターンを獲得することができるのである。一方、「利益成長重視派」の大きな課題は、本源的価値の推計に与える利益成長率の予測誤差の影響が大きいことである。予測の当たり外れが大きいという意味で、よりリスクの大きな投資スタイルといえ、それゆえにこの投資スタイルを採用する運用会社が少ないのであろう。

第5節 優れた京都企業に投資をするグローバル株式マネジャー

　企業価値評価型を採用しグローバル株式投資を行っているのは海外の運用会社が多い。そうした運用会社は、その選定プロセスのなかで、日本企業の調査も行い、優れた日本企業には長期間にわたって投資を行ってきた。企業価値が中長期的に高いと判断した京都企業に投資を行っている運用会社も存在するはずである。彼らが顧客から委託されているマンデートはグローバル株式の場合も、日本株式の場合もある。いずれにしても、京都企業からみて、中長期の企業価値を評価する運用会社は、現時点では海外に所在地のある運用会社が多いということであり、日本の投資家だけを相手にしていたのでは十分ではないことになる。

　彼らの運用拠点は海外であり、日本株式の調査も海外から行っている場合が多い。日本株式への投資額は少なくとも7兆円以上あり、日本に運用拠点のある、中長期の企業価値に焦点を当てた同様の投資スタイルを採用している運用会社の運用額が1兆円程度であるのに対してはるかに大きな額を運用している。

　企業価値評価型の投資家が海外に多いことは、日本株の投資家層の分布データでも明確に現れている。図表7－3は日本の上場企業の株主を「企業価値評価の重視」「保有期間」の2軸で区分したものである。企業価値評価型と呼ぶ投資戦略を採用しているのは、この図の右上のゾーンに存在する。企業価値評価型の大部分は海外所在の運用会社や年金基金である。

　このような投資家に保有してもらうことは企業からみて利点が多い。これらの運用会社は、短期的な株価変動にはほとんど関心がなく、企業経営者の質やビジネスの質を見極めることに集中しており、彼らの評価基準に適合すれば、かなりの額の投資を中長期にわたって行ってくれる安定株主となりう

図表7－3　日本の上場企業の分類（保有期間と企業価値評価からみた分類）

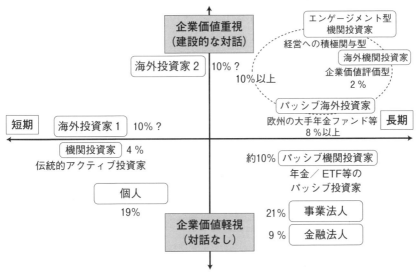

（出所）　各種資料をもとに野村総合研究所が作成。

るからである。

　京都企業を含む、日本のグローバル企業の経営者は、このような投資家と海外で以前から中長期の経営戦略等について突っ込んだ議論を行っている。たとえばある企業経営者は、「企業の最適資本構成を含む、長期の企業価値について突っ込んだ議論をできるのは、海外の投資家が8割、日本の投資家が2割程度である」「日本では、経営の参考になる意見を投資家から聞けないので、もっぱら海外の投資家と経営戦略などについて議論するようにしている」と述べている。海外も含めたグローバル企業を対象とした運用会社の投資先には、日本企業の経営者が競合相手とみなしている海外企業も多く含まれる。そのため目線の高さが経営者と同じで、経営戦略に関して有益な意見をもっている場合も多いのだろう。

第 6 節　企業価値を正しく評価してもらうための情報開示と投資家との対話の重要性

　運用会社の顧客である年金ファンドなどが、中長期の企業価値を見極める能力を運用会社に求める度合いが高まるほど、高品質の日本の事業会社からみると、中長期の安定株主が増えることにつながる。企業がこのような投資家に選ばれるには、上述の運用会社の企業選定基準を満たし、さらに、中長期の企業価値を向上させる能力があることを投資家に理解してもらうことが必要となる。そのために、企業が行うべきことは、投資家に対する適切な情報開示とその情報に基づいた投資家との対話であると思われる。

　日本では、このような経営者と投資家との間で、中長期の企業価値に関する議論を促進させるためのガイドラインが相次いで導入されている。2014年2月に制定された、通称、日本版スチュワードシップ・コードと呼ばれるものと、2015年3月に制定された、コーポレート・ガバナンス・コードである。図表7－4に示したように、この2つのコードは、投資家と企業経営者の双方が、中長期の企業価値に関する議論を行うことを促進し、より高い中長期の企業価値が生み出されることを意図している。

　企業は自らの企業価値を正しく投資家に評価してもらうため、最低限、以下の3つの観点から体制整備を行うべきではないだろうか。
① 　投資家の視点もふまえた経営戦略・経営計画の策定・公表
② 　投資家の視点もふまえた取締役会機能の確立
③ 　投資家への説明責任の担保

　株式投資家の観点から最も重要な点は、投資先企業が株主価値を増加するかどうかである。①は株式価値を含めた企業価値向上の戦略や計画をしっかりと立て、公表することである。ここで「企業価値」という言葉は多くの意味を含み、企業経営者と投資家の間で認識の違いが生じることがあり注意が

図表7-4　日本版スチュワードシップ・コードとコーポレート・ガバナンス・コードの概要

日本版スチュワードシップ・コード （2014年2月制定）	コーポレート・ガバナンス・コード （2015年3月制定）
1　機関投資家は、スチュワードシップ責任を果たすための明確な方針を策定し、これを公表すべきである。	1　株主の権利・平等性の確保……上場会社は、株主の権利が実質的に確保されるよう適切な対応を行うとともに、株主がその権利を適切に行使することができる環境の整備を行うべきである。
2　機関投資家は、スチュワードシップ責任を果たすうえで管理すべき利益相反について、明確な方針を策定し、これを公表すべきである。	2　株主以外のステークホルダーとの適切な協働……上場会社は、会社の持続的な成長と中長期的な企業価値の創出は、従業員、顧客、取引先、債権者、地域社会をはじめとするさまざまなステークホルダーによるリソースの提供や貢献の結果であることを十分に認識し、これらのステークホルダーとの適切な協働に努めるべきである。
3　機関投資家は、投資先企業の持続的成長に向けてスチュワードシップ責任を適切に果たすため、当該企業の状況を的確に把握すべきである。	3　適切な情報開示と透明性の確保……上場会社は、会社の財政状態・経営成績等の財務情報や、経営戦略・経営課題、リスクやガバナンスに係る情報等の非財務情報について、法令に基づく開示を適切に行うとともに、法令に基づく開示以外の情報提供にも主体的に取り組むべきである。
4　機関投資家は、投資先企業との建設的な「目的をもった対話」を通じて、投資先企業と認識の共有を図るとともに、問題の改善に努めるべきである。 5　機関投資家は、議決権の行使と行使結果の公表について明確な方針をもつとともに、議決権行使の方針については、単に形式的な判断基準にとどまるのではなく、投資先企業の持続的成長に資するものとなるよう工夫すべきである。 6　機関投資家は、議決権の行使も含め、スチュワードシップ責任をどのように果たしているのかについて、原則として、顧客・受益者に対して定期的に報告を行うべきである。	4　取締役会等の責務……上場会社の取締役会は、株主に対する受託者責任等・説明責任を踏まえ、会社の持続的成長と中長期的な企業価値の向上を促し、収益力・資本効率等の改善を図るべく、 (1)　企業戦略等の大きな方向性を示すこと (2)　経営陣幹部による適切なリスクテイクを支える環境整備を行うこと (3)　独立した客観的な立場から、経営陣（執行役・執行役員を含む）・取締役に対する実効性の高い監督を行うこと をはじめとする役割・責務を適切に果たすべきである。こうした役割・責務はいずれの機関設計の場合でも、等しく適切に果たされるべきである。
7　機関投資家は、投資先企業の持続的成長に資するよう、投資先企業やその事業環境等に関する深い理解に基づき、当該企業との対話やスチュワードシップ活動に伴う判断を適切に行うための実力を備えるべきである。	5　株主との対話……上場会社は、その持続的な成長と中長期的な企業価値の向上に資するため、株主総会の場以外においても、株主との間で建設的な対話を行うべきである。

（出所）　金融庁の資料をもとに野村総合研究所が作成。

必要である。企業経営者がとらえる企業価値は、事業から生み出される売上げや人的資源などを含んだきわめて広範囲のものであることが多い。株式投資家の考える企業価値はもっと単純である。一般的には、事業から生み出される将来のフリーキャッシュフローを現在価値に割り引いたものが企業価値である。しかも株式投資家は投資において一定水準の最低リターン（資本コスト）を設定している。つまり株式投資家の視点からいえば、「資本コスト」を上回る収益を獲得できなければ、その企業は「企業価値破壊企業」となる。したがって、株式投資家からみて最も重要な情報開示は、経営者が企業価値をどのようにとらえているのかや資本コストの考え方、資本コストを中長期的にどの程度の水準で上回ろうとしているかの目標値、その目標値をどのように達成しようとしているのかの方法説明、の３つだと思われる。この３つの情報は、企業経営者と企業価値評価型の機関投資家が、中長期の企業価値に関する議論を行ううえで、基本データになると考えられる。

　②は、取締役会を投資家の視点もふまえた意思決定を行う機関設計にすべきということである。投資家等の視点もふまえた、中長期の企業価値向上を目指す意思決定を行うことができる取締役会とはどのようなものなのか、それを各企業が自らの事業環境と照らし合わせて考えることが重要である。たとえば、日本の株主総会では配当を含めて非常に広範囲にわたる議案が決議されているのが通常である。しかし、取締役会に株主としての意見が十分に反映される機関設計がなされているのであれば、株主総会から取締役会に権限委譲を積極的に行い、決算に関連する項目は取締役会の決議事項に変更してよいと思われる。株主総会では取締役選任などより重要な限られた事項に集中すればよいのではないか。

　③は、投資家への説明責任の担保である。中長期の企業価値向上を目指すうえで資本コストの考え方等の方針の情報開示が必要だと述べたが、それらの情報開示だけでは十分ではない。コーポレート・ガバナンス・コードでは、経営戦略・経営計画のほかに、経営陣幹部の選任方針および手続、報酬決定方針の開示などを求めているだけでなく、政策保有株式、買収防衛策な

ど、株主の視点からみて企業価値に影響を与えると考えられる事項の開示を求めている。

　この章で述べた企業価値評価型の投資家は、企業経営者とこの2つのコードが想定するような内容の、中長期の企業価値に関する議論を行ってきたと考えられる。数の上ではまだ少数派であるが、これらのコードが1つの起爆剤となり、今後は日本株の投資においても、このような企業価値評価型の投資家が増加するものと考えられる。企業は、そのような投資家に投資をしてもらうため、中長期の企業価値に関する情報提供を積極的に行うとともに、取締役会機能の強化を図り、さらにそれらの基盤をベースとして企業と目標を同じくする投資家と活発な会話を行うことが望まれるのである。

【参考文献】
『山を動かす』研究会編（2014）『ROE最貧国日本を変える』日本経済新聞出版社
川北英隆編著（2013）『「市場」ではなく「企業」を買う株式投資』金融財政事情研究会

第 8 章

長期投資の意義と実践

農林中金バリューインベストメンツ 運用担当執行役員　**奥野　一成**

本章では、実際の投資現場で企業価値評価を行っている農林中金バリューインベストメンツ社（旧農中信託銀行企業投資部）が、企業価値創造と企業価値評価についてまとめている。まず第1節では、企業価値創造企業の特徴、第2節では長期投資の本質に言及し、第3節では投資現場で行っている企業分析の切り口、最後に第4節では企業と投資家のコミュニケーション上の課題について述べている。

第1節 企業価値創造企業の特徴（投資家の視点から）

　農林中金バリューインベストメンツ株式会社（NVIC）では、農林中央金庫の社内ファンドとしてチームが組成された2007年以降、7年半にわたって「構造的に強靭な企業への長期厳選投資」を行ってきた。これは、株式を市場で流通する株券としてディーリングするのではなく、企業価値を保有し、その増大をリターンとして享受しようとするものである（2015年2月末現在の助言残高は1,500億円超）。現在われわれのポートフォリオ企業数は20社であるが、運用期間においてほとんど入れ替えることもなく、これらの素晴らしい企業群の持続的な企業価値増大を楽しんでいる。2012年以降は投資先ユニバースを米欧企業にも拡大し、まったく同じ「売らない株式投資」のコンセプトのもと、26社の米欧企業にも投資を行っている（同助言残高は200億円弱）。われわれの運用スタイルについては、『「市場」ではなく「企業」を買う株式投資』（金融財政事情研究会、2013）の第5章「企業価値増大を楽しむ投資」および弊社ホームページ（https://www.nvic.co.jp/）を参照されたい。
　われわれのポートフォリオ企業選定は、株価や市場の分析ではなく、事業の経済性（産業構造および競争優位）に関する仮説に基づいている。この仮説構築・検証のプロセスを通じて、数えきれないほどのミーティング、工場見学等を実施し、多くの価値創造企業（および価値破壊企業）に接してきた。プロフェッショナルとして投資を続ける限り、このプロセスに正解もなければゴールもないが、企業価値創造について現時点での考察をまとめてみたい。
　まず、「企業価値」の定義を明確化しておきたい。ファイナンス理論的にいうと、企業価値とは個々の事業が将来的に紡ぎ出すキャッシュフローの現在価値の総和である。つまり企業価値をつくりだすものは、個々の事業の将

来キャッシュフロー創出能力であり、これは主として、後に詳述する「事業の経済性」により規定されると考えている。キャッシュフロー創出能力には、当然にブランドや知的所有権のような無形資産も含まれる。ただここでいうブランドや特許等は一般的にいわれているような情緒的・感覚的なものではない。現在および将来において競争力を高め、なんらかのキャッシュフローを生むものでなければ、どれほど費用をかけたとしてもファイナンス上は無価値である。たとえばブランドであれば、顧客に対してなんらかの満足を付加的に与えることで、ブランドがない場合よりも高い対価を顧客が支払うものでなければならない。

昨今、企業価値には企業の社会的な貢献等（いわゆるESG[1]）も含まれるべきではないか、という議論もあるが、そもそも企業が提供する財・サービスが顧客にとってなんらかの貢献をするものでなければならないことを考えると、企業活動そのものが顧客・従業員への価値提供を通じて、社会的な貢献をしているわけで、ESG的なものを殊更に強調するまでもなかろう。以下、価値を創造する企業のキャッシュフロー創出能力について、①企業価値を創出する事業、および、②経営者・組織という観点から論じたい。

1 　企業価値を創出する事業＝素晴らしい経済性を有する事業

事業は、財やサービスを顧客に販売して売上げを計上し、それがコストを上回ったときに収益をあげることができる。ここで重要なことはそのキャッシュフローが一時的なものではなく、持続的であるという点である。以下の3点が持続的キャッシュフロー創出のために必要と考える。

---

[1] Environment、Social、Governanceの略。2006年に国連が提唱した責任投資原則の一部。

(1) 付加価値（＝顧客の問題解決）

　一過性のブームや単発的な安売りにより、一時的に顧客を惹きつけることは、それほど難しいことではないかもしれない。しかし、そのような単純な財・サービスの提供にとどまっていては、移ろいやすい顧客の継続的購買に結びつけることはできない。財・サービスの提供という表面的事象の裏側にある顧客ニーズの本質に迫ることが必要である。顧客ニーズの本質とは、顧客が抱えた問題の解決にほかならないが、往々にして顧客自身がそのニーズを認識していないことが多い。だからこそ顧客の問題解決にはゴールがなく、その対価として高い付加価値をもつのである。

　米国には製造業であってもROA（総資産収益率）が20％を超える企業が相当数存在する。これらの高い収益性を誇る米国製造企業は単純に「よいものをより安くつくる」ことをしていない。そういった旧来型の製造業の多くは1970年代から80年代にかけて日本や韓国、台湾といった当時の新興国企業に駆逐されてしまったのだろう。生き残った米国「製造業」は、彼らの顧客が抱える問題を解決することで、付加価値を顧客に提供することを生業としている。

図表 8 − 1　持続的な企業価値増大の条件

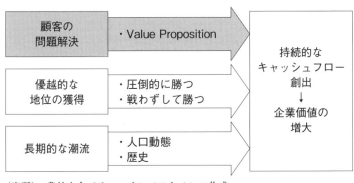

（出所）　農林中金バリューインベストメンツ作成。

〈Ecolab〉

　たとえば、世界中のマクドナルド等の外食チェーンに洗剤等の衛生部材、サービスを提供しているEcolab社は、顧客向けに水処理機器、薬剤等も製造・販売している。顧客である外食チェーンのコスト構造は、図表8－2のとおり、人件費（40％超）、設備メンテナンス（25％）、水・エネルギーコスト（20％弱）であり、Ecolab社が扱う領域の部材コストは相対的に低い状態である。Ecolab社は水道利用コストを大幅に低減させる機材や薬剤を提供することで、顧客に対して総コストの低減という問題解決を提供するのである。顧客のニーズはただ単にEcolab社を含めた業者からの仕入コストを低減することではなく、水道利用コスト等も含めた総コストを低減することなのである。Ecolab社の財・サービスを利用することで、より大きなコストを削減することができる場合、顧客は同社に対して厳しい価格交渉をしないため、同社は高い収益性を確保することが可能となる。このように顧客の問題の根本的解決により高付加価値化を志向する戦略を「Value Proposition」という。

　「ドリルを買い求める顧客は、ドリルではなく、穴が欲しいのだ」とはよ

図表8－2　Ecolab社のValue Proposition
・顧客にとっての最高の結果と絶え間ない改善
・総コストの低減
・持続可能性

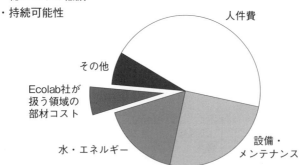

（出所）　Ecolab社IR資料をもとに農林中金バリューインベストメンツ作成。

くいわれる話である。洗濯用洗剤を買う顧客は、衣服が綺麗になればよいのであって、もし水だけで綺麗になる洗濯機や、そもそも汚れがつかない繊維が発明されれば洗剤を買う理由はなくなるのである。現実にそのような財が開発されることはないかもしれないが、このような根本的な問題解決思考こそが、先進国の「製造業」には求められている。円安になったら喜び、円高になったら悲しむ日本人のメンタリティは、価格で勝負する旧来型のものづくりの典型に映る。このままだと四半世紀前に米国の旧来型製造業が駆逐された歴史をそのまま日本企業が踏襲することになりかねない。

　ホンダの創始者である本田宗一郎氏は「本田技研は研究所であるが、人間、顧客を研究するところだ。顧客にとっての価値は何か。これがわかれば後は技術が解決できる」といっている。顧客の問題を解決する、これが付加価値の源泉であり、企業活動の原点である。

(2) 競争力、参入障壁

　持続的に価値を創出するためには、顧客に対する付加価値を優越的に提供せしめる競争力こそ不可欠である。これは競合他社が同じ土俵で戦うことを妨げる「参入障壁」と同義である。ファイナンス理論的にいうと、参入障壁に守られた事業を運営している場合にのみ、事業コストを上回る収益性を確保し企業価値を増大させることが可能なのだ。わかりやすくいうなら、参入障壁のない、だれにでもできる価値提供を行っていては、一時的に高い収益性を得ることができたとしても、それをみた競合他社が参入することによって、競争のなかで売値が下がり、必然的に超過収益をあげることが不可能になる。参入障壁の類型化は記述し始めるとキリがないので、ごく簡略化して述べるとすると以下の二通りに分類できる。

① 「圧倒的に勝つ」……いわゆる「規模の経済」が働く産業において、圧倒的なシェアを握ることにより2位以下のシェアをもつ他社をジリ貧にする戦略。一般的に、この規模の経済に起因する参入障壁は、「市場が爆発的には成長しない」「革新的な技術が生まれない」という条件において長

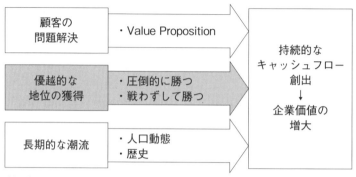

図表8－3　持続的な企業価値増大の条件

（出所）農林中金バリューインベストメンツ作成。

期間機能する可能性が高い。

② 「戦わずして勝つ」……(1)にも通じることだが、顧客の潜在的な問題を解決するなかで、顧客すら気づいていないような新しい市場をつくりだすことで、既存の競争概念をなくす戦略であり、「ブルー・オーシャン戦略」ともいわれる（W・チャン・キム、レネ・モボルニュの著書『ブルー・オーシャン戦略』において、革新的サーカス集団「シルク・ドゥ・ソレイユ」等がこれに当たると紹介されている）。この新たな市場を創出することによって生まれる参入障壁は、先行者利得を創出者に与えるが、それが上記「圧倒的に勝つ」（＝規模の経済）と結びつかない限り、参入障壁が時間の経過とともに切り崩されることは他の事業と変わらない。

〈日本電産〉

　かつてはテレビもパソコンもメーカーがほとんどの部材を内製し組み立てる垂直統合型のビジネスモデルであったが、韓国や台湾企業の技術力、生産技術向上により、それらの企業への外注が増加し、いつしかコア部材ごとに棲み分ける水平分業型ビジネスモデルに移行していった。その大きな潮流のなかで、同社はHDD用スピンドルモーターに特化し、パソコン用では8割のシェアを握るまでになった。垂直統合型モデルの場合には一般的に部品は最終製品の規格によりカスタムメードされるため「多品種少量生産」になる

が、水平分業モデルの場合、部品の規格化により品種がある程度画一化されるため、部品が「少品種大量生産」されるのである。水平分業モデルの場合は、規模の経済が大きく働くため、特定部品の生産量においてシェアをとった企業の収益性が高くなる。同社は特定部材において圧倒的なシェアを確保することにより、川下に位置する企業に対するバーゲニングパワーを発揮すると同時に単位当り生産コストを下げることで、圧倒的な収益性を築くことに成功している。規模の経済が働く産業においては、圧倒的なシェアと収益性は、他社にとっては高い参入障壁を形成する。

　特筆すべきは、この競争優位性が永守社長の圧倒的な主体性によってつくりだされたものであるということである。「1番以外はビリ」という考え方のもと、ブラシレスDCモーターの技術力と戦略的なM&Aにより圧倒的なシェアを築いたのだ。いま、パソコンにHDDが搭載されなくなっていく潮流のなかで、永守社長が10年以上前から参入をねらってきた業界が自動車である。自動車産業に起こっている電装化、省エネの潮流のなかで、モーターが果たすべき役割が大きくなり、その技術革新がいままで系列による垂直統合型モデルであった自動車産業に参入の「割れ目」を出現させているのである。ここにいままではなかった「顧客問題を解決する」モーターを導入し、圧倒的なシェアをとることで自社のポートフォリオはいうまでもなく、産業そのもののかたちすら主体的に変えていく。それが、同社が株式市場でも高く評価されている理由であろう。

〈水平分業化の流れ〉
　水平分業化が進みやすいのは工業製品のみの傾向ではない。たとえば、情報テクノロジーサービスでは、システムの開発等の画一的な部分をインドのIT会社にアウトソーシングしている。また契約書精査等の法務分野においても、米国では単純なリーガルチェックを国外の安い労働力を使って行っている。英語会話教室では、先生はフィリピンに在住しており、インターネットを使って授業を受けることができる。これらのようにサービス業においても、顧客に対する一貫サービスの提供（垂直統合モデル）から、パーツごと

に切り分けて、より効率性を重視したサービスの提供（水平分業モデル）への移行がITシステムインフラの飛躍的な向上により実現している。

(3) 長期的潮流

　長期的潮流（人口動態・歴史の必然等）に逆行するような事業が長続きしないことはだれの目にも明らかである。しかし、企業価値創造にとって(1)、(2)の要件を満たした事業にとってのみ長期的潮流が有益であるということを指摘しておきたい。逆の言い方をすれば、長期的潮流は単独では持続的企業価値創出にとってほとんど威力を発揮しないということである。むしろ、どんなに長期的な潮流に乗っていようとも、参入障壁のない事業は企業価値を毀損するといっても過言ではない。

　これは成長に重きを置く事業家、投資家にとっては違和感のあるところだろう。しかし、代表的な例が航空オペレータである。飛行機の発明以来、人は空を飛ぶことが可能になり、航空機産業は飛躍的に成長した。そして世界中を人が移動する頻度は世界のGDP増大を上回るスピードで拡大しており、産業全体としては長期的潮流に乗っているといえる。しかし、世界の先進自由主義諸国で一国に複数の航空オペレータがある場合、日本航空を含め基本的に一度は破綻している（米国航空オペレータは破綻の歴史である）。これは航

図表8-4　持続的な企業価値増大の条件

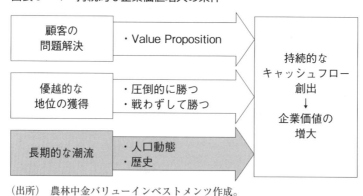

（出所）　農林中金バリューインベストメンツ作成。

空オペレータには、規制による参入障壁はあるものの、参入障壁内での差別化が困難なため、リスクを勘案した事業コストを上回る収益性を持続的に確保することが困難であることに起因すると考えている。

このように、(1)付加価値と、(2)参入障壁がない場合、産業全体が成長することと、個別の企業が価値を創出することには関係がない。つまり経営者は自らの事業が長期的潮流に逆行していないことを確認することは必要であるが、潮流を追い求めても意味はないのである。大事なことは(1)顧客への付加価値提供、(2)参入障壁の構築に意識を集中することであり、「太陽光パネルを敷き詰める」ことではない（多くの企業が太陽光ブームに乗り参入したものの、供給過剰で値が崩れて倒産する会社が相次いだことは記憶に新しい）。

2　企業価値を創出する経営者

(1) 投資家としての目線

企業投資をグローバルに行うなかで、企業価値を創出する経営者に対して感じることを一言でいうなら「投資家としての俯瞰的な目線をもっている」ということだろう。より具体的にいうと、前節で言及したような事業の経済性を冷静に見極め、選択する能力、そして、そのうえでさまざまな投資手段（設備投資、研究開発投資、企業買収、少数株主投資、提携等）を１つのテーブルの上に載せて、何が最も競争力を強化し、企業価値を増大させるのかをゼロベース思考する能力である。

私は、経営者の機能を①キャピタルアロケーション（＝どの事業に資源を配分するのか）と②ビジネスマネジメント（＝選択した事業を適切に運営する）に分けることができると考えている。どちらも重要であることはいうまでもないことだが、現在のように変化のスピードが速い経営環境において、長期的な企業の姿を決定づけるものは、キャピタルアロケーション能力ではないだろうか。ウォーレン・バフェット氏の言葉を借りるなら「どれだけ効率的

図表8-5　経営者の機能

どの事業に資源を配分するのか WHAT	事業を適切に運営する HOW
資本配分＝Capital Allocation 事業の経済性を見極めて選択する 　産業構造 　競争環境 　潮流 最適な配分方法を選択する 　設備投資 　研究開発投資 　事業買収（M&A） 　少数株主投資 　事業提携	事業運営＝Business Management 競争戦略 　商品戦略／価格戦略 　製造戦略 　販売戦略 　人事戦略 効率的に運営する 　コスト管理

（出所）　農林中金バリューインベストメンツ作成。

に舟を漕げるかという点よりも、どの舟に乗り込むかという点が根本的に重要だ」ということである。そして、この2つの能力は質的に異なるものなので、必ずしも同一人物に同時に宿るとは考えていない。ちなみにバフェット氏のバークシャー・ハザウェイ社は、キャピタルアロケーションとビジネスマネジメントを分業しており、バフェット氏は前者の責任者である。

　事業の経済性を見極めたキャピタルアロケーションの例には以下のとおり、米国企業の場合は枚挙にいとまがない。

〈IBM〉

　2004年にIBMがパソコン事業を売却したケースはあまりにも有名である。当時、パソコン製造は兆円規模の事業であったにもかかわらず、ビジネスアウトソーシング、ビッグデータ分析に経営資源を集中するべく、同事業を中国企業に売却した。パソコンというデバイス製造からより付加価値の高く、参入障壁の高いデータ解析という分野に経営資源を集中したのである。ソニーをはじめ日本のパソコンメーカー、デバイスメーカーが、韓国・台湾の

企業との不毛な戦いに突入して体力を消耗したことと対照的である。

〈Church & Dwight〉

　1846年創業の米国の消費財メーカー。ベイキングパウダー「Arm & Hammer」で創業し、現在は衣料用洗剤、食洗機用洗剤からコンドーム、ビタミングミなどを取り扱っている。幅広く手がけているようにみえるが、実際はかなりニッチなセグメントにおいて、綿密なマーケティング・ブランティング戦略と広告宣伝費の集中的投入により、P&Gを相手に「ゲリラ的」に勝利していくビジネスモデルをもっている。P&G相手に勝てる場所（セグメント）を選択し、柔軟に事業ポートフォリオを変化させる。そのために事業買収やブランド取得を積極的に行い、売上げの約80％を占める8つの主要ブランドのうち7つについては2000年以降の買収により獲得してきた。同社のCraigie CEOは、ミーティングで「私の仕事の3分の1は企業買収である」と明言するほどである。

〈Emerson〉

　1890年にモータ製造企業として創業、米国で初めて扇風機用モータを量産した。電子制御技術を展開して、現在は石油・ガスプラント用制御機器、工場用FA、データセンター用無停電電源等の製造・保守メンテナンスサービスをグローバルに手がける。1973年に就任した伝説的CEO、Charles Knight氏のリーダーシップのもと、電子制御の技術力、プラントにおけるエンジニアリング力をコアコンピタンスとする事業の選択と集中を徹底し、56期連続増配を継続中である。

　これらの100年企業は、付加価値のあり処を求めて、産業バリューチェインのなかでどこに身を置くのかを主体的に選択し、アメーバのように自らの事業分野を少しずつ変えてきた。企業が超長期に事業価値を創出し続けるには、柔軟に自らの姿を変えていく「しなやかさ」が重要であり、そのためには企業経営者には、主体的な「投資家としての目線」でさまざまな事業機会をゼロベース思考で選択し、あらゆる投資手法を駆使することが求められている。

しかし、日本では、どちらかというと、ビジネスマネジメントが重視され、そもそも議論するべきキャピタルアロケーションの重要性が劣後しているように感じられる。「本業重視」の掛け声のもと、本業そのものの経済性、バリューチェインの変容に主体的に対応することを拒んでいるようにもみえる。また、キャピタルアロケーションの手法としても、設備投資、研究開発投資、価格政策、少数持株投資、提携、買収等さまざまな方法を同じテーブルに載せて考えているケースは少ない。既存事業の設備投資や研究開発投資を躊躇する経営者がほとんどいないのに比べて、相変わらず企業買収は別枠で管理されている。加えてバランスシートの少数持株投資（株式持合い含む）は放置されたままである。バブル時に失敗した「投資（実際は投機）」というものに対するアレルギーや、企業買収という言葉がもっている語感にネガティブな印象があるのかもしれない。しかし、それらはファイナンス用語でいうと「埋没コスト」であり、将来のキャッシュフローを創出するための競争優位性獲得という観点から、すべてのキャピタルアロケーションはゼロベース思考で検討されなければならない。

(2) 長期的企業価値増大へのコミットメント

洋の東西を問わず、素晴らしい企業経営者は長期的企業価値増大に対して、圧倒的な主体性をもってコミットしている。株価ではない、中短期の業績でもない、それらの底流に流れる「事業の経済性」の持続性および改善に対して、きわめて貪欲であり、それをステークホルダーに対して適切に発信する人間力を備えている。

彼らの圧倒的な主体性はどこから生じるのだろうか？　1つの考え方として、企業業績と経営者の経済的メリットの合致があると考えられる。業績KPI[2]連動ボーナス、ストックオプション、株式保有等がこれに当たる。しかし米国企業における経営者スキャンダル等をみていると、どの手法も経営

2　Key Performance Indicatorsの略。目標の達成度合いを計る定量的な指標のこと。

者の主体性に働きかけるメリットよりも、経営者の目線を短期化するデメリットのほうが大きいと思われる。

あくまで外部者としての見解ではあるが、魅力的な経営者の主体性は経営者本人の哲学、パーソナリティから生れる内部的なもの、思考行動特性に起因するものだと感じる。そして、それが株式保有等の外部的な誘因によって増幅されているにすぎないのではないだろうか。

3　まとめ

本節では、事業の経済性、経営者の性質という両面から、企業価値増大企

図表8－6　経営の機能＝Capital Allocation+Business Management

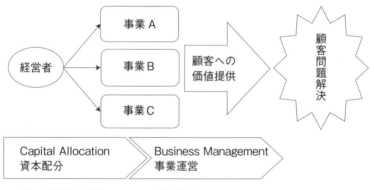

(出所)　農林中金バリューインベストメンツ作成。

業の特徴について考察した。とりわけ後者については、キャピタルアロケーションの重要性に言及した。バフェット氏の言葉を借りるなら「私は投資家であるがゆえに事業運営ができ、事業家であるからこそよい投資ができる」ということである。

第2節　価値創造企業への投資

1　長期投資とは何か──投資と投機の違い

　「価値とはあなたが受け取るものであり、価格とはあなたが支払うものである」というベンジャミン・グラハムの言葉が投資の本質を喝破している。投資とは、現在支払う価格と将来受け取る価値の交換である、というと「なんかむずかしいな」と思う読者も多いと思うが、実は投資は非常に身近な行為である。たとえば英会話教室に行ったり、大学の授業に出たりする行為がそうである。これらの「自己投資」は、現時点におけるお金と自らの時間を投入して、将来の自らの価値を上げる、または可能性を増大させる行為である。投資においては、対象が企業（株式）であれ、不動産であれ、その投資対象が将来どの程度の価値を生み出すのかに集中しなければならない。英会話学校に通う時に、「英語の習得」という成果にこだわるのと同じである。

　そのように投資を定義した場合、書店で並んでいる「投資本」のほとんどが「投資」についてではなく、「投機」についての指南本であることがわかる。投機とは「価格が上がるから買い、下がるから売る」、つまり、自分の買った価格よりも高い価格で買ってくれる別の人を探す行為である。投機にとっての分析の対象は、もっぱらその対象物の価格動向、需給動向であり、対象物が将来的に生み出す価値ではない。さらにいうなら、対象が株式であろうとパラジウムであろうと「価格が動けば」なんでもよいのだ。

　われわれが投資先を決定するときは、企業全体を買収するM&Aと同じように、その企業が営む事業の経済性（産業構造、競争力＝参入障壁）、経営者を分析することで、将来的にその企業がどの程度のキャッシュフローを生み

出すのかを、いくつかの外部環境シナリオごとに算出する。その後に株式市場でついている価格で100％買って保有した場合の利回りをチェックし、合理的であれば購入し、そうでなければ合理的な水準になるまで待つ。そしてわれわれが想定しているような収益を生み出している限りにおいて、かつ不合理なまでに株価が上昇しない限り売却しない。もし「チャリンチャリン」という音を鳴らして永久に現金を吐き出す機械をもっていたなら、あなたはそれを手放すだろうか。われわれの日々の業務はこの「チャリンチャリン」という音を注意深く聞き分ける想像的な行為であり、この機械を買ってくれるほかのだれかを探すことではない。本当に素晴らしい経済性を有する事業を売却する理由などわれわれにはないのである。その意味で、われわれにとって株式投資とは、株券を売買して儲けることではなく、「お金を投資先の企業に預け、その企業に儲けてもらう」ことに近い。

2　配当は必要なのか？

　儲けてもらったお金は、部分的に配当され、ほとんどはその企業内に内部留保され再投資されるが、われわれは、「経営者が誠実で」かつ「素晴らしい経済性を有した事業に再投資される」のであれば、配当など必要ないと考えている。そのほうが課税されることがないうえに、再投資で事業が拡大することにより将来的に企業が創出するキャッシュフローが増大するからである。

　配当利回りが債券よりも高いからという理由で株式に投資する人がいることには驚きである。配当は債券のクーポン（利札）とはまったく異なるものであり、配当を受け取ることは、受け取った配当分だけ将来の成長を犠牲にして現在の現金を先食いする行為である。簡単にいうとタコが自分の足を食うようなものである。

　もっとも、経営者が誠実ではない場合、留保された利益を事業拡大のみを目的とした経済性の劣る事業の買収や、非生産的な設備投資に充当される

図表8−7　配当に対する考え方

		経営者	
		誠実	不誠実
事業の経済性	良好	配当は要らない＝再投資されるべき	配当を求めるべき
	劣悪	投資するべきではない	近寄るべきではない

（出所）農林中金バリューインベストメンツ作成。

ケースが散見されるのも事実である（Empire-building tendencies）。そのような経営者を相手にする場合は、配当を求めることでガバナンスを効かせることも有効だともいえる（エイジェンシー理論）が、そもそもそのような企業と経営者には投資しないことをお勧めする。そういったことに労力を傾けるより、良好な経済性をもつ他の企業を分析するほうが生産的だからだ。

　経済性の劣悪な事業であると判断する場合は、経営者が誠実であろうとなかろうと、投資対象にはならないので、配当が必要なのかどうかの議論にもならない。ちなみに資金が必要な時は、株式を売却すればよいだけであり、この「売却アプローチ」のほうが効率的であることは、バフェット氏の株主への手紙2012年版（http://www.berkshirehathaway.com/letters/2012ltr.pdf）に例をあげて理論的に説明されているので参照されたい。

3　市場は価値を正当に反映するのか（その１）

　上記のとおり、配当を求めないとすると、留保された利益は企業内に会計的に蓄積されるだけで、引き出せないのだろうか？　もし留保された利益の蓄積が市場においてまったく評価されないなら、まさに絵に描いた餅なのではないか？

　この「市場が価値を正当に評価しているか」という疑問について、明確な

解答はない。しかし、長期投資家にとっては、株価が過小評価されているほうがありがたい。保有企業の将来キャッシュフローに対する見込みに変化がない場合、今後も継続的にその企業を購入しようと考えている長期投資家にとっては、より安く対象企業の持分を買い増すことができるからだ。自らが保有している企業の株価が下落することを喜ぶことができるようになったら一人前の長期投資家といえよう（残念ながら私はその境地に達していないが……）。繰り返しになるが、保有企業が想定しているようなキャッシュフローを出してさえくれれば、日々の株価などどうでもよい。バフェット氏的にいうなら、「明日東京証券取引所がなくなっても困らない」のである。

そうはいっても、実際のところ、価値の蓄積という現象を市場はどのように評価しているのだろうか？　これは理論的に証明できるものではないが、この20年間の事実を示すことは無意味ではあるまい。

図表8－8は、4つのデータ、①弊社助言ファンド構成企業の平均1株当り純資産（BPS）推移、②TOPIXの1株当り純資産（BPS）推移、③弊社助言ファンド構成企業の株価累積リターン（バックテスト）、④TOPIXの株価累積リターンをグラフ化したものである。BPSの推移は、客観的に留保利益の蓄積を表現しており、バフェット氏も、年次報告書において自らのバークシャー・ハザウェイ社の長期的価値増大をBPSで表現している。

このチャートでみてとれる事実は、弊社助言ポートフォリオにしてもTOPIXにしても、それぞれの1株当り純資産（BPS）推移をそれぞれの株価が追いかけるように推移していることだ。この事実から「市場は企業の利益の蓄積を評価できないほど愚かではない」といえそうである。利益の蓄積という動態的現象はバランスシートを読める（＝四則計算ができる）人間には一目瞭然であるから、いわば当然ともいえる。現金がテーブルの上に置いてあるのに、それをみなかったことにすることはできないということだろう。

そしてこのチャートが示しているもう1つの重要な点は「市場はすべての情報を瞬時に織り込む」という幻想への反証である。もし市場が完全に効率的であり、素晴らしい企業の強いファンダメンタルもすべて市場に織り込ま

図表 8 − 8　累積リターンとBPSの推移

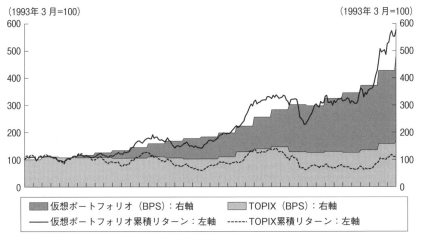

(注)　上記リターンは、弊社助言ファンド構成企業について、バックテストを行ったもの（均一ウェイト仮想ポートフォリオ）。
(出所)　農林中金バリューインベストメンツ作成。

れる、すなわち、通説であるセミストロングフォームが正しいとすれば、株価は常にBPS等のファンダメンタルとは関係なく推移するはずである。しかし、現実に弊社助言ポートフォリオのBPSの蓄積を追いかけるように株価が上昇していることをみると、市場が初めからこれらの企業の素晴らしさを見抜いていると考えることには無理があろう。つまり市場は「長期的な利益の蓄積を予想できるほど賢明ではない」のである。しょせん、市場は10分先すら予想できない人間の集まりで形成されていることを考えるとこれもまた当然の結論である。

結論をいえば、「市場は企業の利益の蓄積を評価できないほど愚かではない」が、「長期的な利益の蓄積を予想できるほど賢明ではない」ということである。そして長期投資にとって最も重要なことは、「素晴らしい経済性をもったビジネスを選択することであり、企業価値評価（Valuation）の正確性ではない（＝割高割安を言い当てることではない）」ということである。

それからこれは余談だが、TOPIX全体のBPSは1993年3月末を100とする

と2014年3月末で150程度、すなわち年率2％弱と、この20余年間、ほとんど価値を生み出していない（図表8－8は配当調整をしていないので厳密な議論ではないが）。その貧弱なファンダメンタルを反映してか、日本株はアベノミクス後ですらいまだにリーマンショック前の高値には及ばない（2014年11月末時点）。順調にBPSを積み重ねる米国インデックスがリーマンショック前の高値を悠々と抜いていることと対照的である。

4　市場は価値を正当に評価するのか（その2）
　　——なぜPBRが機能しないのか

　われわれの長期厳選投資（＝Value Investing）は、「市場」で割安に放置されている企業を買って、「市場」で割安が修正されるまで待つことではない。したがって、われわれの投資は一般的な意味での「割安株投資」とはまったく異なるのだが、よく「PBRが1倍割れの割安株がどうして割安なままで放置されるのか」という質問を受ける。これは、3で述べたレベルの市場の効率性と整合的なのだろうか？

　BPSとは簿価ベースの「清算価値」であり、1倍以下は割安だとされる。しかしこれはあくまでも簿価ベースの話であり、資産が簿価で売却できることを前提としている。しかし、日本の土地等の資産価格が長期的趨勢として下落していること、日本国内の需要が人口減で長期的に減退することを勘案すると、日本に存在する資産の時価が簿価を下回るケースがあっても不思議ではない。簡単にいうなら、日本国内に工場をもちたいと思う企業（国内・海外企業問わず）が少ないだろうということである。つまりPBR1倍割れが「割安」だとするには「資産が簿価で売却できる」という前提が必要だが、その前提自体が日本の場合は怪しいのである。

　したがって、それらの「割安」修正が起こらないのは、3で述べた「市場は愚かではない」ということと整合的である。結局のところ、PBR1倍割れが割安だという教義を日本企業においても適用できるかどうかは、個別に資

産を精査する必要があり、机に座ってパソコン端末を叩くだけでは判断できない。ちなみにわれわれのポートフォリオ企業にはPBR 1倍割れは当然のことながら1社もない、どころか平均的には3倍を上回っている（2014年11月末時点）。残念ながら、簿価PBR（に意味があるのかどうか不明だが）の観点からは「割安」ではない。

5　分散投資の罠

　現実には事業の経済性を評価することは簡単ではない、というかほとんどの事業について本当に見極めることは不可能なのかもしれない。それでは、「事業の経済性に関する仮説を設定できない産業、企業に投資するにはどうするのか？」という疑問をもつ読者もいると思う。答えは明確で「わからないものには近づかない」ということだ。そのために必要なことは、自分の能力の範囲を常に意識しておくことであり、自分のストライクゾーンから外れたボールが来れば自信をもって見逃すことである。バフェット氏の言葉を借りれば「株式投資は野球と違って3球見逃してもアウトにはならない」のだ。

　その結果、集中投資になることをおそれる必要はない。そもそも分散投資をして富豪になった人物がいるだろうか？　古くは「鉄鋼王」アンドリュー・カーネギーから「自動車王」ヘンリー・フォード、マイクロソフトのビル・ゲイツに至るまでほとんどの大富豪は自らの才能と時間を1つの卓越したアイデアに集中的に投資した結果なのである。

　一応、理論的にも30程度の投資アイデアを分散することで、ほぼ分散によるリスク逓減効果のメリットを享受できるといわれる（ここでいう「リスク」とは標準偏差のことを意味する）。それ以上のアイデアに投資するときは、さらなる分散によるリスク逓減効果と過分散によるデメリットを比較衡量するべきである。

6　事業経営におけるキャピタルアロケーションと長期投資

　われわれが行っている長期厳選投資は、素晴らしい経済性を有した事業に対するキャピタルアロケーションであり、前節で詳述した事業経営における「キャピタルアロケーション」と根本的な部分では共通の概念である。したがって、投資する事業を選択するうえで重視しなければならない事業の経済性も、企業経営の場合となんら変わることはないと考えている。すなわち、①事業の付加価値、②競争力・参入障壁、③産業の潮流である。ただし、企業経営におけるキャピタルアロケーションと決定的に異なることは、経営者のキャピタルアロケーションは自らの事業の経済性にアクティブに働きかけることができるのに対して、長期投資家のそれはあくまでもパッシブであるということである。日本電産の例を再び用いるなら、永守社長は競合企業を買収することによって、競合環境そのものを主体的に変えることができるのである。

　一方、長期投資家のキャピタルアロケーションは、広く投資機会を捕捉で

図表 8 - 9　キャピタルアロケーションの違い

		事業経営におけるキャピタルアロケーション	長期投資（キャピタルアロケーション）
共通点		事業の経済性（付加価値、競争力、潮流）を見極める。	
相違点	メリット	選択した事業の経済性にアクティブに働きかけることが可能。たとえば競合環境そのものを変えるようなM&Aも可能。	業種、地域等においてあらゆる投資機会をとらえることが可能。上場株式投資であれば、流動性がある。
	デメリット	事業選択領域が既存事業の周辺に限定される。	あくまでもパッシブに選択するのみであり、事業そのものに対する働きかけはできない。

（出所）　農林中金バリューインベストメンツ作成。

きるのに対して、事業経営のそれは本業の周辺に投資機会が限定される。このことを長期投資家の代表格であるバフェット氏は「われわれはあたかもバイセクシャル（両性愛者）であり、その利点は、土曜の夜にデートできるチャンスが2倍に増えることだ」といっている。

7　まとめ

　本節では、投資と投機の違い、長期投資の基本的な考え方、市場の効率性等について言及した。われわれの考え方（Value Investing）は、一般的に認知されているような意味での株式投資（株券の売買）とは異なる。また、種々の疑わしい前提のもとに成立している現代ファイナンス理論とも一線を画している。

　長期投資とは、投資先企業が紡ぎ出す将来キャッシュフローを楽しむものであり、株価を追いかける行為ではない。この考え方は、むしろ前節で強調した事業経営におけるキャピタルアロケーションや事業選択と本質的には同じであるといえる。

第 3 節　企業価値評価の手法
——事業の経済性を見極める

　本節では、「企業価値創造企業」を見極める際の分析手法について述べてみたい。企業を買うということは（株式投資にしてもM&Aにしても）、その企業なり事業が紡ぎ出す将来キャッシュフローを、ある値段で買う行為である。買収価格、買値を決めるためには、最終的に「将来の企業の姿」に迫らなければならないが、それは「現在の企業の姿」の単純な延長線上にはない。

　図表8−10のとおり、「現在の企業の姿」を抽象化して事業の経済性に関する仮説の構築と検証を繰り返すことを通じて、事業の経済性を見極め、そこからまた「将来の企業の姿」を導き出すプロセスをとらなければならない。

　以下に、この仮説構築・検証のプロセスにおいて何をどのように分析するべきかを述べる。

図表8−10　企業価値評価の手法（簡略図）

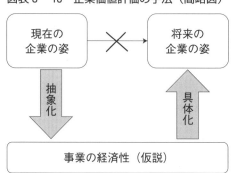

1　分析対象

① 企業ではなく事業……投資対象が企業であることは株式投資の場合は致し方ないが、分析対象は事業ごと・地域ごとに行う必要がある。なぜなら事業によって経済性が異なることはいうまでもないし、その事業が展開している市場によっても経済性が異なることが多いからである。たとえばハーシーチョコレートにとって、米国市場と日本市場とではまったく競合環境等が異なるのである。

② 産業バリューチェインの川上と川下……バリューチェインのなかにおける、その企業、事業のステイタスを知ることは産業構造を知るうえできわめて重要である。バリューチェインの川上と川下で、どちらにバーゲニングパワー（価格決定力）があるのかは事業の経済性を決める重要な要素である。そしてそのバーゲニングパワーの違いの背景（歴史的な要因、市場占有率etc.）を分析することが将来のバリューチェインの姿を予測するうえで有益である。

③ 競合を本質的かつ動態的にとらえる……現在の競合環境を分析することは当然である。ただしいわゆる東証33業種等という括りはまったくのナンセンスである。事業そのものを本質的にとらえ、競合を動態的にとらえなければ到底将来の競合環境など予測できない。Googleが車をつくろうとする時代であることを直視しなければならない。これについては『「市場」ではなく「企業」を買う株式投資』の第5章「企業価値増大を楽しむ投資」に詳述したので参照されたい。

④ グローバルに調べる……日本企業を分析するうえで日本企業だけを調べればよい時代は完全に終わっている。むしろ海外企業を分析する過程で得られる日本企業の姿のほうが本質を突いている場合が多い。このことは、海外企業に対する長期厳選投資を実践するなかで実感することである。日本企業に投資することは、グローバルに事業の経済性を分析するなかで、

魅力的な企業、事業が「たまたま」東証に上場していた、という感覚のほうが正しい。

2　分析内容

非財務情報、財務情報、マクロ情報等の3つの要素はすべて重要であるが、より重要なことはこれら3要素を関連づけ、有機的に理解することである。3つの要素を独立して分析、理解することはかえって事業の経済性に関する仮説を構築する妨げになると考えたほうがよい。

(1) 非財務情報

① 沿革……われわれが企業とのミーティングのなかで最重視する要素の1つ。なぜならこれこそが企業の来し方（歴史）、行く末（DNA）を端的に

図表8-11　企業価値評価の手法（詳細図）

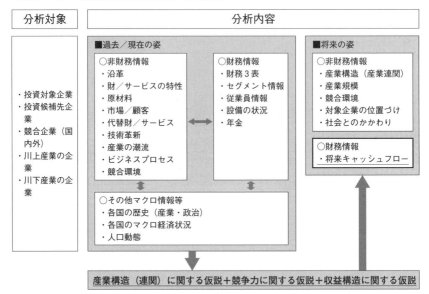

（出所）　農林中金バリューインベストメンツ作成。

表しているからである。たとえば対象企業が80年代のバブル時にどのような経営を行ったのか？　また、円高環境下で経営者がどのように発言したのか？　リーマンショック後の不振時にどのように振る舞ったのか？　当時のことを調べることで、企業がどのように問題を把握し、どのように解決してきたのか、を知ることができる。

　企業は「わが社は将来こうします」というが、企業が将来どうなるかの答えは沿革のなかに隠されている。過去の節目節目における経営者の打ち手（戦略、戦術）こそ、その企業の将来を物語る最良の題材である。80円を超える超円高時に経営不振を環境のせいにしていた経営者は、円安になってもパッとしないものである。

② 財・サービスの特性……事業が顧客に提供する財・サービスが本来的にもっている特性は、将来的にも変わらないことが多いので、事業の経済性に大きな影響を与える。これはその財の歴史等をグローバルに調べてみると性質がよりよく理解できる。

　財の性質を理解することが仮説構築には不可欠である。たとえば「紙オムツ」という商材は、1人当りGDPが3,000ドルを超えると普及し始めるといわれる。最初は外出時だけだったものが、だんだん就寝中のみの1枚／日に、そして最終的には4～5枚／日まで経済の発展とともに不可逆的に増加していく。そして3歳までは反復使用されるがそれ以降は使用されない。このように商材の性質を理解していれば、グローバルな市場の拡大や縮小が人口動態とマクロ経済環境からある程度の合理性をもって予見できるようになる。

③ 競合環境……事業の経済性に直接に影響を与える最重要項目であり、われわれの産業構造分析において最も時間を費やすものである。競合環境を分析する時には、参入障壁の本質を定性面─定量面、過去─現在というマトリックスのなかで複合的・本質的に理解する必要がある。事業の本質やビジネスモデルに思いを馳せることで、本当の競合がみえてくる。当然に競合分析もそれにあわせて本質的に考えなければならない。スターバック

スの本質的な競合はドトールではないのである。

(2) 財務情報

① 財務3表（貸借対照表、損益計算書、キャッシュフロー計算書）……これは過去の非財務的な要因が、財務情報という結果として表れたものである。したがって、これらの数字の裏側にある定性的な本質（＝非財務要因）を読み解くうえで最も重要な情報でもある。特に事業ごとに理解するうえでセグメントごとの情報を時系列で理解すること、そして競合他社の同事業と並べることは欠かせない。

② 従業員・設備情報……経営者がどの事業に力点を置いているのかは、従業員や設備投資などの経営資源をどのように配分しているのかで推測できる。たとえば、ノンコア事業であっても、決算説明会等では、従業員や顧客に対する配慮から「ノンコア事業も頑張る」というのが日本の経営者である。しかし、実際に従業員の配置や設備投資情報等を時系列に分析することで、その経営者が真意としてそういっているのか、本当は撤退モードなのかを推察することができる。

③ 数字は嘘をつかない……経営戦略、ビジネスモデル、特許、ブランド等、たしかに明示的には数字でみえないものも多い。ただし、どんな非財務情報であっても、真に事業の経済性にポジティブに働くものなのであれば、前提を置くことによって、数字で説明することができるはずである。そして、過去のことについては、過去10年以上の財務情報を調べることで裏がとれる（＝検証できる）はずである。あえて批判をおそれずにいうならば、数字で表現できない非財務情報はない。

(3) その他マクロ情報等

① 人口動態・マクロ経済環境……どんな事業であっても人口動態やマクロ経済環境の影響を長期的に逃れることはできない。事業の経済性を分析するときに、それらのマクロ情報と組み合わせて有機的に理解を進めなけれ

ば、将来の大きな潮流を見逃すことになってしまう。ただここで注意しなければならないことは、われわれは事業の経済性に関する仮説を構築・検証するためにマクロ情報等を組み合わせて有機的に分析するのであって、決して将来のマクロ動向を予想することが目的ではないということである。未来のマクロ経済環境を予想してそれが投資に役立つほど的中するのであれば、企業分析などする必要はない。単純によりマクロに近い金利や為替をトレードするべきである。

② 歴史……各国の産業の歴史は将来を予想するときに大きな示唆となることを指摘しておきたい。経済の発展は各国でステージが異なるため、先進国で起こったことを仮説として普遍化して理解しておくと、今後の新興国で起こることのヒントを得ることができる。たとえば、前節で触れたように米国の超優良企業のなかにはいわゆる"単純な"ものづくり企業はない。これは日本、韓国、台湾等のものづくり企業に駆逐された結果である。このことが先進国となった日本に将来的に当てはまらないと無条件に考えることは合理的ではない。

3　仮説構築技術

仮説構築はすべてのビジネスにおいて必要なスキルだが、以下では企業価値評価の現場における技術について述べたい。この技術は、自らの頭と足を使って試行錯誤することでしか身につかない。

(1) 頭を使う

仮説構築は抽象化するプロセスである。どんな財・サービスを提供しているのかを理解し、数期の財務諸表をみるだけで、チャリンチャリンというお金の音が聞こえてくるほどに抽象化思考特性を鍛えることが必要である。これは俗にいう"思い込み"と紙一重である。バフェット氏も「投資において最も重要なことは、実際に自分がどれだけ知っているかではなく、むしろ自

図表 8 −12　仮説構築プロセス

頭を使う	
項　　目	内　　容
①　数値化する／可視化する	想像力をふくらませる
②　比較する	他と比べる／過去と比べる
③　分解する	フレームワークの活用
④　捨てる	大事なことに集中する→仮説
⑤　組み立てる	仮説完成

(出所)　農林中金バリューインベストメンツ作成。

分が知らないことをどれだけそれらしく決めつけるかにある」といっている。

① 　数値化する、可視化する……いろいろな事象を数値化したりグラフ化したりすることで想像力が働く。想像力こそが仮説構築のスタートポイントである。事業分析であれば、セグメント情報の時系列化、グラフ化は必須である。マクロ情報を数値化するときは手触り感のある数字まで落とすことができればより生活と密着したものになる。たとえば、日本の飲食市場（内食＋外食＋中食）が合計で70兆円という数字があったとしよう。70兆円ではまったく手触り感がないが、日本人1人が1日に食べる金額1,500円弱（70兆円÷130百万人÷365日）にすればなんとなくイメージが湧くであろう。このためには人口やGDP等の基本的な数字程度は覚えておく必要がある。

② 　比較する……これは上記「分析対象」のところで述べたような企業、事業との比較や過去との比較（＝時系列分析）を意味する。これもグラフ化することで想像力が広がり、関係性を発見することにつながる。

③ 　分解する……分析が可能なレベルまで分解すること、細分化することが重要である。これは定型化されたフレームワークを活用すると便利である。たとえば、売上げであれば単価と数量に分解できる。また産業全体の

規模とその企業のシェアに分解することもできる。ROAであれば総資産回転率と売上高利益率に分解できる。さまざまな前提を置くことでこの分解作業はほぼ無限の広がりをもち、仮説構築のコア部分となる。

④ 捨てる……ここで紹介している5つの技術のうちで最も重要かつ困難な技術である。基本的にアナリストという職業はいろんな情報を見つけて分析し、蓄積することは得意だが、捨てることには非常に強い抵抗感を示す。しかし結果（事業の経済性の推定）に影響を与える本当に重要な部分は、大抵の場合、集めた情報の2割である。仮説には絶対の正解はない。論理的に正しい必要はあるが、網羅する必要はないのだ。常にゴールである「事業の経済性に迫る」という意識を強くもたなければ、情報収集の隘路にはまって、本質を見誤るのである。この「捨てる」という作業のなかで、本当に重要なものに集中する能力が磨かれる。

⑤ 組み立てる……ここまでのプロセスは事実を見つめた後、比較し、分解する抽象化プロセスだとすると、組み立てるということは、再び具体化するプロセスである。この時点ではすでになんらかの仮説ができあがっていなければならない。

(2) 足を使う

百聞は一見にしかずという諺どおり、実際に足を使って現実に触れることが、より想像力をかき立てるうえで重要だと考える。投資とは企業が儲けているようすを想像することである。じっと机に座っておもしろい儲け話が転がり込むと考えるのは合理的ではない。バフェット氏はひたすら事業報告書と新聞を読んで分析をするそうだが、バフェット氏といえども若かりし時には、アナリストとしてさまざまな実地経験を積んだはずであり、その豊富な経験から「みなくてもわかる」達人のレベルにまで達しているのだと想像する。

① 企業訪問する……自ら組み立てた事業の経済性に関する仮説を、何年もその対象企業に勤務している人物と議論する素晴らしい機会である。また

非財務情報等の生きた情報は対象企業の人物から聞くのが最も適切である。
② 四半期報告……企業訪問で社長等のトップマネジメントに会えることはまれである。ただし四半期ベースで行われている四半期報告の時には基本的に社長をはじめトップレベルの人物が出席する。社長の肉声を聴き、質問することもできる。
③ 工場・現場見学……ものを生産し販売しているのは現場である。工場や現場を見学することは長期投資に手触り感を与える。対象企業の価値創造の匂いを嗅げるかどうかで想像力の広がりが異なるものである。「金融屋に現場の何がわかるのだ」という批判は、残念ながらそのとおりではあるものの、「みなければ何もわからない」というのも真実であると思う。

(3) 蓄積する

① 知識より常識……対象企業が属する業種の高度な専門知識が必要な業界もあると思うが、ほとんどの場合必要ない。たしかにB to Bの事業は身近ではないため、ハードルが若干高くなると思われるが、化学企業に投資する際に化学式を知っている必要はない。それより経済性の分析には常識のほうが重要である。たとえば、仮に家電量販店で同じ商品が毎週行く度に５％ずつ値下げされているとしよう。そのような商品を生産している企業の長期的な経済性がよいはずがないと結論づけるときに必要なものは、専門知識ではなく常識である。
② 地道な研鑽……事業の経済性を見極め本質に迫るには、自らの足を使って情報収集すること、自らの頭を使って仮説構築・検証をすること、この２つを繰り返すこと以外に近道はない。時間はかかるが仮説構築・検証によりノウハウは確実に積み重なる。ボタンを押すスピードを競うような運用スタイルは若くなければできないが、企業価値の増大を楽しむ投資スタイルは地道に研鑽を積んだ者のほうが勝つ確率が上がる。

4 まとめ

　本節では、事業の経済性を見極めるためにどのような分析をなすべきかについて述べた。とりわけ自らの足と頭を使った試行錯誤のプロセスの重要性を強調した。長期企業投資とは、時間の経過とともに分析ノウハウが蓄積すると同時に、素晴らしい経済性を有する投資先の企業価値も増大する。まさに時間の経過を楽しむ一石二鳥の手法なのである。

第4節　企業と投資家の関係性

　われわれは、チーム発足の2007年当初から、企業と同じ舟に乗る長期投資家として当たり前のコミュニケーションを投資先企業と行ってきた。本節では、実際のコミュニケーションの現場で感じることを昨今の「スチュワードシップ・コード」と関連づけて述べてみたい。

1　戦略的コミュニケーションの重要性

　われわれは、自らの長期投資に適合するような良好な経済性を有した企業、誠実な経営者を求めて日夜研鑽を積んできた。われわれにとって投資先企業は「パートナー」であり「株式」ではない。第2節で言及したとおり、投資先企業にお金を預けて儲けてもらっているのである。だからこそミーティングにおいて、われわれは自らの沿革、運用哲学、組織等を簡単にまとめた資料を準備して話し、適宜アップデートすることにしている。そうすると「投資家から説明を受けるのは初めてだ」と企業からいわれることもある。しかし日常生活において友達をつくるとき、自己紹介しない人がいるだろうか？

　企業にとって資本政策およびそれに付随する投資家戦略は安定的な事業遂行をするうえで非常に重要である。その意味において株主は企業にとっても「同じ舟」に乗るパートナーであるにもかかわらず、企業と投資家のミーティングでは、投資家が一方的に企業の情報を聞くケースが多いようである。しかしお互いにパートナー同士なのだから、企業サイドも投資家から情報を聞き出し、投資家を理解する必要があると考える。たとえば、IRミーティングで大抵の運用者は「中長期保有」といい、「毎日デイトレードして

図表8−13 企業と長期投資家のコミュニケーション

企業側の情報
- 沿革
- 財/サービスの特性
- 原材料
- 市場/顧客
- 代替財/サービス
- 技術革新
- 産業の潮流
- ビジネスプロセス

⇔ 対話・相互理解 ⇔

投資家側の情報
- 沿革
- 運用哲学
- 運用手法
- 売買回転率
- 投資家ベース
- トラックレコード
- 運用組織
- 運用者の経歴
- 分析情報

「同じ舟」に乗るパートナーの主体的選択
⇒手間暇をかけた戦略的コミュニケーションが必要

(出所) 農林中金バリューインベストメンツ作成。

いる」とはいわないだろう。しかしその運用者の売買回転率や投資家ベースを聞くことでその運用者の投資哲学・スタイルはある程度有機的に理解することが可能である。その運用者の投資家ベースに短期投資家しかいなければ、中長期保有など決してできないのだから。

　これはなにも「長期投資家」と「中短期投資家」を差別せよ、といっているわけではない。それぞれの投資家の興味にあったミーティングを行うことでより効率的に情報交換、相互理解ができるという意味である。3カ月ごとに売買する投資家に企業の沿革や産業の潮流を説明する必要などないのである。牛丼を食べにきた人にフレンチを出すシェフはいないだろう。

　「四半期の細かい数字ばかり気にする短期投資家ばかりで……」とつぶやく企業IRの方もいる。たしかに長期投資家が少ないことは確かではあるが(この論点については後述するが)、そもそも上場企業たるもの、投資家を選ぶことはできない。しかし、そこで思考停止してしまっては資本政策にならない。投資家平等の原則というものがあり、すべての投資家に同じ情報・機会を提供する必要はあるが、自らの企業がどのような投資家を望むのかを姿勢

として表すことは可能である。

　長期投資家を望むのであれば、たとえば事業説明会や工場見学会などを開催して事業の本質について熱く語ってくれればよい。そこには、短期トレーダー株主が来るインセンティブはない。また四半期の業績予想等もやめてファクトベースの報告のみにすればよいと思う。業績予想は中短期アナリストにツッコミどころを提供しているにすぎない。社長ミーティングを開催するときに、効率性の観点から証券会社にアレンジさせるケースもみられるが、これにも問題が多い。われわれのようにほとんど売買しないような長期投資家は、証券会社にとっては「収益性の悪い客」であり、そのようなミーティングには呼ばれない。証券会社にとっての「上客」、毎日毎日売買しているようなヘッジファンドや短期トレーダー株主から順番に声が掛かるのである。このような投資家を望んでいるなら別段問題ではないが、そうでないのなら、単に効率よく逆選択しているだけであろう。

　このように、上場企業は株主を選ぶことができないが、ミーティング等でのコミュニケーション、情報開示手段を通じて、どのような株主を望むのかを発信することは可能である。ビュッフェスタイルのレストランをしているからいろいろな客がやってくるのであって、寿司屋の佇まいをつくりこめばよいのである。寿司屋にフレンチを食いに来る客は徐々に減るであろう。

2　スチュワードシップ・コードに関する考察／エンゲージメントの有効性

　日本版スチュワードシップ・コード、コーポレート・ガバナンス・コードの導入で、資本市場の効率化を目指す国の方針が明確になっている。スチュワードシップ・コードとは、投資家が、投資先の企業やその事業環境等を深く理解したうえで、建設的な「目的をもった対話」（エンゲージメント）を通じ、当該企業の企業価値の向上や持続的成長を促すことにより、顧客・受益者の中長期的な投資リターンの拡大を図る責任（スチュワードシップ責任と呼

ばれる）を果たすにあたって、有用と考えられる諸原則を定めているものであり、金融庁によると160社が同コードの受入表明をしている（2014年8月末時点）。

スチュワードシップ・コードのキーワードは「企業価値の持続的な増大」である。全体のパイそのもの、すなわち企業価値が増大するからこそ、そのパイを分け合うステークホルダー間の利害衝突を最小限にすることが可能となり、Win-Win関係が実現可能となる。企業には株主、債権者、顧客、社会、従業員といったさまざまなステークホルダーが存在するが、企業価値の増大がない場合、すなわち全体のパイが大きくならない状況下では、個々のステークホルダーが自らの利益を実現することは、いずれが勝つ場合であってもWin-Loseの関係にすぎず、長期的に持続するものではない。

ここでキーポイントとなるのが、エンゲージメントの有効性であるが、機能するのかどうかは以下の要因により未知数である。

(1) 投資家サイドの要因

長期的な企業価値の増大をリターンの源泉としている投資家が少ないことがあげられる。株式市場の大半は中短期の割安・割高を基準に売買することで、リターンをあげる中短期の投資家で構成されているが、これはある意味合理的かつ構造的である。近代ファイナンス理論を根拠に、市場価格のボラティリティを用いたリスク管理を行う現在の体系においては、中短期の市場変動を主眼とした戦略が主流となることは当然だからだ。そしてより根本的なことは、人間は短視眼的な生き物であるということに起因する。そもそも市場はいろいろな考え方、スタイルを有した参加者で構成されており、またされるべきである。中短期で売買を繰り返す運用者にとって企業とコミュニケーションをとらなければならないということは、運用スタイルと整合的ではない。もちろん、今回のコードは「Comply or Explain」というかたちで運用者の主体性に任されているのだが、この数十年間、ずっと横並びをよしとしてきた日本の運用業界が「Explain」することは経営上困難な問題かと

思われる(そこにこそ問題があると思うのだが……)。

(2) 企業サイドの問題

人口減少を主因とする国内経済の構造的減退により、大宗の日本企業にとって企業価値の持続的増大が容易でないことがあげられる。もちろん、マクロ要因のみを原因にすることはできず、主体的なリーダーシップが求められているところであり、そのためには第1節で言及したとおり、企業価値増大へのコミットメントが不可欠である。

投資家サイド、企業サイドどちらにも「企業価値に基づくエンゲージメント」を阻害する構造的要因があることを考えると、所定の効果が期待できるかどうかは未知数であるが、「まずやってみる」という姿勢は重要である。

図表8-14 企業家と長期投資家のあるべき関係

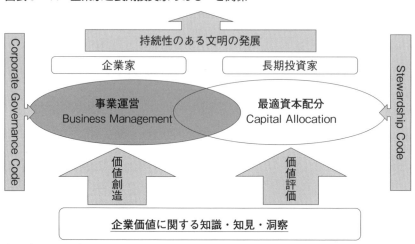

(出所) 農林中金バリューインベストメンツ作成。

3　まとめ──車の両輪

　第2節で述べたとおり、優れた経営者が、事業の経済性を見極め、資本を配分する行為は、長期投資家のキャピタルアロケーションと本質的には同じである。すなわち、企業家の事業運営と長期投資家のキャピタルアロケーションは、「企業価値に関する知識・知見・洞察」という同根をもつ2つの機能だといえる。そして、資本主義という仕組みが確立した産業革命以降は、この企業価値創造と価値評価に基づく最適資本配分が「車の両輪」となって、人類の文明を効率的に前進させてきたのである。

　コーポレート・ガバナンス・コードもスチュワードシップ・コードも、主たる目的は企業の資本生産性向上であり、キーワードは「企業価値の持続的な増大」である。その意味においては、これら2つの原則（コード）は「車の両輪」をサポートするためのいわば「補助輪」なのである。自転車の補助輪がいつか外れる日が来るのと同様、企業家と長期投資家にとって補助輪がなくとも「企業価値の持続的な増大」を当たり前のものとして対話する日が将来的にやってくることを期待している。

第 5 節　結論──結びにかえて

　私は、企業価値創造の経営および長期企業投資の本質が、ともに企業価値の源泉、すなわち事業の経済性を見極めることにあると考えている。企業価値に関する深い洞察を基盤とする企業経営者と長期投資家が、「企業価値創造」と「企業価値評価に基づく最適資本配分」というそれぞれの機能を十二分に発揮することが、イノベーションを促すことを通じて、子の世代、孫の世代の社会を豊かにすることにつながると信じている。

　すべてのスタートポイントは「価値」であるが、これを理解するには、とにかく価値創造の現場、価値評価の現場に接してみるしかない。そしてそれは脳が柔らかい20〜30代前半の間にその「匂い」だけでもよいから嗅いでおく必要があると考えている。その時は理解できなくても、その「匂い」がいつか蘇るのである。

　その意味で2014年度前期、京都大学における川北教授の講義「企業価値創造と評価」において、世界を代表する企業家の「生の声」に接した学生200余名のうちの数名が、いつの日か世界を変えることを期待してやまない。

事項索引

[英字]

BPS……………………………266、268
Church & Dwight………………………259
CSR………………………64、66、220
Ecolab社…………………………………252
Emerson…………………………………259
ESG………………………………………250
IBM……………………………77、258
JPX日経400……………………………13
M&A……………………………87、103
MSCIワールド指数……………………231
PBR………………………………………268
ROA……………………………6、27、251
ROE……………………………………6、28
ROIC……………………………………235
SINIC理論………………………………58
TOPIX…………………………………266
Value Proposition………………………252

[あ行]

アウトソーシング………………………255
アクティブ投資…………………………238
安定株主…………………………………240
1番……………………………82、200、255
出光佐三…………………………………201
イノベーション…………………………67
インターンシップ………………………144
インデックス運用………………………12
ウォーレン・バフェット………257、
　　　　　　　　　　265、269、271、277
沿革………………………………………274
エンゲージメント………………………284

大倉酒造…………………………………160
オーナーシップ…………………………134
お客様の信頼……………………………206
オムロン……………………2、22、36、160
オリジナリティ…………………………20

[か行]

海外事業…………………………………217
価格………………………………………263
科学技術…………………………………167
価値………………………………………263
価値観……………………………………133
価値創造企業……………………………249
株主資本比率……………………………28
株主総会…………………………………244
川島織物…………………………………160
為替リスク………………………………232
企業価値……………………65、191、196
企業価値破壊企業………………………244
企業価値評価……………………267、272
企業価値評価型…………………235、240
企業の買収………………………………131
企業理念…………………………………45
技術進歩…………………………………10
逆風………………………………………149
キャッシュフロー………235、249、263
キャピタルアロケーション……257、270
競合環境…………………………273、275
京セラ………………………19、25、160
京都銀行…………………………………24
クラスター………………………………22
グローバル………………………………20、
　　　　　　　26、98、121、144、273

事項索引　289

グローバル株式投資…………240
グローバル株式マネジャー………227
経営の軸足………………………177
経営理念…………………………191
交易条件…………………………11
コーポレート・ガバナンス………61
コーポレート・ガバナンス・
　コード……………………242、284
五感………………………………69
コブ・ダグラス型生産関数………9
雇用の創出………………………81

[さ行]

財務情報…………………………276
産業構造…………………………189
産業の米…………………………94
参入障壁……………190、235、253
ジーエス・ユアサ……………19、160
事業ポートフォリオ……………85
自己主張…………………………113
資産クラス………………………232
失敗…………………………153、192
資本コスト………………………244
資本生産性………………………233
島津製作所………………2、18、155
シャープレシオ………………13、32
社憲………………………………40
社是………………………………130
人口問題…………………………8
人材………………………………176
人財………………………………143
進取の気象………………………162
水平分業モデル…………………256
スチュワードシップ・コード……242、
　　　　　　　　　　　282、284
スリーエム社……………………76
政策保有株式……………………244

相互信頼…………………………202
ソーシャルニーズ………………55
組織体制…………………………111

[た行]

大日本スクリーン製造…………160
大日本塗料………………………168
ダイバーシティ…………………69
宝酒造……………………………160
田中耕一…………………………170
地方経済…………………………3
チャレンジ……………52、67、176
中期経営計画……………………215
中長期経営計画…………………141
長期経営計画……………………202
長期厳選投資………………249、268
長期的潮流………………………256
長期投資…………………………3
長期投資家…………………266、283
挑戦する勇気……………………160
デザイン…………………………151
手間隙をかける…………………122
投機………………………………263
投資………………………………263
東証株価指数………………5、12
トップの想い……………………152
ドラッカー……………53、58、70
取締役会…………………………244

[な行]

ナンバーワン……………………186
ニチコン…………………………163
ニチユ……………………………168
ニチユ三菱フォークリフト……19
日経平均株価……………………12
蜷川虎三…………………………23
日本電産…21、22、27、74、160、254

ニューヨーク証券取引所⋯⋯⋯⋯⋯79
人間性⋯⋯⋯⋯⋯⋯⋯⋯⋯⋯⋯⋯⋯55
任天堂⋯⋯⋯⋯⋯⋯⋯⋯⋯19、28、160

[は行]

買収⋯⋯⋯⋯⋯⋯⋯⋯⋯⋯211、212
買収防衛策⋯⋯⋯⋯⋯⋯⋯⋯⋯⋯244
配当⋯⋯⋯⋯⋯⋯⋯⋯⋯⋯⋯⋯⋯264
バフェット⋯⋯⋯⋯⋯⋯⋯⋯⋯⋯257、
　　　　　　265、269、271、277
バランス⋯⋯⋯⋯⋯⋯⋯⋯⋯⋯⋯138
バリューチェイン⋯⋯⋯⋯⋯⋯⋯273
バリュエーション派⋯⋯⋯⋯⋯⋯235
非財務情報⋯⋯⋯⋯⋯⋯⋯⋯⋯⋯274
ビジネスマネジメント⋯⋯⋯⋯⋯257
ファンダメンタルズ派⋯⋯⋯⋯⋯235
深掘り⋯⋯⋯⋯⋯⋯⋯⋯⋯⋯⋯⋯163
福田金属箔粉工業⋯⋯⋯⋯⋯⋯⋯160
フランチャイズモデル⋯⋯⋯⋯⋯238
文化の伝承⋯⋯⋯⋯⋯⋯⋯⋯18、161
分散投資⋯⋯⋯⋯⋯⋯⋯⋯⋯⋯⋯269
ベンジャミン・グラハム⋯⋯⋯⋯263
ベンチャー⋯⋯⋯⋯⋯⋯⋯⋯22、24

ポール・サフォー⋯⋯⋯⋯⋯⋯⋯⋯59
堀場製作所⋯⋯⋯⋯21、117、160、195
本社所在地⋯⋯⋯⋯⋯⋯⋯⋯⋯⋯227
本物を見抜く力⋯⋯⋯⋯⋯⋯⋯⋯153

[ま行]

マネジメント⋯⋯⋯⋯⋯⋯⋯⋯⋯128
みえない資産⋯⋯⋯⋯⋯⋯⋯⋯⋯204
村田製作所⋯⋯⋯⋯⋯⋯19、27、160
ものづくり⋯⋯⋯⋯⋯⋯⋯⋯⋯115、
　　　　124、129、133、159、185、205
物まね⋯⋯⋯⋯⋯⋯⋯⋯⋯⋯20、162

[や行]

夢⋯⋯⋯⋯⋯⋯⋯⋯⋯⋯⋯⋯⋯⋯101
世の中でなくてはならない製品⋯⋯81

[ら行]

リーダーシップ⋯⋯⋯⋯⋯⋯⋯⋯176
ローム⋯⋯⋯⋯⋯⋯⋯⋯⋯⋯⋯⋯163

[わ行]

ワコール⋯⋯⋯⋯⋯⋯⋯2、20、194

事項索引　291

京都企業が世界を変える
――企業価値創造と株式投資

平成27年5月25日　第1刷発行

編著者	川　北　英　隆	
	奥　野　一　成	
発行者	小　田　　　徹	
印刷所	株式会社日本制作センター	

〒160-8520　東京都新宿区南元町19
発　行　所　一般社団法人 金融財政事情研究会
　　編集部　TEL 03(3355)2251　FAX 03(3357)7416
販　　売　株式会社きんざい
　　販売受付　TEL 03(3358)2891　FAX 03(3358)0037
　　URL http://www.kinzai.jp/

・本書の内容の一部あるいは全部を無断で複写・複製・転訳載すること、および磁気または光記録媒体、コンピュータネットワーク上等へ入力することは、法律で認められた場合を除き、著作者および出版社の権利の侵害となります。
・落丁・乱丁本はお取替えいたします。定価はカバーに表示してあります。

ISBN978-4-322-12673-0